Versöhnen und Heilen

Jakob Bösch

Versöhnen und Heilen

Spiritualität, Wissenschaft
und Wirtschaft im Einklang

AT Verlag

Widmung

Dieses Buch widme ich

meiner Frau Nina, die mich mit zärtlicher Fürsorge bei der Niederschrift des Manuskripts unterstützt hat,

meinen Kindern Jonas, Michael, Rahel und Vera, die ihre Freiräume genutzt haben, um sich selber zu erziehen und sich gegenseitig zu unterstützen,

meinem Stiefsohn Slava, der Frohmut und Jugend in unser Haus bringt,

und nicht zuletzt dem Medium Anouk Claes, mit der eine stimulierende und erfolgreiche Zusammenarbeit nun bald ins fünfte Jahr geht.

© 2008
AT Verlag, Baden und München
Lektorat: Karin Breyer, Freiburg i. Br.
Druck und Bindearbeiten: Kösel, Krugzell
Printed in Germany

ISBN 978-3-03800-386-1

www.at-verlag.ch

Inhalt

Die Erfahrung der Einheit

Es geht in diesem Buch um die Erfahrung der Einheit. Die Schlussfolgerungen aus der Quantenphysik münden in den Erkenntnissen, wonach alles mit allem verbunden, alles eins ist. Dies ist eine Provokation für unser Denken. Der Verstand wehrt sich. Doch die Erfahrung des Einsseins findet nicht im Denken statt, sondern auf der Herzebene. Der Verstand, wenn er aufhört, sich zu wehren, kann den Weg weisen, sich wieder darauf einzustimmen. Die Einheit kann erfahren werden, bevor der Verstand ausgebildet ist. Die Basis für das Gefühl, alles sei bewusst, liebevoll und göttlich, wurde mir in der frühen Kindheit vermittelt. Ich muss etwa dreijährig gewesen sein. Es war ein strahlender Frühsommertag, und ich lag mit dem Rücken auf der Erde im Gras und blinzelte in die fast im Zenit stehende Sonne. Auf einmal spürte ich dieses helle Licht der Sonne in meinem Bauch, ausstrahlend in meinen ganzen Körper. Es war eine Erfahrung und ein selbstverständliches Wissen. Seither geht das Gefühl zwischendurch weg, kommt aber nie abhanden. Immer wieder neu kann dieses intensive Gefühl von Wärme, Licht und Liebe gegenwärtig sein. Ein Wissen und Fühlen von Einheit, wonach dieses Licht und diese Liebe überall im Kosmos immer vorhanden sind. Alles ist durchdrungen und durchtränkt von diesem Licht, das man am ehesten als göttlich begreifen kann. In jenem Zustand ist klar: Die Verbindung zu dieser Lichtquelle kann nie verloren gehen, weil wir selbst Teil des Ursprungs, Teil dieser Quelle sind. Viel später lernte ich, der geeignetste Name für diese Erfahrung dürfte das nicht weiter eingrenzbare »Ich bin« sein. Alle Menschen erfahren: »Ich bin« – ohne Anfang und ohne Ende. Einfach Dasein. Die Erfahrung von Bewusstsein, Wahrnehmen, Denken, Fühlen. Wer ist es, dem dies alles geschieht? Ich bin es, eine nicht weiter zurückführbare Erfahrung, zusammengefasst im Wort »Ich bin«. Meinte Descartes vielleicht dasselbe mit seinem »Ich denke, also bin ich«? Einfach die Erfahrung des Daseins, wie ein plötzlich vorhandener Lichtstrahl? Eine Erfahrung von Verbundenheit, von tragendem Grund. In diesem Zustand weiß man: Nichts und niemand im Kosmos kann verloren gehen. Beweisbar ist es nicht. Beweise braucht es nicht. Die Gewissheit fließt aus dem Herzen nach oben, wenn der Verstand allein, rein logisch, schon längst nicht mehr weiterkommt. Einsamkeit und Verlorenheit gibt es in diesem Zustand nicht; auch keine schuldhafte Verzweiflung, Angst und Verstoßung. Die Welt gibt uns aber Gelegenheit, diese schmerzlichen Zustände in uns zu produzieren. Und wenn wir sie geschaffen haben, neigen sie dazu, an uns zu haften. Befreiung geschieht durch Versöhnung. Versöhnung betrifft alle Aspekte von mir selbst, die Mitmenschen, die belebte und unbelebte Materie, den Kosmos mit milliardenfachen Bewusstseinsformen und Informationseinheiten. Versöhnung mit der eigenen Unversöhnlichkeit ist meist der Anfang. Das ganze Buch ist als eine Versöhnungsgeschichte gedacht, aufgeteilt in verschiedene Bereiche.

Auf gesellschaftlicher und globaler Ebene sind die Ziele dieses Buches, die Verbindung zwischen Naturwissenschaft und Spiritualität zu stärken und ein Auseinanderdriften zu bremsen. Des Weiteren stelle ich ein Konzept von Spiritualität vor, das jedem Einzelnen den Zugang zu sich und zur Welt erleichtert und gleichzeitig globalisierungstauglich ist. Damit kann es Versöhnung einleiten zwischen den Religionen, aber auch mit Wissenschaft und Technik. Das Konzept könnte auf vielen Ebenen wirken. Viele Bücher mit teils hohen Auflagen verbreiten sich heute auf internationalen Buchmärkten, die sich alle einem gemeinsamen Thema widmen. Es geht um Erkenntnisse aus der Quantenphysik mit Entsprechungen in der Mystik und deren Umsetzung in unserem Leben. Die konkrete Ausarbeitung dieser neuen Denkansätze aus Physik und Biologie ist noch nicht weit gediehen. Die neueren Werke auf dem Büchermarkt fokussieren stark auf die Thematik, wie man seinen individuellen Weg zum persönlichen Glück gestalten kann. Zentrale Aussagen sind: Du ziehst genau das an, was Du denkst. Dein ganzes Umfeld, Dein Leben, Deine Wirklichkeit sind Resultat Deines Denkens! Viele Menschen werden sich jedoch an die alten Lehren von Dale Carnegie über die Kraft des positiven Denkens erinnern, die ich in jungen Jahren selbst mit Faszination gelesen habe. Und manche fragen sich, warum sie dieses positive Denken nicht praktizieren oder warum es bei ihnen nicht funktioniert hat. Oder sie spüren schlicht eine Abneigung, wie ein Internetautor es formuliert hat: »Dann merke ich – angeborener Zweifler, der ich bin –, dass ich gerne an das alles glauben möchte, aber tief im Inneren habe ich dieses ›Positiv Denken im Überfluss‹ oft einfach satt.« Vielen ist diese Erfahrung nicht unbekannt. Aber es muss nicht die endgültige Erfahrung sein. Wir haben Kraft in unserem Denken und Fühlen. Wir sind Kraft!

Ich persönlich halte die neuen Erkenntnisse der Physiker und Biologen für zeitgemäß und hoffnungsvoll. Ich denke und fühle grundsätzlich in spirituellen Kategorien. Die Naturwissenschaften halte ich für die spirituellste Errungenschaft unserer Epoche. Ich sehe sie als einen mittleren Weg, um viele heute weit auseinander liegende Positionen sich annähern zu lassen. Wir stehen heute vor mannigfaltigen Polarisierungen: zwischen den Religionen, zwischen den Kulturen und Staatsformen, zwischen Wissenschaft und Religionen. Die oben beschriebene Kindheitserfahrung ist weder traditionell religiös noch wissenschaftlich. Man könnte sie der Mystik zuordnen. Dieser Bereich direkter Erfahrung wird oft missverstanden und ignoriert und häufig verspottet mit dem zum Schimpfwort mutierten Begriff Esoterik. Die aus den Herzen entspringenden Erfahrungen von Millionen von Menschen geraten ins Lächerliche. Das hat Folgen. Hass und Gewalt werden geschürt. Autoren wie Dan Dennett spotten, sie würden nicht an

Kobolde und Elfen, nicht an den Osterhasen und nicht an Gott glauben. Das ist für sie selbst witzig. Ein solcher Witz verletzt jedoch den Seelenfrieden vieler. Und diese Menschen wehren sich. Es wird das Gegenteil erreicht von dem, was beabsichtigt war. Das ist passiert mit den Ideen von Richard Dawkins. Mit seinem Buch »Das egoistische Gen« hat er vor Jahrzehnten einen Bestseller geschrieben. Das Buch hat viele Menschen innerlich mobilisiert. In der Regel nicht zugunsten von Dawkins und der Wissenschaft. Seit dem Erscheinen seines Buches vor dreißig Jahren hat der sogenannte Kreationismus, wonach nicht die Evolutionslehre, sondern die Schöpfungsgeschichte den Kindern beizubringen ist, mächtig Auftrieb erhalten und hat Leute weit über den engeren christlichen Fundamentalismus hinaus aktiviert. Es sollen sogar Forschungsgelder gekürzt worden sein. Eine zunehmende Wissenschafts- und Technikfeindlichkeit wird beklagt. Aber einer der Hauptfaktoren wird nicht erkannt. Die Menschen werden wieder – nicht zum ersten Mal in der Geschichte – der Behauptung eines sinnlosen Kräftespiels in einer zufällig entstandenen, toten Materiemaschine ausgesetzt. Ihr Gefühl und ihre Erfahrung, in einem größeren Zusammenhang zu leben, findet damit keinen Boden. Viele dieser Menschen suchen mit Schmerzen und in ständigem Überlebenskampf nach einem Lebenssinn. Sie spüren und erahnen ihn, können ihn aber nicht richtig fassen. Sie wissen durchaus, manche Inhalte ihrer Religion passen nicht mehr in die heutige Welt. Sich an etwas zu halten, das sie als ein Ganzes spüren, gibt ihnen trotzdem Halt und Geborgenheit.

Einstein hat formuliert, was viele Menschen heute bewegt: »Die kosmische Religiosität lässt sich demjenigen, der nichts davon besitzt, nur schwer deutlich machen, zumal ihr kein menschenartiger Gottesbegriff entspricht. Das Individuum fühlt die Nichtigkeit menschlicher Wünsche und Ziele und die Erhabenheit und wunderbare Ordnung, welche sich in der Natur sowie in der Welt des Gedankens offenbart. Es empfindet das individuelle Dasein als eine Art Gefängnis und will die Gesamtheit des Seienden als Einheitliches, Sinnvolles erleben. Wie kann kosmische Religiosität von Mensch zu Mensch mitgeteilt werden, wenn sie doch zu keinem geformten Gottesbegriff und zu keiner Theologie führen kann? Es scheint mir, dass es die wichtigste Aufgabe der Kunst und der Wissenschaft ist, dies Gefühl unter den Empfänglichen zu erwecken und lebendig zu erhalten« (www.starcon.ch).

Richard Dawkins hat einen solchen Auftrag der Vermittlung, wie ihn Einstein am Schluss formuliert. Er kämpft mit diesem Auftrag, bewirkt aber das Gegenteil. Er ist über die Ausbreitung des Kreationismus entsetzt. Er erkennt den entscheidenden Beitrag nicht, den er entgegen seiner Absicht zu dieser Bewegung beiträgt. Es ist eine alte Erkenntnis, wonach man stärkt, was man bekämpft. Das Prinzip der Resonanz wirkt. Resonanz, von alters her überliefert, in der Physik neu entdeckt und bestätigt, aber gültig in allen Bereichen unserer Welt. Dawkins macht einen weiteren Versuch mit noch heftigeren Angriffen in seinem neuen Buch »Der Gotteswahn«. Es wird die Gegenkräfte noch stärker aktivieren. Gleich auf den ersten Seiten bringt er ein Zitat: »Leidet ein Mensch an einer Wahnvorstellung, so nennt man es Geisteskrankheit. Leiden viele Menschen an einer Wahnvorstellung, dann nennt man es Religion« (Dawkins 2007: 18). Der Kick zum Denken und Fühlen aus Freiheit heraus kann nur in Freiheit angenommen werden und widersetzt sich dem Zwang und der Aggression. Freiheit ist mit Liebe verbunden und Liebe mit Freiheit. Aggression ist eine Abwehrform der Liebe und provoziert Abwehr. Weiter schreibt Dawkins: »Ein Atheist oder philosophischer Naturalist in diesem Sinn vertritt also die Ansicht, dass es nichts außerhalb der natürlichen, physikalischen Welt gibt: keine übernatürliche kreative Intelligenz, die hinter dem beobachtbaren Universum lauert, keine Seele, die den Körper überdauert, und keine Wunder außer in dem Sinn, dass es Naturphänomene gibt, die wir noch nicht verstehen« (Dawkins 2007: 25). Diese Sichtweise ist unwissenschaftlich. Dawkins leugnet viele erfahrbare Phänomene dieser Welt, die nicht in sein Konzept passen. In meinem Buch »Spirituelles Heilen und Schulmedizin« habe ich bereits den Physiologen Du Bois-Reymond zitiert, der gesagt hat, er und sein Kollege Ernst Wilhelm Brücke hätten einen heiligen Schwur getan, es soll keine übernatürlichen Kräfte geben. Sie entschieden sich damit für eine bewusst konstruierte Wirklichkeit. Heutzutage wissen wir: Wir wählen unsere Welt oder Wirklichkeit. Die Wirklichkeit, die ich wähle, ist eine von vielen möglichen Welten. Wir haben bis zu einem gewissen Grad die Freiheit der Wahl und der Beeinflussung. Wir können sogar ein Stück weit die Wirklichkeiten wechseln.

Das Buch »Der Gotteswahn« ist ein frontaler Angriff auf die Religionen. Jemand hat Dawkins einen spirituellen Atheisten genannt. Man spürt so etwas in seinem Buch, eine Art heiligen Zorn. Manches ist kritikwürdig an den Religionen. Sie haben aber auch den Menschen den Raum für göttliche Erfahrungen offen gehalten und dafür verdienen sie Dank. Ich halte das Prinzip der Erfahrung für zentral, auch wenn ich weiß, dass unsere Erfahrung immer durch zugrunde liegende Annahmen strukturiert und gefiltert ist. Das Konzept eines personhaften, alles lenkenden und überwachenden Gottes führt zu vielen Widersprüchen in unserer heutigen Welt. In vieler Hinsicht beleidigt es unsere Vernunft, die ich als göttlich einschätze. Durch die traditionellen Religionen wird unsere Freiheit enorm beschnitten, ohne dass vom Standpunkt einer kosmischen Liebe dafür ein tieferer Sinn erkennbar wäre. Die plausibelste Erklärung für diese Einschränkung ist: Es gibt wahrscheinlich keine größere Angst in der Welt als die Angst vor der Freiheit. Diese Angst, die Freiheit anzunehmen, die uns geboten wird, erstreckt sich von der Geburt bis zum Tod. Wir sind zur Freiheit begnadet und verurteilt. Doch wir wollen sie nicht. Wenn ein Vogel sein Leben lang in einem Käfig eingesperrt war, fliegt er nicht hinaus in die Freiheit, wenn man die Käfigtür öffnet. Das Unbekannte ist zu beängstigend. Man kennt die Gefahren der Freiheit nicht. Der Käfig bietet Sicherheit. Da drin kennt man die Regeln. Alles ist geordnet. Der Käfig, den uns die traditionellen Religionen anbieten, hat uns diese Sicherheit gegeben. In zehn Geboten war alles geregelt. Und als Joker konnte man immer bereuen, beichten und sich bekehren. Das soll alles nicht mehr gelten? Wir sollen die Verantwortung für Leben und Tod übernehmen? Warum verurteilt uns die moderne Medizin und moderne Wissenschaft zu dieser Freiheit? Empfängnis ja oder nein, Weiterleben ja oder nein? Stammzellen ja oder nein? Designerbaby mit geplanter Erbinformation ja oder nein?

All diese Verantwortung wird uns von der voranschreitenden Wissenschaft in die Schuhe geschoben. Und Gott schweigt. Warum gibt er nie ein Update der Zehn Gebote? Das wäre doch wirklich mal fällig. Er überlässt uns einfach dieser schrecklichen Freiheit. Und mit jedem weiteren Schritt in diese Freiheit fühlen wir uns schuldig und in unserer Würde verletzt. Ständig müssen wir den Rahmen für die Würde von uns Menschen neu setzen. Und was, wenn der alte Gott am Schluss doch existiert und sagt, ihr habt alles falsch entschieden mit euerer Freiheit und uns dann in die Hölle schickt? Können wir nicht dieser Freiheit entfliehen? Das kann einfach nicht sein, dass der Mensch das Maß aller Dinge ist. Das ist Hochmut. Der Mensch ist doch grundsätzlich schlecht, nicht gut. Am besten wir verbieten und verurteilen so viel als möglich, was die alten Regeln verletzt. – Aber die Wissenschaft und die Technik machen immer weiter. Sie überschreiten Grenze um Grenze. Das muss schreckliche Strafen nach sich ziehen. Endlich findet man jetzt die Bestätigung für die düsteren Vorahnungen. Man hat es immer gewusst. Gott rächt sich, die Erde rächt sich, die Natur rächt sich. Diese Sichtweise ist heute das Credo vieler Menschen geworden. Das passt gut zum alten Sündenfall von Adam und Eva. Eine Wirklichkeit wird gewählt gemäß dem Spruch: »Überall wo wir sind, geschieht die Katastrophe; aber wir können nicht überall sein.« Meine Wirklichkeit ist dies nicht. Wie hat doch Robert Musil gesagt: »Man kann seiner eigenen Zeit nicht böse sein, ohne selbst Schaden zu nehmen.«

Als Kind habe ich für mein tiefstes Erlebnis von Liebe in der Religion einen Rahmen und in der Bibel eine Bestätigung gefunden. Das Vertrauen in die Wirklichkeit des Erfahrenen wurde gestärkt. Mein leidenschaftlicher Wunsch nach Frömmigkeit und Reinheit des Herzens, wie man ihn in solcher Intensität vermutlich nur als Kind haben kann, hat damals im protestantischen Christentum einen Anker gefunden. Deshalb ist mir der Glaube an einen Gott außerhalb von uns Menschen aus der Kindheit vertraut. Aber die alten Regeln passen nicht mehr in unsere Welt. Wie schön muss es gewesen sein, als Gott noch im Zenit über uns wohnte und die Regeln festsetzte. Und unter uns hauste der Teufel und versuchte, uns zu erwischen. Kopernikus, Galilei, Giordano Bruno, diese Ketzer, haben die ganze Idylle kaputt gemacht. Wo in den Milliarden von Sternen und Galaxien wohnt jetzt Gott und wo der Teufel? Wer soll sich da noch zurechtfinden? Was tun, wenn sich doch die Angst meldet, der strafende und verurteilende Gott könnte einmal auftauchen? Diese tief sitzende Angst haben viele Menschen behalten, die sich äußerlich von den Religionen getrennt haben. Die Angst bildet dann den Urgrund für die Art, wie sie die moderne Welt sehen: überall Hölle, überall Elend, von überall kommen Katastrophen auf uns zu. Mit der Wahl einer bestimmten Wirklichkeitswahrnehmung verstärken wir diese. Dann kann es heilsam sein, sich an den alten Spruch zu erinnern, der ursprünglich von John Lennon stammen soll: »Wie wirklich ist die Wirklichkeit?« Wie wirklich ist meine Wirklichkeit, die ich gewählt habe? Könnte eine andere Wirklichkeit versöhnender und damit heilender sein? Die meisten Menschen ärgern sich über die Wirklichkeiten, welche die anderen vertreten. Das kann auch mit den Wirklichkeiten oder Sichtweisen in diesem Buch geschehen.

Wir können nur auf die Erfahrung vertrauen. Nicht nur die äußeren Informationen vermehren sich. Der Strom der Erfahrungen aus unserem Herzen reißt niemals ab. Es geht in diesem Buch darum, auch jene Dimension von Wirklichkeit zu erkennen, die uns durch das Herz vermittelt wird und ohne die das Denken kalt wird. Fortschrittliche Hirnforscher haben den Einfluss des Herzens auf das Gehirn erkannt. Wenn dieses Zusammenspiel gestört ist, kann Hass und Aggression resultieren, der sich dann auf Andersdenkende entlädt. Der Materialismus im 19. Jahrhundert war eine progressive Befreiungsaktion der naturwissenschaftlichen Forschung gegenüber vielen alten Kräften der Beharrung. Die möglichst vorurteilslose Betrachtung alles Begegnenden und ständiges Überprüfen ist die Hauptstärke des wissenschaftlichen Ansatzes. Diese Wissenschaft muss aber auch unser Bewusstsein und die menschliche Wahrnehmung als Forschungsthemen ernst nehmen. Die viel beklagte Kälte der Wissenschaft gibt es dann nicht.

Wie konnten sich diese zwei Königswege zur Erkenntnis – nämlich Spiritualität und Naturwissenschaft – so stark polarisieren? Hauptsächlich weil das alte Gottesverständnis nicht mehr mit den modernen Erkenntnissen und den Realitäten einer globalisierten Erde verträglich ist. André Comte-Sponville spricht von einer *spiritualité sans Dieu*, »Spiritualität ohne Gott«. Das Sichlösen von der Vorstellung einer personhaften Gottgestalt, die alles überwacht und alle Fäden in seinen Händen behält, schließt die Erfahrung von Liebe und Licht als göttliche Manifestation nicht aus, im Gegenteil. Wenn der Glaube an einen personhaften Gott aber diese göttliche Manifestation bei den Menschen erst ermöglicht, soll dieser Glaube nicht bekämpft werden. Es gelingt ohnehin kaum, irgendetwas in uns zu bekämpfen. Ohne Kampf in unserem Inneren gibt es mehr Liebe und Respekt jeder anderen Überzeugung und Lebensweise gegenüber. Es entsteht eine Wirklichkeit in uns, die anders denkende und glaubende Menschen weniger vereinnahmt und bekämpft. Die Erfahrung des Göttlichen in den Menschen gilt es ernst zu nehmen. Dann können sich verfeindete Positionen lösen. Der wunderbar poetische, spätmittelalterliche Mystiker aus dem Thurgau, Heinrich Seuse (1295–1366), hat es so geschrieben: »Der Mensch kann in dieser Erdenzeit dahin kommen, dass er sich als eins begreift in dem, dass da ist das Nichts aller Dinge, die man verstehen oder benennen kann. Und dieses Nichts nennt man allgemein Gott, und das ist an sich selbst ein allerwesenhaftes Sein. Und hier begreift sich der Mensch als eins mit diesem Nichts.«

Erstaunen stellt sich immer wieder ein, wenn man die Ähnlichkeit solcher Formulierungen mit den Aussagen von Quantenphysikern wie Bohm, Malin, Dürr (siehe auch »Sind wir die Schöpferkraft?«, Seite 37) und manchen weiteren feststellen kann. Die Aussagen von Heinrich Seuse sind Erkenntnisse aus der Erfahrung des Herzens. Es sind am ehesten Informationen aus dem zeit- und raumlosen Informationsfeld, in das wir eingeklinkt, ja eingeloggt sind. Rupert Sheldrake vermutet, gewisse Formen von kosmischer Intelligenz würden von den Menschen als Engel wahrgenommen. In spirituellen Quellen wird wiederholt erwähnt, wir Menschen nähmen gewisse Bewusstseinsformen als geistige Wesen wahr. Meine Erfahrungen mit vielen Medien und heilbegabten Personen bestätigen diese Ansicht. Allerdings spielen die eigenen Überzeugungen dieser Medien eine entscheidende Rolle, wie solch eine höhere Intelligenz wahrgenommen wird. Die Vermittlung von Informationen aus Bereichen, die uns nicht allgemein zugänglich sind, hat heute unter dem Begriff des Channeling Hochkonjunktur. Ich begrüße diesen Zugang. Er hilft unzähligen Menschen zu neuen Denkanstößen. Die Gefahr liegt in der unkritischen Übernahme von solchen Botschaften, wenn sie als absolut wahr gesehen werden. Unsere Vernunft muss mithelfen bei der Einschätzung der Mitteilungen. Dann können sie sehr wertvoll sein. Ohne kritische Überprüfung aber geht es nicht.

Ich bin naturwissenschaftlich ausgebildet. Von Physik und Mathematik habe ich lediglich ein Grundverständnis. Das kann ein Vorteil sein. Ich muss mich dadurch auf Experten berufen und habe deshalb mit entsprechenden Zitaten anerkannter Größen der Wissenschaft nicht gespart. Es herrscht Bedarf an einem neuen Welt- und Menschenbild. Da ist Richard Dawkins Recht zu geben. Es geht in diesem Buch um irdische, praktische und alltägliche Spiritualität. Sie muss sich als wohltuend bewähren für uns selbst und für unsere globale, gesellschaftliche, politische, ökonomische und ökologische Weltsituation. Hier ist ein Versuch, diese verschiedenen Dimensionen zusammenhängend zu sehen.

Als Mediziner lässt mich die Entwicklung der Medizin nicht kalt. Bezüglich gesellschaftlichem Status, Einkommensaussichten und Arbeitszufriedenheit haben sich die Bedingungen während meiner Berufszeit dramatisch verschlechtert. Wir Ärzte sehen als Gründe meistens viele von Dritten bestimmte Faktoren. Wir sollten uns aber auf die von uns selbst ausgelösten Ursachen besinnen, die wir auch selbst wieder verändern können. Wir Ärzte bewegen uns in der Medizin des 21. Jahrhunderts häufig mit Erkenntnisgrundlagen, die ins 19. Jahrhundert gehören. Wir haben die Orientierung an der jeweils zeitgenössischen Physik aufgegeben, wie dies im 19. Jahrhundert noch der Fall war. Damals hat das unserem Beruf Erfolg und Ansehen gebracht wie nie zuvor. Doch dann hielten wir es nicht mehr für notwendig, mit den Grundlagenwissenschaften Schritt zu halten. Während die Physik sich unglaublich weiterentwickelt hat, orientieren wir uns in der Medizin immer am Weltbild der Physik des 19. Jahrhunderts. Wer aber zu spät kommt, den bestraft das Leben. Trotz weiterer großartiger Erfolge hat das Ansehen abgenommen. Alle veralteten Denksysteme gehen einem Niedergang entgegen. Nur zeitgemäßes Denken kann mit dem modernen Leben mithalten und Ansehen und Erfolg zurückbringen. Der vielfach preisgekrönte amerikanische Internist und Autor Larry Dossey spricht von der »Neuerfindung der Medizin« *(Reinventing Medicine)*, in der das von der Physik postulierte nicht lokale Bewusstsein mit ihren vielfachen, heute nicht beachteten Wirkungen eine zentrale Rolle in Forschung und Praxis spielen müsste.

Es ist Zeit, aber noch ist es nicht zu spät für ein Umdenken.

Mit der Bibel habe ich mich schon im Grundschulalter auseinandergesetzt. Gewisse irritierende Sprüche haben mich nie losgelassen. Besonders viele davon finden sich in der Bergpredigt. Einer davon lautet: »Seid also vollkommen, wie euer himmlischer Vater vollkommen ist.« Uns Menschen, die wir quasi der Inbegriff der Unvollkommenheit sind, wird zugemutet, vollkommen zu sein, oder sein zu sollen? Ich fand den Spruch lange Zeit empörend. Heute sehe ich das anders. Die unvollkommene Welt ist eine von vielen Sichtweisen, so wie Zeit und Raum nur eine von vielen Sichtweisen sind. Auf einer anderen Wirklichkeitsebene, sagen uns die Physiker, gibt es Zeit und Raum gar nicht. Und auf jener Wirklichkeitsebene, in die wir mit unserem Herzen hineinragen, ist die Welt immer vollkommen und wir mit ihr. Mit göttlichen, zeitlosen Augen betrachtet sind wir immer schon vollkommen. Und wir vermögen die Vollkommenheit zu sehen in uns und in jedem anderen Menschen. Welche wunderbare Kraft strömt in diese Welt, wenn wir die Vollkommenheit von uns und von unserer Welt zu sehen vermögen.

Lernen, neu zu denken

Der Physiknobelpreisträger Nils Bohr soll gesagt haben, wer bei der ersten Begegnung mit der Quantenphysik nicht schockiert sei, habe sie nicht verstanden. Tatsächlich sind deren Schlussfolgerungen besonders für einen spirituellen Sucher atemberaubend. Die Folgerungen, die einige Physiker ziehen, bestätigen mein Fühlen, mein Denken und meine Sehnsucht. Genügt das? Bin ich ein Esoterik-Freak, der alles missversteht und für sich zurechtbiegt? Manche anerkannte Naturwissenschaftler stellen für die Leser den Zusammenhang zwischen den Erkenntnissen der Quantenphysik und den mystischen Traditionen verschiedenster Kulturen wieder her. Wissenschaft und spirituelle Erfahrung als sich ergänzende Zugänge zu den tiefsten Fragen unserer Existenz gehörten bis zu Descartes, Newton und Darwin von alters her zusammen. Die Chancen, sie wieder zu vereinigen, nehmen zu. Zwar gibt es Autoren wie Ken Wilber, die an den Fragen beider Gebiete interessiert sind, aber trotzdem die zwei Wege streng auseinander halten wollen. Ich zähle mich zu jenen wissenschaftlich Ausgebildeten, die es für wünschenswert und notwendig halten, die Ähnlichkeiten und Übereinstimmungen von Naturwissenschaft und mystischer Spiritualität aufzuzeigen. Ein wichtiger Pionier dieser Sichtweise war Teilhard de Chardin. Er hat das Zusammenführen von Naturwissenschaft und Spiritualität schon Mitte des letzten Jahrhunderts als klares Ziel gesehen. Dieses Ziel beruhte auf seiner frühen Erkenntnis, wonach seinen Worten zufolge der Stoff sich mit seiner

Außenseite als Materie zeigt, während die Innenseite Bewusstsein ist. Für ihn war klar, eine umfassende Erklärung der Weltentstehung müsste auf dieser Erkenntnisgrundlage verankert sein. Gemäß Teilhard de Chardin kann durch die zunehmende Komplexität der Materie auch die zunehmende Komplexität des Bewusstseins sich zeigen. Das ihm als Jesuitenmönch auferlegte Lehr- und Publikationsverbot durch die katholische Kirche erstaunt nicht. Im Gymnasium war er für einen kleinen Kreis von uns wichtige und hoffnungsvolle Lektüre.

Der große Erfolg von Filmen wie »What the Bleep do we know?« zeigt, wie viele Menschen daran interessiert sind, die Schnittstelle von Wissenschaft und Spiritualität zu fokussieren. Diese Sehnsucht scheint bei einer Mehrheit der Menschen vorhanden zu sein. Das tägliche Leben und die gesellschaftlichen und politischen Fragen unserer Zeit sind die Prüfstellen sowohl der wissenschaftlichen wie der spirituellen Erkenntnisse. Alle naturwissenschaftliche und alle mystische Erkenntnis muss daran geprüft werden, ob sie das Wohlbefinden von uns selbst, von unseren Angehörigen, unserem Staat und unserer Erde konkret verbessert oder zumindest die Möglichkeit dazu hat, ohne jemandem gleichzeitig zu schaden. Diese Sichtweise lässt keinen Anspruch auf eine absolute Wahrheit zu. Hören wir auf, eine solche zu suchen oder zu postulieren. Die Wahrheit einer Erkenntnis oder deren Wert ergeben sich aus der wohltätigen Wirkung ihrer Anwendung, oder profan gesagt, aus ihrem Nutzen. Die aus der Quantenphysik abgeleitete Weltsicht trägt dieses Potenzial in sich. Sie ist aber noch nicht ins allgemeine Bewusstsein übergegangen. Prof. Dr. Hans-Peter Dürr, international renommierter und mit zahlreichen Ehrungen ausgezeichneter Kernphysiker, wundert sich: »Obwohl die moderne Physik unsere Technik beherrscht, hat die Vorstellung, die dahinter steckt, nicht Fuß gefasst.« Dürr führt aus, wie wir von der alten Vorstellung von toter Materie Abschied nehmen sollten. »Die kleinsten Elemente sind nicht materielle oder energetische Einheiten. Primär existiert nur Zusammenhang, das Verbindende ohne materielle Grundlage. Wir könnten es auch Geist nennen« (www.pm-magazin, Mai 2007).

Ähnlich meint der bekannte Physiker und Buchautor Shimon Malin von der Colgate University in Hamilton, die physikalischen Errungenschaften des 20. Jahrhunderts müssten einen Paradigmenwechsel vom Kaliber der kopernikanischen Wende auslösen. Wir würden in einer Art Schizophrenie weiterhin von Materiebausteinen sprechen, als ob es diese kleinen harten Bällchen, von denen Isaac Newton sprach, tatsächlich gäbe. In den Physiklabors geschähen aber ungeheuerliche Dinge, welche die Wahrheit der Quantenphysik beweisen und die längst unser Alltagsleben revolutionieren würden (www.wissenschaft-online.de/artikel/768965). Evelyn Fox-Keller, Professorin für Wissenschaftsgeschichte und -philosophie am Massachusetts Institute of Technology (MIT), geht noch darüber hinaus. Sie meint, die jetzige Wende sei noch viel umfassender als die durch Kopernikus ausgelöste: »Das ist eine Veränderung des Weltbildes, die alle anderen Änderungen in den Schatten stellt« (www.falter.at). Die Hypothesen der Quantenphysik, so bizarr sie unserer Alltagslogik zunächst erscheinen, werden tatsächlich durch die Informationstechnologie, die Energiegewinnung und viele andere technische Bereiche tagtäglich bestätigt.

Gemäß Nobelpreisträger Leon Lederman machen heute die Anwendungen der Quantenphysik bereits 25 Prozent des US-Bruttosozialproduktes aus. Ohne diese Produkte könnten wir uns unser Leben kaum mehr vorstellen. Wie die CD- und DVD-Player haben sich diese Produkte überall in unserem Leben ausgebreitet; allerdings sind wir uns dessen meist nicht bewusst. Auch der heutzutage ständig in den Medien präsentierte Übergang von der Mikroelektronik zur Nanoelektronik kann als Wechsel von Anwendungen der klassischen Physik zu Anwendungen der Quantenphysik angesehen werden. Nach Malin können gewisse Fragen der modernen Wissenschaften mit dem alten Weltbild nie beantwortet werden, sowenig wie eine Weltumsegelung erklärbar wäre mit der Ansicht, die Erde sei eine flache Scheibe. Noch immer nähmen wir eine Trennung zwischen uns und unserer Umwelt vor und betrachteten das Universum als eine Maschine aus toter Materie. Was wir dafür gehalten haben, ist nach Malin die unterste Stufe eines in allem existierenden Geistes oder Bewusstseins. Das heißt, alles in der Welt hat Bewusstsein und alles ist mit allem verbunden. Diese Ansicht ist unter Quantenphysikern nicht neu.

Der Nobelpreisträger Erwin Schrödinger (1887–1961) beispielsweise hat geschrieben: »Der Geist baut die reale Außenwelt (…) ausschließlich aus seinem eigenen, das ist aus geistigem Stoffe auf (...) Wir dürfen ruhig sagen, dass die Welt aus Bewusstseinselementen besteht« (Schrödinger 1994). Zahlreiche weitere Physiker des zwanzigsten Jahrhunderts, unter ihnen Max Planck (1877–1946), Louis de Broglie (1892–1987), David Bohm, (1917–1992), Jules Muheim (1934–1997), haben diese Erkenntnisse ebenfalls schon formuliert. Viele Anwendungen der neuen Sichtweise waren zu ihrer Zeit noch nicht verfügbar. Die Verbreitung des neuen Weltbildes braucht Zeit, hat aber hervorragende Förderer. Besonders profiliert haben sich außer den Genannten die Physiker John Archibald Wheeler, 1911 geboren, Direktor des Zentrums für Theoretische Physik an der Universität von Texas, weltweit anerkannte Koryphäe der Quantenphysik, und Professor William Tiller, emeritierter Physikprofessor der Stanford University und Pionier der sogenannten Psychoenergetik, wie auch Hans Primas, geboren 1928, emeritierter Professor für Quantenchemie an der ETH Zürich. Wollte man alle aufzählen, wäre die Liste sehr lange.

Der noch mitten im Berufsleben stehende und weltweit anerkannte Anton Zeilinger, geboren 1945, Professor für experimentelle Physik an der Universität Wien, bemüht sich, die neuen Erkenntnisse den Menschen verständlich zu machen. Seine Aussagen verdienen, mehrmals in diesem Buch zitiert zu werden: »Also das Weltbild, das man eigentlich nur haben kann, ist ein sehr offenes. Diese naive Sichtweise, dass wir deterministische, mechanistische Maschinen sind, löst sich offenbar auf, ist nicht haltbar. Das wissen nur die Biologen noch nicht. Aber sie werden schon noch darauf kommen. Ich bin davon überzeugt, dass wir in den Naturwissenschaften erst am Anfang stehen. Es ist auch ganz offenkundig: Wir betreiben Naturwissenschaft erst drei-, vierhundert Jahre. Zu glauben, dass wir nach dieser kurzen Zeit bereits alles gefunden haben, das ist doch unglaublich arrogant. Ich glaube, die wirklichen Fragen ahnen wir noch gar nicht. Die kommen erst« (www.philosophische-praxis.at).

Einen spirituellen Sucher wie mich, der bereits während des Medizinstudiums unglaublich an dem damals üblichen mechanistischen und deterministischen Menschenbild gelitten hat, erfasst enorme Begeisterung und ein tiefer Friede beim Lesen solcher Zeilen.

In unserer Zeit macht es Sinn, uns immer wieder auf eine Kernaussage dieser Wissenschaftler zu besinnen: Alle Materie hat auch eine Art Bewusstsein, und alles im Kosmos ist mit allem anderen verbunden! Wann werden wir diese Erkenntnis wirklich in unser Alltagsbewusstsein integriert haben und auf neue Weise die Welt zu sehen beginnen? Nach Kopernikus und Galilei hat die große Mehrheit der Menschen noch Jahrhunderte gebraucht, bis sie sich die Erde wirklich als runde, sich drehende und sich durchs Weltall bewegende Kugel vorstellen konnte – und nicht als ruhende flache Scheibe. Wahrscheinlich bringt erst das Fernsehen mit seinen täglichen Darstellungen des blauen Planeten diese Vorstellung so oft zu jedem Menschen, bis die Flachheit der Erde schließlich von niemandem mehr gedacht wird. Hans-Peter Dürr geht zu Recht der Frage nach, warum wir die Materie als in unendlich viele Teile getrennt erleben, wenn doch alles bewusst und verbunden ist. Die Quantenphysiker sind sich einig: Der lokale Realismus, nämlich die Meinung, die Welt bestehe in ihrer Art unabhängig von uns, gilt nicht mehr. Die äußere Realität ist abhängig von unserer Beobachtung, unserem Denken und Fühlen. Doch unser Verstand bäumt sich gegen diese Aussagen auf und weigert sich, solches zu akzeptieren. Insbesondere wenn Dürr noch sagt, es bestehe vorher nur ein »Meer von untereinander verbundenen Möglichkeiten«, die erst durch unsere Beobachtung und unser Bewusstsein in Erscheinung treten und Realität werden.

Anton Zeilinger formuliert es sehr anschaulich: »Offenbar hat das Messen, das Beobachten, also das Sammeln von Information, einen Einfluss darauf, was wirklich sein kann. Der Messapparat legt fest, was ich beobachten kann. Früher war man davon überzeugt, das Objekt hätte auch vor der Messung schon irgendwelche klar definierten Eigenschaften, und die würden durch die Messung höchstens gestört werden. Aber nun sieht man es so, dass die Eigenschaften erst durch die Messung definiert werden. Das Objekt hat vorher keine Eigenschaften, das ist das Radikale.« Selbst Physiker bringen diesen Erkenntnissen der Quantentheorie Widerstand entgegen. So sagt John A. Wheeler: »Viele Physiker hofften, dass die Welt in gewissem Sinne doch klassisch sei. Doch solche Hoffnungen wurden durch eine Serie neuer Experimente zunichte gemacht« (Spektrum der Wissenschaft 2001: 68–76). Einstein hat mit seiner Relativitätstheorie große weltanschauliche Umwälzungen verursacht. Er hat sich aber bis zu seinem Tod geweigert, diesen sogenannten Realismus aufzugeben. Und er hat zu seiner Zeit gewisse physikalische Vorgänge von Fernwirkung als spukhaft bezeichnet, die heute hundertfach bewiesen sind.

Angesichts unserer eigenen Schwierigkeiten, die Welt neu zu sehen, können wir uns lebhaft vorstellen, wie die Leute zu Zeiten Galileis (1564–1642) den Kopf geschüttelt haben. Welch verrückte Ideen von ihm und Kopernikus (1473–1543), die Erde sei eine Kugel. Und nicht die Erde, sondern die Sonne sei der Mittelpunkt. Und nicht die Sonne wandere um die Erde, sondern die Erde um die Sonne. Total verrückt. Unsere Wahrnehmung ist doch ganz anders. Als Kind war ich überzeugt, die Erde sei flach und die Sonne eine Scheibe, die über den Himmel wandere. Immer wollte ich mal an den Rand der Erde reisen, um die aufsteigende Sonne ganz aus der Nähe zu sehen. Wie viele Menschen können die aufgehende Sonne als Kugel sehen? Ich kann den Widerstand im Denken von Galileis Zeitgenossen gut nachvollziehen. Wie könnte man leben mit dem Kopf nach unten? Die Menschen unten an dieser Erdkugel müssten ins Leere fallen. Und wir sollen mit der Erde durchs Weltall rasen und uns ständig um unsere eigene Achse drehen? Welch gotteslästerliche Behauptung, die Erde sei nicht der Mittelpunkt des Universums. Alle Wahrnehmungen und die heiligsten Traditionen sagten etwas anderes.

Für die Autoritäten in Rom dem Fass den Boden weggezogen hat schließlich Giordano Bruno (1548–1600). Hatte er doch die Frechheit zu behaupten, das, was wir naiverweise für Sterne hielten, seien selbst Sonnen mit eigenen Planeten. Gegen solche Ketzereien konnte nur der Scheiterhaufen helfen. Wir wissen heute: Unsere vermeintlich spontane Wahrnehmung bezüglich Erde und Sonne stimmt nicht. Es ist und war eine Denkgewohnheit, die sich ändern musste. Es brauchte dazu Jahrhunderte. Wahrnehmungen, die wir durch Umdenken verändern können, sind uns aus dem täglichen Leben bekannt. Wenn wir als Kinder im Zug fuhren und nach draußen schauten, flog die Landschaft an uns vorbei. Das kann noch heute passieren. Ständig rasen die Bäume auf uns zu und fliehen hinter uns in die Ferne. Wir lernen aber, der Zug fahre und die Umgebung ruhe. Und plötzlich sehen wir die Landschaft stillstehen und erleben die Bewegung des Zuges. Mit der Sonne und der Erde ist es ähnlich. Wir können uns jeden Morgen bewusst werden, wie wir uns der Sonne entgegendrehen, um uns am Abend dankbar von ihr wegzudrehen in die Nacht hinein. Allmählich können wir die Drehung der Erde gegenüber der stillstehenden Sonne unmittelbar erleben. Das Denken strukturiert unsere Wahrnehmung; gibt den Rahmen und die Interpretationsvorgaben für das, was wir mit unseren Sinnen erfassen können.

Die Geschichte wiederholt sich in ähnlicher Art mit der Erkenntnis, die Materie habe Bewusstsein und sei nicht von uns getrennt. Die neue Theorie ist genauso schwer verdaulich wie seinerzeit die Ideen der Herren Kopernikus, Bruno, Galilei und Kepler. Es wird aber nicht mehr Jahrhunderte gehen, bis die meisten von uns die Materie als bewusst wahrnehmen. Dies können gewisse hellsichtige Menschen wie das Medium Anouk Claes schon heute. Selbst der Verstand mancher Physiker kann das Weltbild der Quantentheorie noch nicht akzeptieren. Trotzdem wenden sie täglich für ihre Rechnungen deren Formeln an. Wir dürfen uns deshalb auch etwas Zeit lassen. Trotzdem können wir Computer und Handy nutzen. Was spielt es überhaupt für eine Rolle, ob wir die Welt so sehen, wie wir sie immer gesehen haben, fest und aufgebaut aus toter Materie, oder lebendig und bewusst? Mindestens die eine Erkenntnis haben wir akzeptiert, wonach in der Materie ungeheure Energien stecken. Das haben uns die Atombomben auf

Hiroshima und Nagasaki drastisch vor Augen geführt. Wir können nicht mehr daran zweifeln, vergessen es im täglichen Leben aber immer wieder, selbst wenn wir an einem Kernkraftwerk vorbeifahren. Aber die Materie sei nicht nur Energie, sondern habe Bewusstsein, sagen die Physiker. Der ganze Kosmos sei Bewusstsein, die Realität entstehe erst durch unsere messende Beobachtung oder Geistestätigkeit. Durch die Anwendungen der Quantentheorie – wie etwa Handy und CD-Player – wird unser ganzes Leben in früher nicht vorstellbarer Weise umgekrempelt. So werden unser Bewusstsein und unsere Ansichten unausweichlich ebenso umgekrempelt werden. Wir leben bereits in einer Welt, die noch vor weniger als hundert Jahren als verrückt hätte erscheinen müssen. Nur schon eine SMS nach Australien zu schicken und nach wenigen Minuten die Antwort zu erhalten, ist ein »Wunder« – oder eine Verrücktheit. Das passt auch nicht mehr in unser altes Denken, diese weltweite Verbundenheit durch Fernsehen, Handy und Internet.

Wir und alles im Kosmos seien mit allem verbunden, ist eine der zentralen Aussagen der Quantenphysik. Es sei unser Verstand, der ständig eine Trennung vornehme und uns vorgaukle, in einer Welt der Getrenntheit und Vereinzelung zu leben. Shimon Malin glaubt, unsere im Bewusstsein ständig vorgenommene Spaltung sei eines der Haupthindernisse für den weiteren Erkenntnisfortschritt. Da trifft er sich in erstaunlicher Weise mit spirituellen Behauptungen.

Ähnliche Ansichten wie in der Quantenphysik finden sich in der griechischen, neuplatonischen und christlichen Tradition und auch im Hinduismus. Die augenfälligsten Parallelen aber dürften sich im Buddhismus zeigen. Ich führe einen Vers an, die der Internetautor Franz-Johannes Litsch aus einer frühbuddhistischen Textsammlung zitiert: »Vom Geiste gehen die Dinge aus, vom Geist beherrscht, im Geist gemacht« (www.buddhanetz.org). Solches Denken zieht sich offenbar im östlichen Denken durch die Jahrhunderte. Der Quantenphysiker und Molekularbiologe Jeremy W. Hayward zitiert in seinem sehr lesenswerten Büchlein »Briefe an Vanessa« den konfuzianischen Weisen Wang Shihuai aus dem 16. Jahrhundert: »Die Essenz der Phänomene nennt man Geist. Das Wirken des Geistes nennt man Phänomene. In Wirklichkeit ist da nur eines ohne Unterschied von innen und außen. Was das Universum erfüllt, ist sowohl ganz Geist als auch ganz Phänomene.« Was dieser Weise Phänomene nennt, würden wir heute als Dinge, Materie oder Geschaffenes bezeichnen – und dann haben wir wieder genau die Aussagen der Quantenphysiker. Shimon Malin zitiert den alten Griechen Protagoras, von dem der oft missverstandene Satz stammt, der Mensch sei das Maß aller Dinge. Dem Verständnis gewisser Philosophen zufolge wollte er mit diesem Satz ausdrücken, wir und unsere Welt würden von uns selbst geschaffen und es gebe keine von uns unabhängige Objektivität. Es sind ungeheuerliche Konsequenzen dieser Denkweise, die auch unser Gottesbild umkrempeln.

Ich persönlich bin in den höheren Gymnasialklassen mit den Gedanken eines durch und durch geistigen Universums durch Weise wie Plotin, Meister Eckehart, Yogananda und Vivekananda genährt worden. Die Texte dieser Autoren waren für mich etwa das, was frisches Wasser für einen Verdurstenden ist, auch wenn ich damals längst nicht alles, was ich gelesen habe, verstehen konnte. Ich hatte trotzdem die Sichtweise eines »Dualismus« beibehalten, nämlich die Materie sei etwas grundsätzlich anderes als der Geist. Ich konnte die Vorstellung nicht richtig loslassen, die Materie sei fest und tot. Durch das Lesen der genannten Autoren fand ich doch tröstliche Bestätigung von dem, was ich seit meiner Kindheit als Gewissheit in mir spürte. Es war ein Begreifen mehr mit dem Herzen als mit dem Verstand, ein Erfahren eher als ein verstandesmäßiges Wissen. Daher ist es eine höchst persönliche Angelegenheit, ob man solcherlei Aussagen für sich als gültige Überzeugung oder wenigstens als Arbeitshypothese akzeptieren kann und will. Ich glaubte damals nur halbwegs den östlichen Autoren die Behauptung, unsere materialistische Sichtweise werde bald wieder verlassen werden.

In meiner Gymnasialzeit hatte ich mich jahrelang mit dem mir übermittelten Gottesbild herumgequält. Als Bauernbub aus den appenzellischen Voralpen durfte ich nur deshalb in die weiterführenden Schulen, weil ich plötzlich von der Idee überfallen wurde, ich wolle nicht Bauer, sondern Missionar in Afrika werden. Die Aufgeschlossenheit meiner Mutter und des damaligen Schulpräsidenten Robert Waldburger (meine Dankbarkeit rechtfertigt die Erwähnung seines Namens) sowie glückliche Umstände waren mir behilflich. Sonst wäre mein später Wechsel aus der für die Bauernkinder reservierten Halbtages-Gesamtschule des Dörfchens Schwellbrunn in die Lateinklasse der großen Nachbargemeinde Herisau nicht möglich gewesen.

In Schule und Kirche hatte ich die Lehre von einem Gott mitbekommen, der nur eine sehr begrenzte Zahl von Christen in den Himmel kommen lässt. Natürlich nur die echten, gehorsamen Christen hatten diese Chance, für die anderen und die viel größere Zahl der Nichtchristen war die Hölle vorgesehen. Erst viel später erfuhr ich, es seien nach ursprünglicher Auffassung überhaupt nur jüdischstämmige Christen auserwählt gewesen. Meine reifende Vernunft und der tiefe Wunsch nach Frömmigkeit »stritten« jahrelang in mir. Es waren die Fragen, die ich später als das Theodizee-Problem kennenlernte. Wie konnte ein Wesen, das wir den »lieben Gott« nannten, so grausam, ja geradezu sadistisch sein und für Menschen, die er selbst geschaffen hatte, eine ewige Verdammnis bestimmen? Wie konnte dieser »Liebgott«, wie wir in Mundart sagen, so beleidigt und unversöhnlich sein über etwas, das er selbst erschaffen hatte, dass er den qualvollen Kreuzestod seines eigenen Sohnes forderte? Gott konnte unmöglich so sein, wie mir vermittelt worden war. Meine ganze Erfahrung und eine innere Gewissheit sprachen dagegen.

Ich musste dieses alte, grausame Gottesbild von einem ungerechten und rächenden Gott hinter mir lassen. Auch die Überwachung und Lenkung aller Menschen durch diesen Gott widersprach der Vernunft. Je mehr ich den Schritt aus diesem geistigen Gefängnis machen konnte, umso befreiter fühlte ich mich. Mein Sehnen hörte aber nicht auf; die Bestätigung der östlichen Autoren, man könne die Einheit mit dem Göttlichen in sich erfahren, war Licht auf meinem Weg. Während diese Auseinandersetzungen mit der alten Religion abliefen, entdeckte ich mehr und mehr die Naturwissenschaften. Deren spirituelle Grundnatur begann für mich zu leuchten. Es war eine weitere Befreiung, eine Faszination für diese Art der Erkenntnis, die ich als wesentlich spiritueller empfand als die traditionellen Religionen. Ich entdeckte, wie viele der großen Forscher und Begründer der naturwissenschaftlichen Methoden von einer tiefen Spiritualität geprägt waren.

Erst allmählich begriff ich, wie weit die Mehrheit der zeitgenössischen Forscher ihre Sichtweise auf eine geistlose und tote Welt verengt hatte. Es schien mir, ihr Herz sei verschlossen gegenüber dem Göttlichen. Warum konnten sie die geistigen Zusammenhänge nicht sehen? Das unser Leben begründende Prinzip von Liebe und Freiheit war in den Naturwissenschaften verloren gegangen. Heute spüren wieder viel mehr Menschen diesen Zusammenhang als Basis unserer Existenz. Sie lassen sich weniger vereinnahmen. Viele von diesen Menschen fühlen sich einer areligiösen Spiritualität verbunden, eben einer *spiritualité sans Dieu*, einer göttlichen Welt ohne den verurteilenden Gottvater meiner Kindheit.

Die Ansicht, alles sei Bewusstsein, gilt, soviel ich weiß, noch nicht als beweisbare Aussage im Sinne des naturwissenschaftlichen Experimentes. Aus naturwissenschaftlicher Sicht ist es eine Hypothese, aus anderem Blickwinkel eine geniale, intuitive, aber nicht experimentell bewiesene Erkenntnis. Hypothesen und Theorien sind umso wertvoller, je mehr Erklärungswert sie haben für unseren Umgang mit der Welt. Hypothesen ohne Erklärungswert und ohne Innovationskraft für unser Leben machen wenig Sinn. In der Wissenschaft gilt die Regel, man solle immer denjenigen Erklärungsansatz wählen, der erstens einfach, zweitens mit optimalem Erklärungswert und drittens schön und elegant sei. Deshalb sind die Fragen wichtig: Hat die Theorie, alles im Universum habe Bewusstsein und es gebe eigentlich keine Materie, für unser Leben zusätzlichen Erklärungswert? Kann uns diese Sichtweise mehr Klarheit und Geborgenheit geben? Wird unser Leben leichter, sicherer, friedlicher, wenn wir diese Erkenntnisse zur Grundlage unseres Weltverständnisses machen? Wir können fasziniert und befreit auf diese neuartigen Gedanken reagieren und gleichzeitig auch noch zweifeln. Ein begleitender, kritischer Zweifel ist ein Zeichen für ein gesundes Ego und einen gesunden Verstand: Kritisch bleiben und doch die Auswirkungen der Hypothesen für unser Leben prüfen, ist eine wissenschaftliche Haltung. Das ist die Absicht dieses Buches. Wir betreten einen Bereich, wo das persönlich Einzigartige und das Allgemeingültige ineinander fließen.

Mit der Erkenntnis des zeitunabhängigen, nicht lokalen Bewusstseins bauen wir ein modernes spirituelles Weltbild und ein spirituelles Verständnis von uns selbst auf. Nur ein solches modernes Welt- und Menschenbild wird die Kraft haben, die spirituelle Erfahrung und die naturwissenschaftliche Sicht miteinander in Einklang zu bringen. Das wird enorme gesellschaftliche Auswirkungen haben. Denn mit der Globalisierung der Wirtschaft und der Politik gehen Globalisierung von Wissenschaft und Technik sowie die Globalisierung der Weltanschauungen einher. Eine auf den Erkenntnissen der Quantenphysik beruhende Weltanschauung dürfte die besten Chancen bieten für eine Globalisierung der Spiritualität und die Lösung von sich bekriegenden Religionen.

In meinem Buch »Spirituelles Heilen und Schulmedizin« habe ich die PEAR-Forschung erwähnt, die von Professor Robert Jahn, Physiker und Dekan an der Princeton University, schon Ende der 1970er Jahre gestartet wurde. Diese Forschung behandelt die Frage, ob von unserem Bewusstsein direkte Wirkungen auf die Materie möglich sind. Jahn und sein Team experimentierten mit Vorrichtungen von fallenden Styroporkugeln, Pendeln, Wasserstrahlen und mit elektronischen Zufallsgeneratoren. Die Arbeit mit elektronischen Apparaten behielten sie bei, weil sie die zahlenmäßig größten Experimente erlauben. Die Ergebnisse scheinen eindeutig. Wir alle können diese materiellen Vorrichtungen mit unserem Bewusstsein beeinflussen. Die Effekte sind meistens schwach, aber sehr konstant. Nach Jahn ist die Wahrscheinlichkeit, dass es nur Zufallsergebnisse wären, über alle durchgeführten Studien lediglich eins zu einer Milliarde. Das ist eine statistische Sicherheit, wie sie in keiner anderen Forschung erreicht wurde (www.princeton.edu/~pear; www.icrl.org).

Spektakulärerweise konnte die Beeinflussung auch orts- und zeitunabhängig vom Versuchslabor geschehen. Viele Versuchspersonen (= Operatoren) zeigten ein spezifisches Muster, eine Art persönlicher Signatur, die sich unabhängig von der Versuchsanordnung manifestierte. Die Forschung konzentrierte sich auf die absichtliche Beeinflussung. Aber auch ohne Absicht schien in manchen Fällen zwischen der Versuchsperson und der Maschine eine Resonanz sich auszubilden. Ebenso zeigten sich geschlechtsspezifische Unterschiede. Besonders starke Wirkungen konnten bei gemischtgeschlechtlichen, gut harmonisierenden Paaren oder kleinen Gruppen gezeigt werden. Verstärkte Effekte zeigten sich auch nach Gruppenritualen, an heiligen Plätzen, bei Musik- und Theateraufführungen und bei Ereignissen mit besonders charismatischem Charakter. Weitere Untersuchungen konnten Wirkungen vor allem bei Manifestation starker Gefühle nachweisen (Journal of Scientific Exploration 2000: 195–216).

Schamanische Völker wussten um diese Zusammenhänge zwischen unserem Geist und dem Bewusstsein der Materie. Als der bekannte Forscher Michael Harner bei einem Schamanen in Ausbildung war, musste er sich eines Tages mit dem »Geist« des Außenbordmotors ihres Bootes verbinden. Auch Tiere können elektronische Vorrichtungen nachweisbar beeinflussen. Beispielsweise veranlassen frisch geschlüpfte Kücken ohne Mutter elektronische Roboterchen, nur noch in ihrer Nähe herumzukreisen.

Als Weiterentwicklung der PEAR-Experimente untersucht ein weltweit verstreutes Forscherteam – unter der Leitung von Professor Roger D. Nelson von der Princeton University und Professor D. Radin von Stanford – seit 1998 die Frage, ob globale Ereignisse mit kollektiven menschlichen Emotionen und Gedanken auf elektronische Apparate eine Auswirkung haben. Die Forschungen sind unter dem Namen Global Consciousness Project (GCP) bekannt geworden. Mehrere Dutzend über die Welt verteilte und von Störungen abgeschirmte sogenannte Zufallsgeneratoren, die Tag und Nacht in Betrieb sind, messen die Auswirkungen weltweiter Ereignisse. Schon bei Vorversuchen (beispielsweise beim Tod von Prinzessin Diana) sind deutliche Resultate erzeugt worden. Die von den Forschern berichteten Ergebnisse können uns helfen, weltumspannend, also global zu denken. Besonders starke Ausschläge der Messinstrumente zeigten sich beim Beginn der Nato-Bombardierung auf Belgrad, bei Welt-Gebetstagen und Friedensdemonstrationen, beim Jahreswechsel 1999/2000, beim 11. September, beim Sturz Saddam Husseins, bei den Anschlägen in Madrid am 11. April 2004 und bei den Gedenkminuten für die Tsunamiopfer im Januar 2005. Das Tsunamiereignis selbst am 26. Dezember 2004 zeigte auch Ausschläge. Diese waren aber weniger stark als bei den Gedenkminuten. Wie alle Forschung werden diese Ergebnisse, ebenso jene von Jahn, von anderen Forschern in Frage gestellt. Jeder kann sich anhand der Beschreibungen und Diskussionen im Internet selbst ein vertieftes Verständnis und eine eigene Meinung bilden (http://noosphere.princeton.edu).

Mir persönlich gibt der wissenschaftliche Ruf der beteiligten Forscher und die konstante Methodik Vertrauen in die Seriosität der Resultate; und sie fügen sich einfach und logisch in das von der Quantenphysik begründete Weltbild ein. Nach Nelson ist die Wahrscheinlichkeit für reine Zufallsergebnisse im GC-Projekt eins zu einer Million. Das wären bei allen Forschungen (beispielsweise in der Medizin) absolute und nie erreichte Traumresultate. Die Ergebnisse des GCP stützen die Annahme von Informationsfeldern. Unser Organismus verbindet sich mit diesen Feldern, so wie unsere Handys und Fernseher an entsprechende elektromagnetische Felder angeschlossen oder eingeloggt sind, aus denen die Information bezogen wird. Inzwischen haben auch die Hirnforscher spezielle Neurone (= Hirnzellen) entdeckt, die uns über Stimmungen und Emotionen anderer Menschen informieren, etwa entsprechend den Empfängern, die in unsere Handys eingebaut sind.

Robert Jahn entwirft ein Modell unseres Bewusstseins, das die bisherigen Knackpunkte des sogenannten Leib-Seele-Problems in faszinierender Weise auflöst. Immer und immer wieder im Laufe der Geschichte wurde gefragt, wie die Seele auf den Leib beziehungsweise wie der Geist auf den Körper wirken könne. Man konnte das, was man gedanklich und spekulativ getrennt hatte, nämlich Körper und Geist oder Materie und Bewusstsein, nicht mehr zusammenbringen. Um dieses Problem zu umgehen, wurden im 19. Jahrhundert geistreiche Annahmen getroffen. Vom berühmten deutschen Physiologen Emil Du Bois-Reymond (1818–1896) ist ein interessantes Zitat überliefert. Er soll von sich und seinem Kollegen Ernst Wilhelm Brücke gesagt haben: »Brücke und ich schworen einander einen heiligen Eid, um diese Wahrheit zu verwirklichen: keine anderen Kräfte als die physisch-chemischen wirken im Organismus.« Diese Fokussierung auf das ausschließlich Materielle und die apparativ nachweisbaren physikalischen und chemischen Kräfte zeigt sich heute als ein genialer Schachzug. Die Erkundung des praktisch Erforschbaren erhielt dadurch einen gewaltigen Schub nach vorne, der bis heute anhält. Gleichzeitig wurde durch diese Beschränkung die Forschung dem Einflussbereich der Religionen und ihrer autoritären Vertreter entzogen und konnte damit nach neuen Regeln vorwärts gebracht werden. Es ist nicht auszudenken, was passiert wäre, hätten die Forscher proklamiert, sie wollten das Wirken der Seele im Körper untersuchen. Ein fatales Schicksal der beiden Forscher, ähnlich dem des Galilei oder des Giordano Bruno, wäre nicht auszuschließen gewesen.

Professor Jahn postuliert, es gebe die Elementarteilchen als eine Form von Materie, Licht als eine Form von Energie sowie Bewusstsein als eine Form von Information. Diese Erscheinungen seien in ihrer grundsätzlichen Natur nicht voneinander getrennt, sondern das Gleiche in verschiedenen Ausprägungen. Deshalb könne unser Bewusstsein auch mit der Materie in Wechselwirkung treten und beispielsweise die beschriebenen Ergebnisse der PEAR-Forschung erzielen. Man könne sogar dem Bewusstsein eine Teilchen-Welle-Doppelnatur zuschreiben wie den Elektronen. Aufgrund dieser Schwingungs- oder Wellennatur könne das Bewusstsein mit allem in Resonanz treten, was im Kosmos auch diese Schwingungs- oder Wellennatur habe. Wie wir wissen, hat alles im Kosmos Wellennatur.

Aus der Musik kennen wir das Phänomen der Resonanz und der stehenden Wellen. Wenn ich auf einem Instrument wie dem Klavier eine Saite anschlage und im Raum befindet sich beispielsweise eine Gitarre, dann beginnt die entsprechende Gitarrensaite auch zu schwingen; es entsteht eine Resonanz. Der Ton wird in der Regel stärker und hält länger an, als wenn nur eine Saite schwingen würde. Dieses Resonanzphänomen kann überall auftreten, wo es um Schwingungen geht. Da überall die Wellennatur existiert, kann es überall Resonanzen geben bis hin zu unseren Gefühlen. Dementsprechend kennen wir Resonanzphänomene in fast allen wissenschaftlichen und technischen Gebieten. Am bekanntesten und vielleicht am wenigsten aus der modernen medizinischen Forschung und Diagnostik wegzudenken sind die Kernresonanz-Spektroskopie und -Tomographie, auch Magnetresonanz genannt. Gewisse Schwingungen können sich allerdings auch gegenseitig auslöschen. Für Professor Jahn ist nicht nur die Resonanz-Bindung zwischen Mensch und Maschine, die in den PEAR-Experimenten erforscht wurde, wichtig. Er meint, Resonanz zwischen dem menschlichen Bewusstsein und der Umgebung sei wichtig für jeglichen kreativen Vorgang beim Menschen (Jahn 1996: 32–38). Ich schließe mich mit Überzeugung dieser Sichtweise an. Das Resonanzmodell kann zur Erhellung und zum besseren Verständnis vieler menschlicher Erfahrungen und zwischenmenschlicher Wechselwirkungen herangezogen werden. Das Resonanzgesetz, wie man es nannte, wird seit Jahrtausenden als zentrales Prinzip überliefert, wie wir aus den Schriften des Hermes Trismegistos wissen. Damit hat auch die Erfahrung zu tun, wonach wir alles stärken, was wir bekämpfen.

Jahn thematisiert auch die Gesundheit des Menschen und nennt die Physiologie des menschlichen Körpers das großartigste bekannte Kommunikationssystem. Viele Krankheiten gingen aber auf ein ungenügend funktionierendes Informationssystem zurück. Für die Aufrechterhaltung der Gesundheit brauche es vier Voraussetzungen: ein Bewusstsein mit Willenskraft, den dazugehörenden Körper, die intime adäquate Resonanzbindung zwischen beiden und dadurch den entsprechenden Informationsfluss. Bewusstsein und Körper seien zunächst zwei verschiedene Größen, ihre Grenzen müssten aber etwas verwischt werden für den Austausch, wie bei zwei Liebenden. An diesem Punkt bringt Jahn eine Sensation:

Nach strenger methodischer Forschung und strenger Logik komme man so auf die treibende Kraft sowohl des Lebens wie des physikalischen Universums: LIEBE, großgeschrieben. Jahn räumt ein, der Eintritt der Liebe als vierte Währung in die wissenschaftliche Welt möge auf den ersten Blick radikal und revolutionär erscheinen, im Kern laute die wissenschaftliche Botschaft aber doch: »Wenn wir uns selbst lieben, können wir uns selbst heilen. Wenn wir die Welt lieben, können wir die Welt heilen« (Übersetzung aus dem Englischen: J. Bösch).

Einige werden Jahns Argumentation gut folgen können, andere nicht. Machen wir uns noch einige Zusammenhänge klar. Viele Forschungsergebnisse bei Tieren und Menschen zur Wirkung der Liebe auf den Organismus liegen heute vor. Beispielsweise wurde gezeigt, wie liebevolle Berührungen für das Überleben junger Tiere wie auch zu früh geborener menschlicher Babys ein entscheidender Faktor sind. Ebenso bestimmt die Erfahrung mütterlicher Liebe in großem Maße, wie stressresistent die späteren Erwachsenen sind. Und erwachsene Menschen, die sich als geliebt erfahren, zeigen bei jahrelanger Beobachtung viele Erkrankungen in geringerer Häufigkeit als sich ungeliebt Erfahrende. Geradezu sensationelle Bestätigungen der jahnschen These ergeben sich durch die Befunde, wonach sich als geliebt erfahrende Männer mit den bekannten Risikofaktoren für Herzinfarkt (wie hoher Blutdruck, hohes Cholesterin, Übergewicht und Rauchen) in fünfjähriger Beobachtungszeit nicht häufiger an tatsächlichem Herzinfarkt erkrankten als Männer ohne diese Risikofaktoren, die sich aber nicht als geliebt erfahren haben (Levin 2001). In einer anderen Studie wurde gezeigt, wie nach der Präsentation eines Bildes von Mutter Teresa die Konzentration des Eiweiß-Antikörpers IgA für durchschnittlich sechs Stunden erhöht wurde; das heißt, die Immunabwehr gegen Tumoren und Infektionen wurde entsprechend verstärkt.

Ich könnte jetzt viele mystische Quellen über die Bedeutung der Liebe in der Materie anführen. Jene von Hildegard von Bingen ist sehr schön und klar: »Da erkannte die Kreatur in diesen Arten und

Formen (der Schöpfung) ihren Schöpfer. Denn die Liebe war im Anfang der Urstoff (materia) eben dieser Kreatur.« Nach der gleichen Quelle (www.nugev.eu) soll Hildegard die Materie wiederholt schlicht als Liebe bezeichnet haben.

Das Resonanzprinzip wird uns durch das ganze Buch hindurch begleiten. Ein Zitat, das darauf Bezug nimmt, stammt vom bekannten amerikanischen Heiler Joel S. Goldsmith (1892–1964): »An und für sich hat ein Problem keine Macht; indem man ihm aber Macht beimisst, reagiert man so, als hätte es diese Macht. Sowie man der Versuchung erliegt, eine Person, eine Sünde oder eine Krankheit zu bekämpfen, wird man in einen Kampf verwickelt, der einen am Ende selbst vernichtet. Ehe man erkennt, dass es nichts zu bekämpfen gibt, da nur eine Macht da ist, wird man eine Last auf den Schultern tragen und unablässig Menschen, Sünde, Krankheit, Begierden, Armut oder Verlassenheit bekämpfen« (Goldsmith 2006: 45). Mit diesem Zitat wird eine meiner grundlegenden Überzeugungen und Erfahrungen wiedergegeben. Wenn wir etwas bekämpfen, richten wir unsere Aufmerksamkeit darauf und treten dadurch in Resonanz mit dem Bekämpften. Deutlich kann man das Prinzip bei extremen und dogmatischen Einstellungen erkennen. Es kann sich um politische, religiöse oder allgemein weltanschauliche Positionen handeln. Man findet immer eine Gegenseite, die zwar bekämpft, durch die Bekämpfung aber auch gestärkt wird. Wir tun gut daran, uns in der Welt im Großen wie im Kleinen umzuschauen, und wir werden zuhauf entsprechende Bestätigungen finden.

Zum Ausklang dieses Kapitels mögen ein paar zusammenfassende Wiederholungen der wesentlichen Aussagen die Verinnerlichung der neuen Weltsicht unterstützen. Es geht nicht nur um ein Erkennen, sondern auch um ein Einüben einer neuen Sichtweise. Deshalb werden einige Aussagen im Buch stets wiederholt.

Die Welt ist mehr wie ein Gedanke als wie eine Maschine. Es gibt keine Materie, sondern nur ein Geflecht von Möglichkeiten, das man auch Geist nennen kann. Materie und Bewusstsein ist das Gleiche. Unser Geist baut die äußere Welt aus geistigem Stoff auf. Das Wirklichste (das am meisten wirkt) im Kosmos sind die Gedanken. Ein Atom kann nichts vergessen, was es einmal erfahren hat. Ohne Bewusstsein kann nichts in der materiellen Welt entstehen. Alles hängt mit allem zusammen, und so ist auch das Bewusstsein aller Menschen miteinander verbunden.

Zuletzt ein Gedicht oder Lied von Beatle George Harrison (1943–2001):

> »Try to realise it's all within yourself – no-one else
> can make you change (...)
> And the time will come when you see we're all one
> And life flows on within you and without you.«

Sind wir die Schöpferkraft?

Ein immer heftiger werdender Streit wird heute zwischen Religiösen und Wissenschaftlern ausgefochten. Ist der Mensch von Gott erschaffen oder durch die Evolution entstanden? Sehr provokativ für viele religiös ausgerichtete Menschen ist die Frage, ob der Mensch mit den Affen gemeinsame Vorfahren habe. Diese Behauptung ist für viele eine Gotteslästerung. Sie halten an der Ansicht fest, Gott habe die Welt erschaffen, so wie es in der Bibel stehe. Sie werden Kreationisten genannt und glauben, die Erde sei längst nicht so alt, wie die Wissenschaftler behaupten. Diametral gegenüber stehen die Evolutionisten, welche die darwinsche Evolutionslehre verfechten. Dieser Lehre zufolge haben sich die Lebewesen über Jahrmillionen entwickelt, wie von Charles Darwin (1809–1882) postuliert.

Man sagt zu Recht, der moderne, aufgeklärte Mensch mit religiöser Bindung wolle nicht seinen Verstand an der Kirchentüre abgeben und diesen nur außerhalb seiner religiösen Überzeugungen und Praxis gebrauchen. Viele Menschen konnten das Dilemma zwischen wissenschaftlicher und religiöser Botschaft nicht lösen. Sie stellten entweder ihre Religion oder die wissenschaftliche Weltsicht auf die Seite. Inzwischen wird der Streit mehr und mehr zu einer politischen Angelegenheit und spitzt sich zu. Das kann eine positive Entwicklung sein und beide Seiten veranlassen, die Sache vertieft zu überdenken. Ich sehe es als wichtige Aufgabe, an überzeugenden Lösungen zu arbeiten.

37

Ein staatliches Gymnasium im hessischen Gießen wurde zu einem Brennpunkt dieses Streites, nachdem dort ein Biologielehrer erklärte, die Welt sei von Gott in sechs Tagen erschaffen worden. Er erhielt Unterstützung von der hessischen Kultusministerin, und damit war genug Feuer in den Streit gebracht, um die ganze Nation zu erhitzen. Der Kommentar der Ministerin: »Es macht Sinn, im Fach Biologie auch die Schöpfungslehre der Bibel zu verhandeln, um die Kinder nicht mit unterschiedlichen Theorien im Biologie- und im Religionsunterricht zu verwirren.« Auf die Kritik des Deutschen Biologenverbandes, der christliche Mythos gehöre nicht in den Biologieunterricht, entgegnete sie: »Ich kann mit dem Begriff Mythos nichts anfangen, weil der wertend ist. Ich sehe in der biologischen Evolution und der biblischen Erklärung keinen Widerspruch.« Ich glaube, damit hat die Kultusministerin sich in eine Sackgasse manövriert. Kann man zwei derart unterschiedliche Positionen widerspruchslos zur Deckung bringen, wenn der Schöpfungsbericht der Bibel wörtlich verstanden wird? Ich halte das für unmöglich, und ich habe noch keine entsprechende Deutung gelesen, welche die beiden Standpunkte harmonisiert. Ich sehe auf beiden Seiten ein Verharren auf überholten Standpunkten.

Es zeigt sich auch hier, wie man dasjenige stärkt, das man bekämpft. Es kam die Frage auf, ob die Aufklärung verhandelbar geworden sei. Aber darum geht es nicht. Auf Seiten prominenter Evolutionsvertreter werden die Defizite in Form von nicht mehr haltbaren Positionen des klassischen Darwinismus nicht gesehen oder nicht zugegeben. In der Presse verkürzt sich diese Haltung dann auf den Satz: »Darwin ist Gott genug.« Andererseits wirken die Versuche der Kreationisten, ihr Schöpfungsbild wissenschaftlich zu untermauern, nicht überzeugend. Aus moderner, wissenschaftlicher und spiritueller Sicht liegt die Wahrheit dazwischen.

Bedenken wir erneut, was uns die Quantenphysiker sagen: Die materielle Realität bildet für die Quantentheorie auf der tiefsten Ebene ein ungeteiltes Ganzes, das keine Teile besitzt. Was als ein Meer von untereinander verbundenen Möglichkeiten besteht, das noch nicht Realität geworden ist, wird durch unsere Beobachtung in Erscheinung treten und Realität werden: »Die Felder in der Quantenphysik sind nicht nur immateriell, sondern wirken in ganz andere, größere Räume hinein, die nichts mit unserem vertrauten dreidimensionalen Raum zu tun haben. Es ist ein reines Informationsfeld – wie eine Art Quantencode. Es hat nichts zu tun mit Masse und Energie. Dieses Informationsfeld ist nicht nur innerhalb von mir, sondern erstreckt sich über das gesamte Universum« (Professor H.P. Dürr, www.pm-magazin, Mai 2007).

Wir kennen inzwischen in der Technik unzählige Informationsfelder wie beispielsweise die der Mikrowellen, mit deren Hilfe wir über unsere Handys kommunizieren. Viele Wissenschaftler sehen das Quanteninformationsfeld in ähnlicher Art. Man kann die Analogie weiter entwickeln. Wenn ich mit dem Handy eine SMS an meine Kinder schicke, können sie diese komplexe Information aus Text, Bild und Ton innerhalb Minuten überall, wo mit Antennen ein Feld aufgebaut ist, auf ihrem Handy empfangen – unabhängig davon, ob sie sich in der Schweiz, in Russland oder in Australien aufhalten. Einzige Bedingung ist ein Empfänger mit der entsprechenden Frequenz auf dem Handy. Niemand von uns denkt aber deshalb, es würden ein sichtbares Bild und eine Melodie durch die Atmosphäre fliegen, welche ein zufällig dort oben fliegender Ballonfahrer sehen und hören könnte. Es ist ein für uns nicht wahrnehmbarer Code, der überall im Feld vorhanden ist und den meine Kinder jederzeit wieder in Text, Bild und Ton umwandeln können, sofern sie das entsprechende Handy bei sich haben. Vor der Umwandlung ist der Code keine sicht- und hörbare Wirklichkeit. Das ist eines der wunderbaren Geschenke unserer Technik. Analog zum Informationsfeld und Beziehungsgefüge aus Mikrowellen für den Handyverkehr, sehen die Physiker das Quanten-Informationsfeld, von dem sie sagen, es sei ein riesiges Beziehungsgefüge und man könnte zu ihm auch Geist sagen. Aus diesem Quanten-Informationsfeld entsteht die Realität; wird zur Erscheinung gebracht, wie die SMS durch das Handy.

Hier können uns nochmals die Sätze von Anton Zeilinger helfen: »Früher war man davon überzeugt, das Objekt hätte auch vor der Messung schon irgendwelche klar definierten Eigenschaften, und die würden durch die Messung höchstens gestört werden. Aber nun sieht man es so, dass die Eigenschaften erst durch die Messung definiert werden. Das Objekt hat vorher keine Eigenschaften, das ist das Radikale« (http://www.welt. de/ printwelt/article552630/Max_Planck_Einstein_und_der_Dalai_ Lama.html).

Darwins Lehre entstammt einer Zeit, da die Welt oder Wirklichkeit, wie sie Zeilinger beschreibt, noch nicht einmal denkbar waren. Die Quantenphysik wäre damals als größter esoterischer Unsinn bezeichnet worden. Darwin musste deshalb mit den denkerischen Mitteln arbeiten, die zu seiner Zeit der Wissenschaft zur Verfügung standen. Das war eine als tot gedachte Materie, die sich zufällig verändert. Er hätte sonst damals unbekannte Kräfte voraussetzen müssen. Es passte zu seiner Zeit, das Bewusstsein als eine Art Ausdünstung der Materie zu sehen. Aber dieses Denkmodell ist heute nicht mehr haltbar.

Professor William A. Tiller, Physiker an der kalifornischen Stanford University, inzwischen emeritiert und Autor mehrerer Bücher zur Einwirkung von Geist auf die Materie und auch schon als einer der weltweit brillantesten Wissenschaftler bezeichnet, hat in seinem 2001 erschienenen Buch »Conscious Acts of Creation« (zu Deutsch etwa »Bewusste Schöpfungsakte«) ein Konzept unserer Realität entwickelt, das modernste physikalische Erkenntnisse und spirituelle Erfahrungen integriert. Er schreibt in der Einleitung: »The underlying message of this book is that, under at least some conditions, human intention acts like a typical potential capable of creating robust effects in what we call physical reality.« (»Die grundsätzliche Botschaft dieses Buches heißt: Menschliche Absichten haben unter bestimmten Bedingungen die potenzielle Fähigkeit, in dem was wir physikalische Realität nennen, stabile Wirkungen zu erzeugen.«) Aufgrund seiner Experimente, die ich hier nicht weiter diskutiere, kommt er zum Schluss: »Es ist mehr als klar, dass die bewusste Absicht eine machtvolle Kraft ist, die in jegliches neue wissenschaftliche Weltbild integriert werden muss. Leitend durch das Buch ist die Prämisse, dass wir alle an einem grundlegenden Bewusstsein teilhaben, das auf dieser Ebene keine Trennung und keine Grenzen von Raum und Zeit kennt.«

Tiller kommt dann auf die Experimente zu sprechen, in denen eine geistige Beeinflussung der UV-Absorption des Wassers und einer Wasser-DNS-Mischung nachgewiesen wurde und wo es möglich war, die DNS-Spiralen durch geistige Einwirkung sowohl zu entwinden wie auch die Spiralen wieder herzustellen. Solche Experimente sind ebenso von russischen Forschern gemacht worden. Auch der Heiler Malcolm Southwood, mit dem ich während meiner Chefarztzeit intensiv zusammengearbeitet habe, hat in den USA erfolgreich solche Experimente mit geistiger Einwirkung auf DNS gemacht.

Angesichts dieser heutigen wissenschaftlichen Erkenntnisse wirkt der klassische Evolutionismus verstaubt. Ich zitiere nochmals Anton Zeilinger: »Diese naive Sichtweise, dass wir deterministische, mechanistische Maschinen sind, löst sich offenbar auf, ist nicht haltbar. Das wissen nur die Biologen noch nicht. Aber sie werden schon noch darauf kommen.« Einige Biologen wissen es glücklicherweise schon, allerdings nicht die klassischen Evolutionisten wie Dawkins. Er scheint im Kampf gegen die Kreationisten den Anschluss an seine eigene Wissenschaft verloren zu haben.

Bei der Evolutionslehre muss man zwei Elemente auseinander halten: Das erste Element betrifft die Mutationen (= Veränderungen) der Erbsubstanz, also der Gene; beim zweiten Element geht es um die Frage, weshalb die einen Lebewesen einen Überlebensvorteil haben und im Laufe der Entwicklung sich durchsetzen können, während andere Arten aussterben. Wie erwähnt, Darwin musste Zuflucht nehmen zur Hypothese, die Veränderungen der Erbsubstanz würden blind und zufällig erfolgen und die Auslese geschehe durch einen unausweichlichen Kampf ums Überleben. Die Evolution werde durch einen Kampf der Natur gegen Hunger und Tod vorangetrieben. Zu Darwins Zeiten setzte sich die Überzeugung durch, die Erbsubstanz könne durch Umwelteinflüsse nicht verändert werden. Da man auf einen allmächtigen Gott, der diese Mutationen steuerte, nicht zurückgreifen wollte, blieb nur die Zufallshypothese. Jean-Baptiste de Lamarck, der die Vererbung von während des Lebens erworbenen Eigenschaften postulierte, geriet in Vergessenheit. Die darwinsche Annahme der rein zufällig erfolgenden Veränderungen der Erbsubstanz zu immer höher entwickelten Lebewesen war für viele Menschen stets zu abenteuerlich, da zahlreiche logische Widersprüche damit provoziert werden.

Einer der profiliertesten Kritiker war der Astronom und Mathematiker Fred Hoyle, der berechnete, dass die Entstehung des Menschen durch zufällige Mutationen etwa gleich wahrscheinlich ist, wie das Entstehen einer perfekten Boeing 747 dadurch, dass ein Sturm über einen Schrottplatz fegt. Oder in Zahlen ausgedrückt in Fred Hoyles eigenen Worten: »Die Wahrscheinlichkeit, dass sich aus unbelebter Materie Leben entwickelt hat, beträgt eins zu einer Zahl mit vierzigtausend Nullen.« Dementsprechend konnte diese Hypothese auch nie bewiesen werden. Hingegen ist jetzt das Gegenteil bewiesen: Erstens gibt es »unbelebte Materie«, die nicht einen Informationscode in sich hat, gar nicht. Zweitens können Gene gezielt durch die Intelligenz der Organismen verändert werden. Es sind Einflüsse des Lebens und der Erfahrung, Einflüsse unserer Gedanken und Gefühle, die maßgeblich mitentscheiden, was wir an unsere Nachkommen weitergeben.

Einer der Forschungspioniere auf diesem Gebiet ist der Zellbiologe Professor Bruce Lipton, der an zahlreichen Universitäten gelehrt hat und die entsprechenden Forschungsresultate in einem sehr lesenswerten Buch zusammengefasst hat. In anschaulicher Art beschreibt er die Zellen als intelligente Wesen, die in der Lage sind, durch die Erfahrungen mit ihrer Umgebung zu lernen, zelluläre Erinnerungen zu speichern und diese an ihre Nachkommen weiterzugeben. Er beschreibt, wie Zellen beispielsweise gegenüber dem Masernvirus ihre Gene modifizieren; wörtlich: »Die neuen Antikörper-Gene können auch an alle Nachkommen dieser Zelle weitergegeben werden. Auf diese Weise hat die Zelle nicht nur etwas über das Masernvirus ›gelernt‹, sondern auch eine ›Erinnerung‹ daran entwickelt, die sich weiter vererbt. Diese erstaunliche genetische Fähigkeit ist höchst bedeutsam, denn sie offenbart einen den Zellen innewohnenden ›intelligenten‹ Mechanismus« (Lipton 2007).

Professor Lipton beschreibt auch analog dazu, was die Quantenphysiker sagen, wie lebende Organismen sich in einem unermesslichen Energie- und Informationsfeld befinden (denken wir an die Handys): »In der Welt, in der wir leben, sind wir verwoben in ein Feld mit einer unermesslichen Anzahl von Energieschwingungen und mit ihnen verbunden. Wenn wir uns nur auf die Person und ihren Körper fokussieren, übersehen wir das Feld. Wir lernen, dass alles ein Ganzes ist. Unsere Gedanken sind Teil des Energiefeldes der lebenden Organismen und der nicht lebenden Dinge. Alles gibt Energie ab. Durch unsere Gedanken und Überzeugungen erschaffen wir magnetische Schwingungen, die von unserem Kopf in dieses Feld strömen. So sind wir sehr stark in die Gestaltung der Welt involviert, in der wir leben. Durch unsere eigenen Gedanken nehmen wir teil an der Gestaltung unserer lokalen Realität und unserer Erfahrungen. Die Physiker sind zum Schluss gelangt, dass wir als Kollektiv die Realität erschaffen durch unsere Beobachtungen. Das ist für manche Menschen schwer zu akzeptieren.

Die neue Biologie zeigt, wie wir viel mehr unsere Gene kontrollieren, als dass die Gene uns bestimmen. Nach diesen Erkenntnissen wird die Aktivität unserer Gene kontrolliert durch unsere Umgebung und noch mehr dadurch, wie wir unsere Umgebung wahrnehmen und interpretieren. Diese neue Perspektive sieht den Körper nicht mehr als Maschine, sondern integriert Verstand und Bewusstsein. Dies ist von fundamentaler Bedeutung, weil wir erkennen, wie wir durch Veränderung unserer Wahrnehmung und unserer Überzeugungen völlig verschiedene Botschaften an unsere Zellen senden und entsprechend ihre Aktivität (Expression) neu programmieren« (www.brucelipton.com, übersetzt von J. Bösch). Wir gestalten also unsere Welt nicht nur durch »äußere« Methoden und Techniken, sondern durch eine direkte geistige Einwirkung auf die Materie unseres Körpers, also auf die Zellen.

Faszinierende Forschungsergebnisse werden von dem Geowissenschaftler und Computer-Experten Gregg Braden beschrieben; wenn sie sich bestätigen, können sie unsere Auffassung von Vererbung und Schöpfung nochmals revolutionieren. Braden beschreibt, wie ein russisches Forscherteam unter Vladimir Poponin nachgewiesen hat, dass isolierte DNS in einem Vakuumröhrchen die Anordnung der Photonen veränderte, also eine neue Ordnung herstellte, und dass diese Ordnung auch nach Entfernung der DNS bestehen blieb. Dieses Experiment sei auch in den USA wiederholt worden. Demnach kann unsere Erbsubstanz stabile physikalische Wirkungen erzeugen (Braden 2007: 71ff.).

Ein weiteres Experiment betrifft die Wirkung der Gefühle auf unsere Erbsubstanz, die DNS. Die direkte Wirkung der Gefühle auf die Körperzellen bzw. DNS war offenbar schon in den 1990er Jahren bewiesen und im »Journal of Advancement in Medicine« (Vol. 8, Nr. 2, 1995) publiziert worden. Unmittelbar danach habe ein Forscherteam im Auftrag der US-Armee erforscht, ob diese emotionale Wirkung auch auf Entfernung nachzuweisen sei. Dieser Nachweis gelang sogar, wenn die DNS-Probe 350 Meilen vom Spender entfernt war und die elektrischen Potenziale mit Hilfe von Atomuhren gleichzeitig mit den provozierten Gefühlsreaktionen der Spender gemessen wurden.

Die Schlussfolgerungen, die aus diesen Experimenten – sofern sie sich als solide erweisen – gezogen werden können, scheinen noch kaum bedacht worden zu sein. Unsere DNS ist nicht nur in unserem Körper, sondern bildet immer zur Hälfte die DNS-Ausstattung unserer Kinder, während die andere Hälfte vom anderen Elternteil stammt. Es hieße nichts Geringeres, als dass wir mit unseren Gefühlen die Erbsubstanz unserer Nachkommen noch beeinflussen, wenn diese schon längst geboren sind. So revolutionär diese Schlussfolgerungen klingen, so sind sie nicht allzu erstaunlich. Sie würden bestätigen, was manche tiefer denkenden Menschen schon immer geahnt haben.

Es läuft demnach ganz analog zu dem, was wir aus den im ersten Kapitel beschriebenen PEAR-Experimenten kennen. Dort sind es elektronische Zufallsgeneratoren, hier lebende Zellen, die wir mit unserem Bewusstsein beeinflussen. Ein Modell, wie Schwingungen die Materie formen können, lernen die meisten von uns bereits im Physikunterricht in der Sekundarschule. Der Physiklehrer streut feinen Sand auf eine Metallplatte und bringt beispielsweise mit einem Geigenbogen die Platte in Schwingung. Je nach dem Ton oder den Tönen, die gespielt werden, gestalten sich auf der Platte fantastische Formen, die sogenannten chladnischen Klangfiguren.

Bruce Lipton erwähnt auch die allmähliche Rehabilitierung von Jean-Baptiste de Lamarck (1744–1829), der das Prinzip der Evolution lange vor Darwin postuliert hatte. Mit der Theorie der Vererbung von im Leben erworbenen Eigenschaften konnte er sich zu seiner Zeit aber nicht durchsetzen. Um es nochmals zu wiederholen: Nach modernstem Verständnis können selbst Gedanken und Gefühle das Verhalten von Zellen und die Zusammensetzung der Erbsubstanz beeinflussen und damit das, was wir an die Nachkommen weitergeben. Die Vererbung erworbener Eigenschaften findet damit wissenschaftliche Anerkennung. Die Wissenschaftler der alten Schule konnten nicht sehen, wie das Bewusstsein in Form eines Kraft- und Informationsfeldes immer vorhanden war und die Entwicklung der Lebewesen vorangebracht hat.

Das Informationsfeld kann man auch als nicht lokales, also ortsunabhängiges Bewusstsein bezeichnen, ähnlich wie mein Handy überall innerhalb des Feldes die Botschaft empfangen und umsetzen kann. Mit der Anerkennung des nicht lokalen Informationsfeldes oder Geistes braucht man die Hypothese des blinden Zufalls nicht mehr und hat auch eine plausible Erklärung für das Voranschreiten der Evolution. Die Leugnung des Bewusstseins in der Evolution war eine der größten Schwächen der alten Evolutionstheorie. Dass das Bewusstsein sich plötzlich auf die Materie draufgesetzt habe oder von der Materie ausgedünstet worden sei, war nicht plausibler als die Sechstage-Schöpfung. Dazu meinte der Physiknobelpreisträger Max Planck (1877–1946): »Eine Wissenschaft, die den Geist nicht in ihr Denken mit einbezieht, kann nicht zur Wahrheit vordringen. Die Existenz einer Schöpferkraft muss in den Wissenschaften als eine unanzweifelbare Tatsache akzeptiert werden.«

Wohlgemerkt, Planck spricht nicht von einem Schöpfergott, sondern von einer Schöpferkraft. Ähnlich hat beispielsweise der Nobelpreisträger für Physiologie, George Wald, 1988 geschrieben: »Vor ein paar Jahren gewann ich den Eindruck, dass sehr verschiedenartig erscheinende Probleme auf einen gemeinsamen Nenner gebracht werden können unter der Hypothese, dass der Geist nicht etwa – wie ich bisher gedacht hatte – eine sehr späte und auf Organismen mit hochkomplexem Nervensystem beschränkte Entwicklung in der Evolution des Lebendigen darstellt, sondern dass Geist immer schon vorhanden war, und dieses Universum überhaupt nur deshalb Leben hervorgebracht hat, weil der immer und überall vorhandene Geist es dazu anleitete. Das heißt doch am Ende, dass man der Materie ebenso wenig einen geistigen Aspekt absprechen kann wie den Elementarteilchen die Welleneigenschaften. Geist und Materie sind die komplementären Aspekte der einen Wirklichkeit« (www.tattva-viveka.de).

Die britische Psychologin und Evolutionistin Susan Blackmore hat den Begriff des Mems von Richard Dawkins, dem Erfinder der »egoistischen Gene«, aufgegriffen. In ihrem neuen Buch »Die Macht der Meme oder die Evolution von Kultur und Geist« beschreibt sie den Menschen als »Mememaschine«. Die Meme wären sich reproduzierende Informationseinheiten, die miteinander wetteifern, in menschlichen Gehirnen sich auszubreiten. Die Wortschöpfungen Mem und Mememaschine finde ich nicht glücklich, aber der Begriff Informationseinheit weist auf weitere Zusammenhänge hin. Da müsste die Rückbesinnung auf ein Informationsfeld, das man auch Geist nennen könnte, nicht ausgeschlossen sein. Irgendwo müssen auch für Dawkins und Blackmore diese Informationseinheiten sich aufhalten und abgerufen werden können. Ich sehe aber nicht, inwiefern der Zugang zum Menschen wissenschaftlicher werden sollte, wenn man Gene und ein Mem-Konstrukt vermenschlicht und sie mit Egoismus und Rivalität ausrüstet, um den Menschen weiterhin als bloße Maschine postulieren zu können.

Demgegenüber fordert Professor William Tiller gerade aus diesem Grunde ein neues Welt- und Menschenbild, nach dem die moderne Wissenschaft forschen soll (auch Paradigma-Wechsel genannt). »In unserem bestehenden Paradigma ist kein Platz für Bewusstsein, Absicht, Emotion, Geist oder Religion. Und weil unsere Arbeit zeigt, dass sich Bewusstsein ganz massiv auf die materielle Realität auswirken kann, bedeutet das, dass es letztlich einen Paradigmenwechsel geben muss; einen Wechsel, der das Bewusstsein mit einschließen kann« (Tiller 2006: 30).

Gehen wir zum zweiten Element der Evolutionstheorie, der sogenannten Auslese, wo es um die Frage geht, auf welche Weise gewisse Lebewesen und Arten es schafften zu überleben, während andere untergegangen sind. Es besteht Konsens, dass schnelle und starke Veränderungen der Lebensbedingungen, wie sie etwa durch Klimaänderungen vorkommen, für gewisse Tier- und Pflanzenarten zu stressig und damit tödlich waren. Beispielsweise waren die periodisch auftretenden Eiszeiten für viele Lebewesen nicht zu verkraften. Nach heutigem Forschungsstand soll es im Laufe der Erdgeschichte mindestens fünf Mal zu großen Artensterben gekommen sein. Für Darwin war ein wichtiger Faktor der unausweichliche Kampf untereinander ums Überleben. Nach ihm wäre die Evolution durch den »Kampf der Natur gegen Hunger und Tod« vorangetrieben worden.

Allerdings wäre die Frage nicht beantwortet, wie denn die ersten Lebewesen entstanden sein könnten, die überhaupt gegen Hunger und Tod hätten kämpfen müssen. Noch niemand hat »die Natur« kämpfen gesehen, es sind immer konkrete Lebewesen, die sich anpassen und kämpfen. Natur ist als Begriff etwa so unbestimmt wie Gott. Da müsste fast wieder der Gott der Kreationisten einspringen, der den Schöpfungsanfang gemacht hätte. Es ist doch viel stimmiger und logischer, eine immer gleiche intelligente, schöpferische Kraft anzunehmen, die in der Weiterentwicklung der Lebewesen aktiv ist. Es muss eine Kraft sein, die immer vorhanden ist und überall wirken kann. Sie äußert sich in Wachstum, Fortpflanzung, Liebe, Kooperation, Anpassung und Konkurrenz. Entgegen der Ansicht von Darwin hat die Forschung schon seit Längerem gezeigt, dass Fürsorge und Kooperation ebenso häufig vorkommen wie Konkurrenz und Kampf. Es scheinen zwei Seiten der einen Medaille zu sein. Dies entspricht durchaus unserer Alltagserfahrung sowohl bei den Menschen wie bei den Tieren. Und auch bei den Pflanzen kennen wir beides, Symbiose und Verdrängung oder Abwehr. Die neuere Forschung zeigt immer mehr Beispiele, wie auch Pflanzen auf unglaublich intelligente Art ihre Feinde abwehren und die Feinde ihrer Feinde unterstützen, so wie wir Menschen das auch machen. Das zentralste Element der Arterhaltung aber ist die Sexualität oder Liebe, ein bekanntlich beglückender und lustvoller Aspekt der Schöpfung.

Ich weiß nicht, ob es auch Wissenschaftler gibt, die das verwobene quantenphysikalische Informationsfeld in Frage stellen. Auch wenn wir dies nicht tun, können wir die Frage nach unserem Ursprung nicht endgültig beantworten. Denn gleich folgt die nächste Frage: »Woher stammt das quantenphysikalische Informationsfeld?« Und da können die einen spekulieren, es habe sich selbst gebildet oder sei immer vorhanden gewesen, und die anderen, es sei von Gott geschaffen worden. Auch diejenigen, welche die Existenz eines Gottes als Erklärung bevorzugen, könnten doch nicht darlegen, woher und wieso Gott entstanden wäre. Es ist die zentrale Frage, welche Kraft hinter dem so staunenswerten Vorgang steckt. Wo kommt diese Kraft her, und wie ist sie beschaffen?

Während meiner Ausbildung zum Psychiater habe ich mich intensiv mit der Daseinsanalyse meines Analytikers Professor Medard Boss beschäftigt. Dort stand die von Heidegger stammende Frage »Warum gibt es überhaupt etwas und nicht einfach nichts?« sehr im Zentrum. Ich habe schon seit meiner Kindheit daran studiert und vor allem gestaunt, dass es überhaupt eine Welt oder Schöpfung gibt. Natürlich habe ich nie eine Antwort gefunden, aber mich fragen tu ich immer wieder einmal. Für die der mystischen Seite unserer Natur offenen Leser verweise ich auf einen Text aus dem Buch von Silvia Wallimann »Erwache in Gott«. Es heißt dort, auch viel umfassendere und höhere Bewusstsein wie die, welche die Menschen Engel nennen, hätten das Geheimnis, weshalb es eine geschaffene Welt gebe, nicht ergründen können.

Im ersten Kapitel »Die Schöpfung« heißt es: »Der Urgrund alles Existierenden ist das unfassbare, unpersönliche Sein: unmanifestierter Geist (...) Aus dem ruhenden Geiste kristallisierte sich als erstes das Prinzip der Liebe heraus. Es versetzte die dynamische Ruhe des ewigen Ozeans in Bewegung (…) Das Prinzip der Liebe ist somit der erste Aspekt des Geistes (...) Alle Manifestation von Geist ist Materialisation des Schöpfungsgedankens, ist Materialisation von Liebe und Licht in unterschiedlicher Frequenz. Je niedriger die Schwingungszahl, desto dichter das Geschaffene. Aber da alles aus Geist geschaffen ist, stellt Geist das Leben dar in allem was existiert« (Wallimann 1991: 11–13).

Diese spirituellen Zitate erinnern stark an die Physiker. An David Bohm und, wie oben dargelegt, William Tiller, die ausführlich über das einheitliche tiefere Bewusstsein und die nicht manifestierte Wirklichkeit nachgedacht und geschrieben haben. Weiter an Robert Jahn, der fordert, man müsse die Liebe als weiteres Element in die wissenschaftliche Forschung einführen. Und schließlich an Erwin Schrödinger, der ausgeführt hat, alles in der Welt sei aus Bewusstseinselementen geschaffen. Alle drei Thesen scheinen mir mit den aus spirituellen Quellen stammenden Texten von Silvia Wallimann höchst erstaunlich übereinzustimmen. Ganz verschiedene methodische Zugänge ergeben ein ähnliches Resultat.

Jeder kann sich davon soviel nehmen, wie für ihn gut ist und er verdauen kann. Was die Liebe angeht: Die Beispiele, wie junge Tiere und Menschenbabys ohne Liebe nicht überleben können und wie Erwachsene durch die erfahrene Liebe nicht nur mehr Gesundheit genießen, sondern auch einen Überlebensvorteil haben, sprechen für sich. Deshalb ist es nicht weit hergeholt, die Liebe als Ursprung und Hauptkraft der Evolution einmal anzunehmen. Dies ist nicht nur mit dem heutigen Wissensstand gut im Einklang; die Thesen sind auch mit viel kreativem Potenzial ausgestattet für die weitere Forschung. Sie sind frei von jedem moralischen Zeigefinger. Es wäre meiner Ansicht nach ebenso falsch, den Konkurrenzkampf, der auch zur Evolution gehört, zu übersehen – wie die Liebe. Es dürfte sich letztlich um die gleiche Kraft handeln.

Die Kreationisten, welche die Bibel wörtlich verstehen, stoßen bei Zeitgenossen nicht nur wegen der Leugnung der wissenschaftlichen Sichtweise auf Widerstand und Unverständnis. Es geht ebenso um das dahinter stehende Gottesbild. Mit dem Schöpfungsglauben nach traditionell christlicher Lesart werden über Gott Aussagen gemacht, die für viele unverdaulich und nicht akzeptabel sind. Wer der Idee anhängt, jede Seele sei von Gott aus dem Nichts erschaffen, bleibt für alle Zeiten mit der Frage konfrontiert, wie es diesem Gott denn einfallen konnte, die Startbedingungen und auch die weiteren Lebensumstände dermaßen unterschiedlich zu verteilen. Man kommt gezwungenermaßen zur Vorstellung eines höchst ungerechten und willkürlichen Gottes. Ausgerechnet die Anhänger dieser Theorie verurteilen die Ungerechtigkeit in der Welt bei jeder Gelegenheit. Sie sind irgendwie nicht glaubwürdig. Tausendfach ist über diese Fragen gerätselt und geschrieben worden. Man bleibt zurück mit dem Spruch: »Nach dem unerforschlichen Ratschluss Gottes ...«

Hier gebe ich Richard Dawkins Recht, wenn er sich nicht damit zufrieden gibt, die Welt nicht verstehen zu wollen. Selbst wenn das Verständnis des letzten Grundes dieser Welt spekulativ und individuell bleiben muss, sollten wir so viel wie möglich zu verstehen versuchen. Ebenso schwer nachzuvollziehen ist die Idee – der traditionellen Gottesvorstellung zufolge –, man werde aufgrund dieses einmaligen Erdenlebens unter derart unterschiedlich verteilten Ausgangsbedingungen für alle Zeiten (ewig wird als nicht endender Zeitablauf gedacht) belohnt oder verurteilt. Ein vom sogenannten Schicksal benachteiligter Mensch wird sein ganzes Leben damit zu kämpfen haben, sich mit seinem misslichen Leben abzufinden, und erst recht wird es ihm Mühe bereiten, an einen gerechten Gott zu glauben. Oft wird von den traditionell Religiösen auch vertreten, Gott habe eine Minderheit von Menschen zum ewigen Leben auserwählt, sozusagen vorherbestimmt, und alle anderen kämen nicht in den Genuss der Herrlichkeit. Da musste man wirklich zu ganz drastischen Versprechen und Drohmitteln wie ewige Seligkeit oder ewige Verdammnis greifen, um die Menschen davon abzuhalten, sich gegen solche Heilslehren aufzulehnen.

Manche Menschen wählen vermutlich sogar noch lieber die alte Evolutionslehre, da der dort angenommene Zufall die Logik und das Gerechtigkeitsempfinden weniger verletzt als das Schöpfungs- und Verdammungskonstrukt des überlieferten Gottes. In dem Sinne halte ich die Entdeckung und Konstruktion der Darwin'schen Lehre für einen überaus wichtigen Meilenstein in unserer Bewusstseinsentwicklung. Sie half vielen Menschen, das veraltete, autoritäre und patriarchale Gottesbild zu verabschieden. Wäre nicht die neue Zeit mit dem materialistischen Welt- und Evolutionsmodell entstanden, hätten wir vermutlich nie zur modernen Demokratie und zur Erklärung der Menschenrechte gefunden. Atheismus und Materialismus kann man durchaus als reinigendes Durchgangsstadium zu einer modernen Spiritualität sehen. Rupert Sheldrake hat in einer Diskussion mit Matthew Fox die Meinung vertreten, nach all den religiös bedingten Schrecken durch die Verfolgung von Andersgläubigen und die Inquisition sei es äußerst segensreich gewesen, durch die moderne Anschauung den ganzen Kosmos von Hierarchien, Dämonen und Teufeln weltanschaulich zu reinigen (Fox u. Sheldrake 2005).

Gott sei Dank gibt es sowohl Evolutionisten wie Kreationisten. Würden wir alle die gleichen Überzeugungen pflegen, wir würden zuwenig relevante Fragen stellen und keine scheinbare Wahrheit, die immer auch Irrtum ist, weiter hinterfragen. Vorurteilslose, wissenschaftliche Forschung stellt einen der edelsten spirituellen Wege dar, wenn das immer neue kritische Abwägen und Hinterfragen integriert ist. Einen wirklich vorurteilslosen Zustand werden wir allerdings nie erreichen, aber wir können uns unserer Vorurteile immer mehr bewusst werden, wenn wir adäquate Gegner haben. Hier zeigt sich der segensreiche Einfluss der Rivalität und des Egos, das stets Recht haben will. Das Bewusstsein hat immer eine heilende Funktion, darum können Vorurteile durch die Auseinandersetzung verschwinden beziehungsweise neuen und moderneren Vorurteilen Platz machen. Es wäre doch spannend, wenn die beiden Lager der Evolutionisten und Kreationisten jedes halbe Jahr die Gegenseite mit einem neuen Argument zu übertrumpfen versuchten. Es wäre eine Art geistiger Tennismatch in zeitlicher Erstreckung. Die besseren Argumente bringen, wie könnte es anders sein, einen Überlebensvorteil, wenn es um Bekanntheit, Ansehen und nicht zuletzt Forschungsgelder geht.

Das Quanteninformationsfeld oder der Geist oder letztlich die Liebe sind in dieser modernen Sicht die treibende, schöpferische Kraft, die den Kosmos und alle Lebewesen und damit auch die Menschen hervorgebracht hat. Das Bewusstsein bringt die Schöpfung ständig weiter voran. Wir Menschen sind ein Schöpfergeschlecht. Die Quantenphysik hat uns gezeigt, dass wir in einem Meer von neuen Möglichkeiten leben, die durch unsere Gedanken, Gefühle und Handlungen zu Wirklichkeiten werden. Durch jeden unserer Gedanken erhält die Schöpfung einen Impuls. Vor zweitausend und mehr Jahren konnte man sich vorstellen, ein oder mehrere andere Wesen hätten die Schöpfung hervorgebracht und der Schöpfungsakt sei abgeschlossen. Die Welt schien damals im Prinzip nicht groß veränderlich. Erde, Sonne, Mond und Sterne, alles war an seinem Platz oder auf seiner festen Bahn. Heute demonstrieren uns die Astrophysiker nicht nur, wie der Kosmos sich weiter entfaltet, wir sehen auch auf der Erde, wie wir Menschen die Schöpfung weitertreiben – und zwar je länger, je mehr und umso schneller. Manche Menschen, besonders jene mit religiösem Hintergrund, sehen uns Menschen zwar eher als Stümper, die dem Schöpfer ins Handwerk pfuschen.

Diese Vorstellung, die Schöpfung sei von Gott gemacht und insbesondere auch vollendet worden, ist die Ursache vieler Ängste und Verurteilungen in unserer modernen Welt. Wenn die Schöpfung vollendet wäre, könnte man alles, was die Menschen entwickeln, nur als grundsätzlich freche Einmischung der Menschen in das Werk Gottes erklären. Von daher stammen viele ethische Bedenken und eine allgemein konservative Haltung der religiösen Kreise gegenüber den Auswirkungen der modernen Forschung. Viele Menschen, die sich vordergründig aus der religiösen Verflochtenheit gelöst haben, lösten sich dennoch nicht von einem skeptischen Pessimismus, was die moderne Entwicklung in Wissenschaft und Technik angeht.

»Vom Geiste gehen die Dinge aus, vom Geist beherrscht, im Geist gemacht« – wie kurz und klar hat doch dieser buddhistische Autor das Wesentliche zusammengefasst. Der Geist ist der Schöpfer. Wir mit unserem Bewusstsein sind die Träger dieses Geistes hier auf Erden. Wir sind das Schöpfergeschlecht. Wir geben der weiteren Schöpfung die Richtung vor und wir übernehmen die Verantwortung. Wir haben ja gar keine andere Wahl. Wir schaffen die Welt und schaffen uns selbst, teils bewusst, teils unbewusst.

Für die spirituell Interessierten folgen nochmals ein paar Zitate von Silvia Wallimann, die eine gewisse Ähnlichkeit mit den Informationseinheiten von Susan Blackmore haben: »Fantasien sind Energieformen, die in anderen Dimensionen Wirklichkeit sind. Wenn du fantasierst, ziehst du diese Energieformen an, verbindest du dich mit ihnen. Kosmisch zu denken bedeutet, sich mit jeder Energieform des Universums bewusst zu verbinden und keine Möglichkeit des schöpferischen Lebens, wie auch immer es sich ausdrücken mag, auszuschließen« (Wallimann 1991:107). Manche werden erschrecken, andere sich empören über die Aussagen, wir seien die Schöpfer dieser Welt. Es wird damit eine Sichtweise dargelegt, die mir nach jahrzehntelangem Gedankenweg gegenwärtig am stimmigsten erscheint. Sie verletzt meine Logik und mein Gerechtigkeitsgefühl am wenigsten, sie stimmt am ehesten mit dem überein, was ich als Freiheit und Selbstverantwortung des Menschen bezeichne; sie harmoniert nach meinem Begreifen auch am besten mit den modernen wissenschaftlichen Erkenntnissen und ebenso wichtig, sie unterstützt meine »mystische Erfahrung«, die ich seit dem dritten Lebensjahr in mir trage. Daher bringt diese Sichtweise auch am meisten Frieden in mein Herz und unterstützt das Gefühl einer nicht begrenzten und nicht endenden Geborgenheit.

Sehr klar formuliert findet man diese Erkenntnis ebenfalls in »Erwache in Gott«: »Alle Manifestationen stellen Formen ein und derselben Energie dar, da sie aus dem Energieprinzip des Geistes hervorgegangen sind. So wurdest auch du, liebes Menschenwesen, geschaffen als ein Gott. Wie alle Götter warst du dir deiner

Schöpferkraft und deiner Einheit mit Geist bewusst. Du kanntest deine ewige Natur und lebtest mit den anderen Göttern in dem gemeinsamen Bewusstseinsfeld des Geistes. So hast auch du, aus Geist geboren, göttlich mitgewirkt am Plan der ganzen Schöpfung. Wir gemeinsam entwarfen in Wellen schöpferischer Freude Formen und Farben von grenzenloser Mannigfaltigkeit und Schönheit. Wir ersannen geistige Reiche, Dimensionen des Lichtes, schufen Planeten, Sonnen, Galaxien, das Universum. Das Universum, das wir gemeinsam schufen, kannte die starre, dichte Materie zunächst noch nicht. Unsere Gedanken der Liebe und des Lichtes hielten die Strukturen aufrecht und konnten sie allzeit beliebig umgestalten. Jeder schöpferische Gedanke wurde auf der Stelle Wirklichkeit.

Die Reiche der Natur, das Mineral-, das Tier- und Pflanzenreich verdanken ihr Entstehen der durch euch in Tätigkeit gesetzten Schöpferkraft des Geistes. Im Laufe dieses Prozesses entwickeltet ihr Ich-Individualitäten, ohne indes das Bewusstsein von der Einheit zu verlieren. Ihr wusstet, dass ihr Geist wart, und erfuhret euch und eure lichten Körper als Ausdrucksformen dieses einen Geistes. Der Fall begann, als eure Aufmerksamkeit, bis dahin gleich intensiv auf euer geistiges und euer individuelles Sein gerichtet, sich langsam, fast unmerklich auf eure Persönlichkeit verlagerte. Nach und nach entwickelten sich Gedanken des Getrenntseins voneinander, und erstmals erfuhret ihr Angst. Das Ego bildete sich heraus und übernahm die Führung. An die Stelle des Bewusstseins vom gemeinsamen Ich trat eure Illusion, ihr wäret unabhängige Individuen, sowohl voneinander als auch von der geistigen Quelle, dem ewigen Sein, getrennt« (Wallimann 1991:12f.)

Menschen können sich fragen, was für einen Sinn eine solche Schöpfungsgeschichte macht. Möglicherweise empfinden sie diese Informationen als folgenlos für ihr Leben. Das ist völlig in Ordnung. Es ist keine Schöpfungsgeschichte, von der ich meine, man müsste sie wie ein religiöses Glaubensbekenntnis herbeten. Aber sie provoziert am wenigsten Widersprüche zu den naturwissenschaftlichen Erkenntnissen. Jeder kann nur selbst die Wirkung auf sein Herz, seine Logik und sein Befinden erkennen und etwas davon akzeptieren oder nicht. Ich glaube, die heute oft recht aggressiv auftretenden Vertreter einer klassischen Evolutionstheorie vergessen ein wichtiges Element, das sie durch Attackieren und Bekämpfen der Menschen, die sich zum biblischen Schöpferglauben bekennen, nicht aus der Welt schaffen. Eine Erfahrung, wie sie von Einstein im ersten Kapitel zitiert wurde, nämlich das Gefühl und die innere Gewissheit, wonach die Welt etwas Zusammenhängendes und Sinnvolles ist. Es ist diese Erfahrung einer höheren Kraft, die durch das Herz wirkt, die stärker ist als rein rationale Argumente. Die reinen Rationalisten verachten die Botschaften des Herzens. Sie vergessen, dass die Wissenschaft mit Kurt Goedel längst aufgezeigt hat, wie rationales und intuitives Bewusstsein zusammenwirken. Anton Zeilinger hat das anschaulich geschildert: »Über meine Intuition habe ich nicht nachgedacht. Die nehme ich einfach hin. Sie ist ein Teil meiner Person. Die Intuition zeigt mir, gibt mir ein Gefühl, in welcher Richtung ich weitermachen soll. Ob das tatsächlich der richtige Weg ist, kann man nie mit Sicherheit wissen. Zumindest hat er mir Glück gebracht, sowohl in der Wissenschaft als auch in meinem persönlichen Leben. Bisher hat alles funktioniert« (www.philosophische-praxis.at).

Viele große Wissenschaftler haben sich ähnlich geäußert wie Zeilinger. Das eine ohne das andere hat keine Chance. Die rationale Scheinüberlegenheit oft gepaart mit Arroganz kann die Menschen nicht erreichen, die vielleicht intellektuell und rational nicht so gebildet und versiert sind, aber die intuitive und emotionale Intelligenz des Herzens besitzen. Menschen wehren sich, wenn man ihnen das physische Leben nehmen will. Sie wehren sich ebenso, wenn man ihnen die geistigen Grundlagen ihrer Existenz und damit das geistige Leben nehmen will. Solange gewisse Evolutionisten in einem nihilistischen Reduktionismus verharren, werden sie keinen Erfolg mit ihren Argumenten haben und lediglich die Gegenargumente stärken. Wir sehen allerorts, wie der menschliche Geist die Schöpfung weiterführt, sie modifiziert, entwickelt, manchmal durch Fehler auch schädigt. Warum soll plötzlich ein Sprung in der Entwicklung stattgefunden haben und das Bewusstsein aus dem Nichts entstanden sein? Wir sehen, wie wir auf äußeren technischen Wegen und durch innere direkte geistige Beeinflussung an der Schöpfung beteiligt sind. Und vorher soll es über Jahrmillionen ein totes, zufälliges Spiel gewesen sein? Es ist in keiner Art plausibel, und es entspricht nicht der allgemeinen Erfahrung, dass solche seltsamen Umbrüche stattfinden.

Wie veraltet diese Zufallsideologie ist, kann sehr gut durch das EPR-Phänomen gezeigt werden. EPR ist die Abkürzung für Einstein und seine Kollegen Podolski und Rosen. Es wurde zunächst als Paradox bezeichnet, da Einstein das Phänomen für unmöglich hielt. Das EPR-Phänomen handelt von zwei »Teilchen«, wie Elektronen, Neutronen oder Photonen. Diese können sich Lichtjahre voneinander entfernt haben; wenn am einen Veränderungen vorgenommen werden, reagiert das andere in passender Weise auch. Es »weiß«, was mit dem ersten Teilchen geschieht. Dabei wird keine Information übertragen, es geschieht durch die bereits genannte Verbundenheit. Zeitliche und räumliche Entfernungen spielen dabei keine Rolle, man spricht von Nichtlokalität. Mit Zeilingers Worten: »Dieses eigenartige Verhalten nennt man Verschränkung. Die beiden Teilchen haben vor der Beobachtung keine Eigenschaft. In dem Moment aber, wo ich eines von ihnen beobachte, nimmt es eine Eigenschaft an, und das andere Teilchen nimmt die gleiche Eigenschaft an, ganz egal, wie weit die beiden Teilchen voneinander entfernt sind (...) Und dann könnte der eine sagen, (Teilchen) A ist die Ursache, und (Teilchen) B die Wirkung und ein anderer Beobachter könnte das Gegenteil behaupten. Wir sehen da, dass sich auflöst, was Ursache und was Wirkung ist.«

Einen interessanten Ansatz hat der Quantenchemiker Professor Lothar Schäfer, Department of Chemistry, University of Arkansas, Fayetteville, entwickelt in seinem Beitrag »Die Quantenwirklichkeit als Grundlage der prädarwinistischen Konzeption der Evolution aus der Gesetzlichkeit der Natur«. Er weist nach, wie die Quantenphysik und Quantenchemie viele Zustände der Materie kennen, die nicht direkt nachgewiesen werden können, trotzdem muss man sie als Teil der Wirklichkeit bezeichnen, weil sie in der materiellen Realität Wirkungen erzielen können. Die Quantenchemiker, sagt Schäfer, würden solche Zustände virtuell nennen. Diese virtuellen Zustände hätten das Vermögen, die für uns vorhandene Wirklichkeit zu beeinflussen. In diesen virtuellen Zuständen sei bereits eine Ordnung vorhanden. So würden beispielsweise Moleküle, die scheinbar zufällig entstehen, in Wirklichkeit schon im virtuellen Zustand eine logische Ordnung aufweisen, bevor wir sie als materielle Realität wahrnehmen können. Dies gilt nach Schäfer besonders auch für die DNS, also die Erbsubstanz.

Schäfer sagt: »Die komplexe Ordnung der Biosphäre erscheint nicht aus dem Nichts und wird nicht vom Zufall erschaffen, wie es die Darwinisten behaupten, sondern durch die Manifestation einer nicht empirischen Ordnung, die schon existiert, bevor sie empirisch wird« (Schäfer 2004). Das Erscheinen in der Wirklichkeit werde vermutlich von uns beeinflusst. Nach Schäfer müssen wir zwingend annehmen, dass es einen Teil der Wirklichkeit gibt, den wir nur erschließen, nicht aber nachweisen können, und damit sind wir wieder beim Quanten-Informationsfeld oder der implizierten Ordnung von David Bohm angelangt. Eine einleuchtende Analogie wäre ein Mensch mit einem Handy. Solange das Handy die im Raum als Schwingung vorhandene Information nicht in Bilder, Töne und Schrift umgewandelt und damit in unsere Wirklichkeit gebracht hat, ist die Botschaft für uns nur virtuell vorhanden. Man kann zwanglos auch unsere Gedanken dieser virtuellen Wirklichkeit zurechnen, die in der materiellen Welt Wirkungen erzielen. Offenbar bezieht sich Schäfer auch auf Teilhard de Chardin, der zahlreiche Menschen, welche Religion und Evolution zusammenbringen wollten, beeinflusst hat. Ignace Lepp schreibt in »Die neue Moral« treffend: »Nur eine kosmische Mystik, welche das Gesamtbild des universellen Wachsens und Werdens umfasst, kann den Weg zum Herzen des gebildeten Menschen finden. Die Liebe ist die universellste, die ungeheuerlichste und die geheimnisvollste der kosmischen Energien« (1964).

Außerhalb von mir kann ich Gott nicht finden, und ich verkenne und verleugne damit meinen göttlichen Ursprung und meine göttliche Schöpferkraft, also verkenne ich mein wahres

Wesen. Der Geist oder das Bewusstsein, an dem ich teilhabe, ist ein nicht lokales, globales, kosmisches Phänomen. Wir haben teil an diesem wunderbaren Phänomen, ebenso die Tiere, Pflanzen und die nicht belebte Natur.

Zum Abschluss dieses Kapitels ein paar poetische Gedanken des spirituellen Meisters Ramtha: »Ihr seid dafür zu preisen, dass ihr Gott-Mann und Gott-Frau seid. Denn nur wenn Gott Mensch wird, kann das Leben auf dieser Ebene erschaffen und weiterentwickelt werden. Ihr seid herrlich, in der Tat. Ihr seid mächtiger als ihr wisst. Jeder eurer Gedanken, jedes eurer Gefühle erschafft Leben. Es ist euch überlassen, dem Leben Präsenz zu geben, alles noch kommende Leben zu unterstützen. Das ist nicht Sache derer, die sich im Unsichtbaren befinden. Jene im Unsichtbaren bewegen sich im Rahmen ihres Verstehens. Wer aber soll dieses Reich der Materie, das der Smaragd aller Reiche ist, erhalten? Ihr durch die Art, wie ihr denkt und wie ihr es innerlich umarmt.«

Die Erkenntnis, wie sehr wir unsere Realität mitgestalten können und wie sehr wir selbst an der Schöpfung mitkreiert haben, ist Anlass zu Zuversicht und zur Besinnung auf unsere Freiheit und unsere Verantwortung. Besinnen wir uns auf unsere eigene Kreativität, auf unsere ureigene Schöpferkraft.

Bewusstsein schafft Realität

Trotz moderner Erkenntnisse und trotz all der Zitate berühmter Wissenschaftler könnten es doch einfach verrückte Ideen sein, alles sei geistig und laufe nach geistigen Regeln ab. Alles hänge mit allem zusammen. Und wenn wir etwas bekämpfen, sei es deswegen nicht aus dem globalen oder kosmischen Bewusstseinsfeld verschwunden. Wo sind die Beweise? Genügen ein paar Quantenphysiker mit ihren für unseren Verstand immer noch abstrusen Behauptungen, auch wenn sie Nobelpreisträger sind? Ist nicht erst recht große Vorsicht geboten, weil Mystiker und Esoteriker diesem Denken auch anhängen und die Wissenschaftler für sich vereinnahmen möchten? Ernsthafte Denker und Zweifler werden sich diese Frage immer wieder stellen müssen, wie die Autoren von »Bleep«:

»Nun, stimmt das? Ist der Geist tatsächlich stärker als die Materie, oder ist das eine Wahnvorstellung schizophrener Nörgler, die das Leben so langweilig finden, dass sie dieser sehr konkreten Welt Fantasieeigenschaften andichten müssen?« (Arntz 2006: 86). Natürlich geben die Autoren auf diese kluge Frage klugerweise keine definitive Antwort, obwohl sie für sich selbst ein recht überzeugtes Ja haben. Es bleibt unserer Entscheidung vorbehalten, ob wir die Welt als ein Meer von Bewusstsein oder als ein Informationsfeld akzeptieren wollen, in dem wir aufgehoben sind. Oder ob wir doch lieber bei der Annahme einer Welt aus toter Materie bleiben, aus der man zwar viel Energie freisetzen kann, die aber grundsätzlich für den Menschen feindlich und gefährlich bleibt.

Zurzeit erscheint ein Bestseller nach dem anderen auf dem internationalen Buchmarkt. Alle verkünden, wie wir auf einfache Weise glücklich und reich werden können: Was wir denken, würden wir anziehen. Alles beruhe, wie schon im ersten Kapitel ausgeführt, auf dem Prinzip der Resonanz. Eine der bekanntesten Autorinnen ist zweifellos Bärbel Mohr, die von ihrem ersten Buch »Bestellungen beim Universum« etwa eine Million Exemplare in vierzehn Sprachen verkaufte. Einer der letzten Bestseller dieser Art stammt von Rhonda Byrne, »The Secret – Das Geheimnis«. Ich zitiere wesentliche Kernsätze:

»Wogegen Sie Ihren Widerstand richten, das ziehen Sie an, weil Sie sich mächtig und mit Emotion darauf konzentrieren. Um etwas zu ändern, gehen Sie nach innen und senden Sie mit Ihren Gedanken und Gefühlen ein neues Signal aus.

Sie können der Welt nicht helfen, indem Sie sich auf die negativen Dinge konzentrieren. Wenn Sie dies tun, tragen Sie nicht nur zu deren Verbreitung bei, sondern Sie bringen gleichzeitig auch mehr Negatives in Ihr eigenes Leben.

Anstatt sich auf die Probleme der Welt zu fokussieren, richten Sie Ihre Aufmerksamkeit und Energie auf Vertrauen, Liebe, Fülle, Bildung und Frieden.

Die guten Dinge werden uns niemals ausgehen, weil es mehr als genug für alle gibt. Das Leben ist als Leben in Fülle gemeint. Sie haben die Fähigkeit, durch Ihr Denken und Fühlen das grenzenlose Angebot zu erschließen und in Ihr Leben zu holen.

Loben und segnen Sie alles in der Welt, und Sie werden Negativität und Zwietracht auflösen und sich selbst auf die höchste Frequenz einstellen – auf Liebe« (Byrne 2007: 183).

Amazon.de bringt 92 Leserrezensionen zu diesem Büchlein. Die große Mehrheit ist sehr positiv. Ich will mich zu einigen kritischen äußern. Die grundsätzlichen Fragen, die in diesen Rezensionen angesprochen werden, gelten in ähnlicher Weise für die meisten Bücher dieser Art. Nachfolgend einige Leserrezensionen:

1. *»Jeder, der schon bücher von murphy, carnegie, coué etc. gelesen hat, findet hier nichts neues und kann sich dieses ›neue‹ buch getrost spa-*

ren. ein mischmasch aufgemacht als geheimnis – na klar, bei dem heutigen angebot muss man sich schon was besonderes einfallen lassen, um seine werke an den mann/die frau zu bringen.«

Tatsächlich sind diese Bücher nicht grundsätzlich neu und viele Menschen fragen sich, warum die Welt nicht viel besser geworden sei. Und warum nicht viel mehr Menschen sich mit positiven und wunscherfüllenden Gedanken aus ihrem Elend herausgezogen haben. Warum es Krieg gebe, da doch niemand Krieg wolle und sich alle Frieden wünschten. Der Physiker Fred Alan Wolf, der die Idee von den parallelen Universen, also von dem Multiversum, entwickelt hat, meint, es sei nicht unser Ego, das unsere Wünsche erfüllen könne. Man müsse schon in tiefere Bewusstseinsschichten und in unser Unbewusstes vordringen, um die Wirkung zu erzielen. Dieser Gedanke erscheint nicht so abwegig. Die Anziehung durch Resonanz spielt bestimmt eine große Rolle; wir haben jedoch nicht das Bewusstsein für alles, was in uns Resonanz erzeugt.

Ich werde in den folgenden Kapiteln ausführen, wie die meisten von uns in ständigem Kampf mit der eigenen Persönlichkeit sind. Mit dem Ego, mit den schwierigen Gefühlen, mit der Sexualität, mit Gewaltfantasien, mit rassistischen Anwandlungen. Darum kommt für mich das Konzept, wonach man verstärkt, was man bekämpft, an erster Stelle der Faktoren, die unsere Realität gestalten. Dieser Kampf in uns bestimmt in wesentlicher Art, wie wir unser Leben erfahren. Deshalb halte ich die Versöhnungsarbeit mit sich selbst für die wichtigste Arbeit in unserem Leben. Das ist der Hauptgrund für meine Vorsicht gegenüber den traditionellen Religionen mit dem verurteilenden Gott. Sie lehren hauptsächlich die Verurteilung von uns selbst – anstatt einer Versöhnung mit uns. Die Versöhnung wird an eine externe Instanz, beispielsweise Christus, delegiert. Diese Dienstleistung wird uns angeblich geliefert zum Preis der Unterdrückung von Teilen unserer Persönlichkeit. Mit anderen Worten: Die Versöhnung wird uns geschenkt unter der Bedingung, dass wir in ständigem Krieg mit uns selbst leben, das heißt, mit uns selbst unversöhnt bleiben!

2. »*Doch so einfach, wie in dem Buch geschildert, ist es leider nicht. Mir fehlt die Integration von Abwehr, Widerstand und Schmerz, mit dem es täglich umzugehen gilt. Für mich wieder mal ein Buch, das Probleme mit Schönem zukleistert, statt hilfreich ist, um sie selbst lösen zu können.*«

Diese Rezension betrifft das soeben Gesagte. Es geht darum, anstelle von Abwehr und Widerstand das Akzeptieren zu üben. Das Wichtigste dabei ist die Erfahrung, dass der Schmerz abnimmt und oft verschwindet, sobald wir ihn akzeptieren können. Es geht darum, das Bewusstsein für die Abwehr und deren Inhalte in uns zu entwickeln, um sie zu akzeptieren, um uns mit ihnen versöhnen zu können.

3. »*Wenn Gott oder das Universum uns alle nur denkbaren Wünsche erfüllt, dann würde keiner mehr sterben, alle würden in Wohlstand leben. Es gäbe keine Krankheit mehr, keinen Sportwettkampf, bei dem es einen Verlierer gibt.*«

»*Was wäre wenn wir der ganzen Welt dieses Buch schenken würden und die ganze Weltbevölkerung würde ›das Geheimnis‹ kennen? Gäbe es dann keine hungerleidenden, kranken und unglücklichen Menschen mehr, sondern nur noch reiche, gesunde und glückliche?*«

»*Wussten Sie z. B., dass Leute, die bei einem Zugunglück ums Leben kommen, dieses Unglück durch ihre Gedanken an das Unglück angezogen haben? Sie kannten eben DAS GEHEIMNIS nicht. Denn im Universum läuft es folgendermaßen: Sie sind ein Sender und ziehen magnetisch das an, woran Sie denken. Daher ist es auch ganz einfach Millionär zu werden, wenn Sie DAS GEHEIMNIS kennen. Sie stellen sich einfach vor, dass der Briefumschlag mit dem Millionen-Scheck in Ihrem Briefkasten liegt. Und zu behaupten, dass Reiche nur aufgrund ihrer ›reichen Denkweise‹ zu Geld gekommen wären, finde ich maßlos übertrieben.*«

Tatsächlich sind die Formulierungen in diesen Wunscherfüllungsbüchern oft recht vereinfachend. Wer es versuchen will, sollte mit genügend Selbstkritik im Kleinen anfangen. Wer genug Vertrauen hat, kann auch mit großen Wünschen einsteigen. Immerhin entspricht die Botschaft dem, was uns als Zitate aus dem Neuen Testament überliefert ist. Wir benötigten nur den Glauben eines Senfkornes, um Berge zu versetzen. Nicht beantwortet ist mit diesem Zitat, an was alles wir glauben müssten. Können wir Wünsche nach materiellen Dingen ans Universum richten, wenn wir die Materie als tot, dunkel und sündhaft begreifen? Können wir Wünsche nach einer friedlichen Welt erfolgreich absenden, wenn wir an die grundsätzliche Bosheit der Menschen glauben? Können wir überhaupt erfolgreich wünschen, wenn wir von unserer Ohnmacht und Abhängigkeit gegenüber einem externen Gott überzeugt sind und uns nicht getrauen, uns als göttlich zu begreifen?

Zu diesen Fragen mag die nächste, positive und intelligente Rezension einen Beitrag leisten:

4. *»Für mich bedeuten diese Bücher etwas extrem Wertvolles: Sie geben uns endlich wieder die Macht, die uns Menschen vor hunderten von Jahren von irgendwelchen Priestern und Beton-Köpfen genommen worden ist. Es ist die Macht, wieder an uns zu glauben, als eigene Schöpfer unseres Schicksals. Wir müssen nun nicht mehr irgendeinen tauben und stummen Gott anbetteln, dessen Wege angeblich unergründlich sind, oder uns dem Leben mit all seinen Grausamkeiten wehrlos ergeben. Darum geht es: Endlich wieder mächtig und frei zu sein! Ob es dann funktioniert oder doch nicht, ist, so glaube ich, zweitrangig. Vielleicht funktioniert aber dieses ›Märchenbuch‹ doch besser als das größte Märchenbuch aller Zeiten: die Bibel – oder ist die Bibel etwas anderes, mal ganz ehrlich? Man kann es nicht erfahren, wenn man es nicht zumindest ausprobiert – und etwas ausprobieren können nur Menschen, die sich für das Neue öffnen. Vergessen Sie nie: als Kolumbus sein Schiff betrat, um ins Ungewisse zu segeln, einem Traum nur folgend, haben ihn viele Menschen nur für einen Narren gehalten, denn es war wissenschaftlich und theologisch erwiesen, dass die Welt niemals eine Kugel sein kann.«*

Eine weitere positive Rezension, die auch die Probleme anspricht, die viele Menschen mit dieser Art zu denken haben:

5. *»Nicht schon wieder ein Werk, das mich darauf hinweist, dass ich selbst an allem schuld bin, weil ich es nicht fertig bringe, inmitten lauter negativer Nachrichten und Ereignisse ›positiv zu denken‹ und un-*

unterbrochen strahlend, grinsend durch die Gegend zu laufen. Dass wir selbst unseres Glückes Schmied sind, und so weiter. Nicht schon wieder das Gleiche, und nicht schon wieder ich! Wer allerdings eines Besseren belehrt wurde, waren nicht die Autoren des Buches – sondern ich. Seit ich anfing, die Tipps in diesem Buch zu befolgen, änderte sich mein Leben schlagartig – und es ist immer noch dabei, sich zu ändern. Anfangs kroch ich. Dann ging ich. Dann lief ich. Und mittlerweile haben die Veränderungen eine Geschwindigkeit erreicht, bei der ich RENNEN muss, um noch Schritt halten zu können.«

Diese Rezension spricht grundsätzliche mögliche Nebenwirkungen an. Die Selbstbeschuldigungen, die entstehen können, wenn das Wünschen nicht klappt. Es sind eher die Schlussfolgerungen, die wir in Bezug auf andere ziehen, die unser ethisches Denken verletzen können. Ich bringe deshalb keine weitere Rezension, sondern den Auszug einer E-Mail, die mir ein Leser meiner Website geschickt hat, nachdem er eine Zusammenfassung über die Spirituell Orientierte Therapie gelesen hatte:

»In Ihrer Zusammenfassung der Spirituell Orientierten Therapie, SPOT, kommt die Aussage: ›Es gibt keine Opfer.‹ Finden Sie dies nicht herzlos oder gar zynisch angesichts der Greueltaten verblendeter Fanatiker jeglicher Couleur (religiös und politisch)? Angesichts von psychischer, physischer und sexueller Gewalt gegenüber Kindern? Was ist das für eine Perspektive, die hier keine Opfer und Täter sieht (ja, ich weiß natürlich, dass ein Täter auch ein Stück weit Opfer seiner inneren Strukturen ist und nicht im tiefen Sinn frei entscheidet, aber das Kind!!!)? Natürlich kann ich nur frei werden, wenn ich mich aus der Opferrolle befreie. Aber was, wenn ich so geschädigt bin, dass es mir nicht gelingt? Soll man einem Täter denn nicht das Handwerk legen? Und was, wenn er so verblendet ist, dass er auch nach Jahren keine Einsicht gewinnt? Da muss doch was getan werden. Oder?«

Er schließt dann seine Ausführungen mit dem Text:

»Ich weiß schon, von einer sehr hohen Warte aus gesehen sind wir alle eins und eine Emanation der Gottheit. Aber wir müssen uns doch hier zurechtfinden, hier recht handeln, hier unser Leben meistern. Es ist zwar tröstlich zu vermuten, dass wir irgendwo alle eins sind. Ich denke, es ist auch richtig, dass wir uns auf die Einheit ausrichten und uns mit

allem verbinden. Trotzdem unterstehen wir hier den Regeln der Mate-
rie und wir müssen unser Leben hier meistern, ohne immer ins Jenseits
zu schielen. Und wie gesagt, wenn es wirkliche Freiheit im Universum
gibt, kann ja auch etwas schief gehen. Dann gibt es vielleicht doch
Opfer?«

Tatsächlich wirft dieser Leser sehr wichtige Fragen auf, die zu beantworten nicht leicht sind. Wie gesagt, früher glaubte ich an
einen Gott, der alles lenkt und bestimmt, bis die Widersprüche in
diesem Konzept nicht länger erträglich waren. Durch die östlichen
Religionen und durch die Anthroposophie kam ich mit dem Gedanken der Reinkarnation in Berührung. Das war ein Konzept,
das die Logik weniger verletzte. Auch das Gerechtigkeitsempfinden und das naturwissenschaftliche Denken sind mit dem Reinkarnationskonzept besser kompatibel. Ich habe mich jahrelang mit
den entsprechenden Forschungen beschäftigt, die durchaus von
Menschen mit naturwissenschaftlicher Bildung betrieben wurden.

Vor allem der Arzt Ian Stevenson in den USA (Autor von
»Where Reincarnation and Biology intersect«) oder die Gynäko-
login Marlene Nobre, Präsidentin der Associação Médico-Espírita
do Brasil, und der leider 2003 verstorbene Ingenieur Hernani G.
Andrade, die ich beide in Brasilien kennenlernen konnte, haben
sich in sorgfältiger und wissenschaftlich-kritischer Weise mit der
Reinkarnation auseinandergesetzt und zahlreiche Werke veröffentlicht. Überhaupt ist in Brasilien die Frage nach der Übereinstimmung von Wissenschaft und Reinkarnation (portugiesisch
ciência e reencarnacão) heute ein wichtiges und breit bearbeitetes
Thema. Sie haben viel zum Verständnis der Reinkarnation beigetragen. Insbesondere auch zum Verständnis, wie vergangene
Leben in Körper und Bewusstsein Spuren hinterlassen können.

Es wäre dringend angezeigt, diese Art der Forschung auszu-
weiten. Gewisse Experten behaupten, der Prozentsatz der Menschen, die an eine Weiterexistenz nach dem Tod glaubten, sei fast
so hoch wie jener von Reinkarnation Überzeugten. Ich meine,
man sollte nicht an Reinkarnation »glauben«, sondern die Indi-
zien, Beweise und Hypothesen prüfen. Dies in genau gleicher

Weise, wie man in naturwissenschaftlicher Art eine Hypothese solange für gültig hält, bis sie durch eine bessere ersetzt werden kann. Die Frage der Reinkarnation werfe ich auf, weil damit wichtige ethische Bedenken verknüpft sind, wie die Frage nach Täter und Opfer. Die Karmatradition sagt, jeder Mensch habe sich das Schicksal, das er antreffe, in früherem Leben erworben. Erwiesenermaßen hat das auf manche Menschen eine entlastende Wirkung und hilft, ihr schweres Leben eher zu akzeptieren. Sie fühlen sich nicht mehr von einem grausamen Gott ungerechterweise bestraft. Sie fühlen sich weniger als Opfer. Ethiker und Theologen befürchten, diese Sichtweise führe zu mehr Egoismus und weniger Nächstenliebe, da man dann jedem die Schuld für sein eigenes Schicksal geben könne. Auf dieses pessimistische Menschenbild, das den Menschen als grundsätzlich schlecht ansieht, gehe ich andernorts ein. Für eigene Lieblosigkeit findet man immer Begründungen, wenn man solche sucht. Dazu braucht es die Reinkarnationstheorie nicht. Allerdings wird teilweise die Idee von Ursache und Wirkung, wie sie im Reinkarnationskonzept enthalten ist, äußerst rigide ausfantasiert. Man müsse jedes Quäntchen Schuld im späteren Leben bezahlen. Die Freiheit des Geistes wird wiederum einer toten Gesetzmäßigkeit geopfert.

Irgendwann habe ich erkannt, dass die Freiheit des Geistes und die Göttlichkeit unserer Existenz es zwar möglich machen, uns auf der irdischen Ebene in das Gesetz von Ursache und Wirkung hineinzubegeben. Genau diese Göttlichkeit ermöglicht uns aber auch, diese Gedanken aufzulösen beziehungsweise ein anderes System zu schaffen, in dem wir uns bewegen. Reinkarnation sehe ich heute als Möglichkeit, nicht als eine zwingende Wirklichkeit. Ursache und Wirkung gelten selbst im Bereich von Raum und Zeit höchstens teilweise, wie wir von Anton Zeilinger gelesen haben. Wahrscheinlich können wir dieses Denken in unserem Gedächtnis behalten, so dass es uns auch auf einer geistigen Ebene derart beeindruckt, dass wir ihm auch noch folgen, wenn keine Notwendigkeit mehr dazu bestünde. Von vertrauenswürdigen Medien wie Silvia Wallimann oder Anouk Claes erhielt ich die Bestätigung, wonach es die Möglichkeit gibt, mehr als einmal ein menschliches Erdenleben zu wählen. Es gebe aber auch Menschen auf dieser Erde, die einen ganz anderen, beispielsweise extraterrestrischen Ursprung haben und vielleicht nur einmal mit einer Inkarnation hier zu Besuch sind.

»Alles, was dir geschieht, hast du mit deinen Gedanken irgendwann veranlasst. In jedem Augenblick baust du dein Morgen auf, mit jedem Gedanken richtest du dein nächstes Leben ein. Deshalb bist nur du der Schöpfer deines Schicksals, für das allein du die Verantwortung trägst. Niemand hat Schuld an deinem Leiden«, so Silvia Wallimann (1991: 47).

Natürlich kann man, wie oben erwähnt, solche Sätze als innere Begründung für Lieblosigkeit verwenden: »Er/sie ist ja selbst schuld.« Doch eine humanitäre Haltung, wie ich sie verstehe, wird nicht auf solche Sätze zurückgreifen. Das obige Zitat findet seine Ergänzung im Begreifen unserer göttlichen Natur und im Erkennen des göttlichen Bewusstseins in allem, was existiert. Silvia Wallimann schreibt: »Eure göttliche Seele aber ist reine Liebe und reines Licht, kennt weder Raum noch Zeit, weder Entwicklung noch Emotion (...) Mache dir bewusst, dass die Vergangenheit vor der Liebe des ewigen Geistes nicht zählt, sondern nur das, was an Erkenntnissen aus ihr gewonnen wurde« (1991: 35). Wenn wir glauben wollen, dass die Quantenphysiker Recht haben, wonach es Raum und Zeit unabhängig von unserer irdischen Wahrnehmung nicht gibt, dann passen diese Channeling-Sätze wunderbar dazu. In diesem Sinne machen auch folgende Sätze Sinn: »Höre auf, außerhalb von dir nach Gott zu suchen, denn immer, wenn du dies tust, verleugnest du dein wahres Sein. Die Erlösung von deinem Menschsein kann nur dadurch geschehen, dass du dir deines göttlichen Selbst wieder bewusst wirst« (Wallimann 1991: 24).

Natürlich ist das Blasphemie und Ketzerei in den Augen traditionell denkender Christen (und vermutlich auch von Juden und Muslimen). Doch ist es für mich bisher die einzige vertretbare, in sich logische Sichtweise, die den naturwissenschaftlichen Standpunkt der modernen Physik mit der mystischen Erfahrung einigermaßen widerspruchsfrei verbindet. Wie folgendes Zitat aufzeigt, kann dies durchaus mit einer Ethik der Liebe, wie sie das Christentum beansprucht, vereinbart werden: »Warte nicht auf die Erlösung von außen durch einen Messias, sondern erkenne, dass die Erlösung in dir selbst liegt, in der Anerkennung deines göttlichen Selbst und der allmächtigen Liebe des Geistes« (Wallimann 1991: 49). Ich sehe keinerlei Widerspruch zur modernen Naturwissenschaft. Hinter dieses ethische Prinzip können sich wahrscheinlich auch die meisten Atheisten stellen.

Ich kehre nochmals zurück zum Buch »The Secret – Das Geheimnis« von Rhonda Byrne beziehungsweise zu den Rezensionen:
6. *»Was ich an dem Buch mag:*
- *Die Anregung, seine trüben Gedanken mal zu hinterfragen.*
- *Die Aufforderung, aus seiner Opferrolle herauszutreten (85 Prozent der Menschen hatten laut Buch eine schwierige Kindheit).*
- *Die Aufforderung, aufzuschreiben, was ich überhaupt will (Klarheit schaffen).*
- *Die Anleitung, seine eigenen Visionen zu entwickeln und daran zu glauben.*
  Fazit: Es liegt an uns, unser Leben zu verändern. Es liegt an uns, welche Gedanken unser Leben gestalten und sich manifestieren dürfen. Es liegt immer an uns und nie an den anderen. Wir sind die Schöpfer unserer Realität.«
  Diese Folgerungen kann vermutlich fast jeder akzeptieren. Doch sind wir allem gegenüber misstrauisch, das uns weismachen will, wir hätten Grund, zufrieden und glücklich zu sein und uns nicht als Opfer zu fühlen. Eine gewisse Trauer und etwas Angst können wir besser akzeptieren. Das Leben als Tragödie, von ständigem Kampf geprägt, eine ungewisse Zukunft und die Welt als Hort der Ungerechtigkeit und Not entspricht unserem Seelengleichgewicht besser, weil wir damit nur ein kleines Risiko eingehen, enttäuscht zu werden. Würde einer vorbehaltlos verkünden, die Welt gehe einer reichen und komfortablen Zukunft entgegen, wir würden ihn aus unserer Mitte verstoßen.
  Solche Prophezeiungen hat es vor fünfzig oder sechzig Jahren gegeben: Jeder würde ein Auto haben, einen Kühlschrank, Fernse-

her, Telefone überall, vieles sei automatisiert usw. Die ganze moderne Informationstechnologie konnten diese Propheten zum größten Teil gar nicht voraussagen. Wir haben diese Prognostiker als Zukunftsfantasten abgetan. Da war Robert Jungk, der unermüdlich gegen die zerstörerischen Folgen der modernen Technik, gegen die blinde Technikgläubigkeit, gegen die Atomenergie und gegen den Weltuntergang schrieb. Da kam Rachel Carson mit ihrem Buch *Der stumme Frühling*. Dann kam der *Club of Rome* mit den Grenzen des Wachstums, gefolgt von der Ölkrise. Gleich fühlten wir uns wieder viel mehr auf dem Boden der Realität.

Die düsteren Zukunftsprognosen entsprechen unserer Grundstimmung einfach viel eher. Bestrafungsideen sind uns bereits durch die Religionen vertraut. Wir haben deshalb kaum realisiert, dass die Zukunftsfantasten doch Recht hatten, als sie uns Autos, Kühlschränke und Fernseher für jeden versprachen. Sie wurden sogar übertroffen von der Wirklichkeit. Wir haben uns inzwischen an diesen Reichtum, den uns die moderne Technik trotz unserer schlimmsten Erwartungen doch gebracht hat, gewöhnt. Hingegen haben sich die Prognosen, an die wir glaubten, nämlich Überwindung der Krankheiten und der Armut, nicht erfüllt. Wir haben auf die Armut fokussiert, nicht auf den Reichtum, das wäre nicht gottgefällig. Das Misstrauen ist geblieben oder hat sich verstärkt. Wir wollen optimistischen Zukunftsfantasten und esoterischen Visionären lieber weiterhin misstrauen. Die Angst, alles könnte wieder verloren gehen, passt besser zu uns! Endlich bringt uns der Klimawandel doch die Gewissheit, dass wir bestraft werden und dass unsere Anstrengungen wahrscheinlich hoffnungslos sind. Wir sind wieder in unserem Element. Da haben die neu-alten Ideen einer optimistischen Einstellung und vom Gestalten einer glücklichen Zukunft nicht wirklich Platz.

In diesem Sinne soll eine letzte Leser-Rezension zu »The Secret« dieses Kapitel abschließen und uns nochmals zeigen, dass wir auf dem Markt der Ideen eine breite Auswahl haben.

7. »*Nach Lektüre dieses Buches stellt sich mir die Frage: Warum kommen Seelen überhaupt in diese Welt? Nur um ›das Geheimnis‹ zu*

finden und damit flugs alles auszubügeln, was das Ego als nicht vollkommen erachtet? Mein Körper wird krank, aber ich habe ja den Allzweckreiniger gefunden, also korrigiere ich das eben schnell. Und warum gibt es eigentlich andere Menschen? Ich bin ja hier, um herauszufinden, dass ich selbst Gott bin und mein Leben ganz allein perfekt gestalten kann. Wozu also ein Zusammenleben mit anderen? Ach ja, um mir meinen Traumpartner herauszufischen. Es ist ja alles ganz einfach!

Ich stelle mir jemanden vor, der sich alle seine (Ego-)Wünsche mit Hilfe der in diesem Buch vorgestellten Methode erfüllt hat. Und dann stellt er fest, dass er immer noch diese Leere in sich hat, obwohl er die sogenannte Fülle manifestiert hat. Und da stellt er gleichzeitig etwas ganz Elementares fest: Glück lässt sich eben nicht in Äußerlichkeiten finden, nicht in einem perfekten Körper und nicht in einem perfekten Traumpartner. Aber da er selbst Gott ist (sagt ihm ja das Buch!), steht er da und hat keinen Grund, auf irgendetwas darüber hinaus zu hoffen. Das ist wahrscheinlich das Schlimmste, was man sich ausmalen kann!

Das Buch weist mit keinem Wort darauf hin, dass es Dinge gibt wie Gnade und Vergebung. Die Menschen, die dort zitiert werden, erzählen nichts davon, dass einem oftmals trotz aller negativen Gedanken Glück und Hilfe geschenkt wird, einfach so, ohne dass man zuerst das ›Richtige‹ gedacht haben muss. Es erklärt nicht, warum Gebete, die ich für andere Menschen spreche, die allergrößten Wunder bewirken. Dass es so etwas wie Selbstlosigkeit gibt. Dass das Verschenken meist glücklicher macht als das Empfangen.

Kurzum: Dieses Buch verschweigt das Allerwichtigste: die bedingungslose Liebe. Das Annehmen der Unvollkommenheit und die Liebe zu all den Dingen und Menschen und Situationen in meinem Leben, die eben nicht perfekt sind – und gerade, weil sie nicht perfekt sind.«

Die Kraft im Ego

Selbstversöhnung ist ein wenig gebräuchliches Wort. Google findet kaum fünfhundert Items. Ganz anders steht es mit Selbstvorwürfen oder Selbstbeschuldigungen, wo zwanzig- bis hundertmal mehr Einträge gefunden werden. Das kommt nicht von ungefähr. Selbstvorwürfe und Selbstbeschuldigungen liegen uns viel näher als die Versöhnung mit uns selbst. Jedoch bestätigen fast alle spirituellen Quellen, jegliche Versöhnung könne nur bei sich selbst anfangen. Pater Anselm Grün formuliert es folgendermaßen: »Nur wer mit sich versöhnt ist, kann versöhnend wirken. Wer in sich gespalten ist, wird die Umgebung um sich herum spalten, auch wenn er noch so hohe Friedensideale hat. Es ist die Gefahr, dass wir in unserem Engagement unsere eigene Wirklichkeit überspringen. Wir identifizieren uns mit dem Ideal des Friedensbringers und vergessen all die Bereiche in uns, mit denen wir unversöhnt zusammen leben. Doch wer in sich gespalten ist, wird auch die Menschen um sich herum spalten. Ich kenne in Firmen Abteilungsleiter, die jede Abteilung nach kurzer Zeit spalten, weil sie eben in sich selbst gespalten sind« (www.friedenskongress.org).

Im gleichen Vortrag bringt Pater Anselm Grün folgende Aussagen: »Alle Religionen verkünden uns, dass wir vom Ego frei werden müssen. Wenn wir unser Ego nicht loslassen, dann wollen wir Gott vereinnahmen. Jesus hat diese Weisheit aller Religionen in die Worte gekleidet, mit denen sich viele heute schwer tun: ›Wer mein Jünger sein will, verleugne sich selbst, nehme täglich sein

71

Kreuz auf sich und folge mir nach‹ (Lk 9,23). Sich selbst verleugnen heißt nicht, sich verbiegen oder sich klein machen. Vielmehr bedeutet es: Nein zu sagen zu den vereinnahmenden Tendenzen des Ego, Distanz gewinnen zum Ego, frei zu werden von der versklavenden Macht des Ego. Das Ego will imponieren, will sich groß darstellen vor andern. Das Selbst ist der innerste Personkern. Zu ihm kommen wir nur, wenn wir Gott in uns Raum geben.«

Ich möchte Pater Anselm Grün fragen, ob das keine Spaltung in unserem Inneren ist, wenn wir gegen das Ego, das uns allen auf die Erde mitgegeben ist, ankämpfen. Das innere Kämpfen und Spalten hat viel mit unserer Ablehnung des Egos zu tun. Das ist die Quelle von Selbstvorwürfen. Grün sagt nämlich selbst: »Wir haben die Aufgabe, uns mit uns selbst zu versöhnen. Das deutsche Wort Versöhnung kommt von *versuene*. Das bedeutet: zärtlich umgehen, küssen. Ich gehe zärtlich um mit dem, mit dem ich mich versöhne. Vor allem aber muss ich mich zuerst einmal mit mir selbst versöhnen. Anstatt gegen mich zu wüten soll ich zärtlich mit mir umgehen.«

Also hieße das, auch mit unserem Ego, das ein Teil von uns ist, zärtlich umzugehen. Pater Anselm Grün hat sicher insofern Recht, als die meisten von uns einen inneren »Beobachter« in sich haben, der das Ego als eigene Instanz wahrnimmt und mit dem Ego nicht immer einverstanden ist. Vielleicht meint der Pater das mit Selbst oder Personenkern. Das Ego kann unsere Sicht verengen und die Kontrolle übernehmen wollen und manchmal den Rest unserer Persönlichkeit überrennen. So schreibt der international bekannte Bestsellerautor Eckhart Tolle in seinem Buch »Jetzt«: »Solange der Ego-Verstand dein Leben regiert, findest du keine wirkliche Ruhe; du kannst nicht friedlich oder erfüllt sein außer in den Augenblicken, in denen gerade ein Verlangen erfüllt wurde. Da es sein Selbstgefühl immer aus äußeren Dingen ableitet, besteht das Ego aus Identifikationen. Auch muss es ständig verteidigt und gefüttert werden. Die häufigsten Ego-Identifikationen haben mit Besitz, Arbeit, sozialem Status und Anerkennung zu tun, mit Wissen und Bildung, körperlicher Erscheinung, besonderen Fähigkeiten, Beziehungen, persönlicher und familiärer

Geschichte, Glaubenssystemen – oft auch mit kollektiven Identifikationen wie Politik, Nationalität, Rasse, Religion und Ähnlichem. Nichts davon bist du« (Tolle 2001: 57).

In dem über die ganze westliche Welt verbreiteten Buch »Ein Kurs in Wundern«, gechannelt von Helen Schucman, Psychologie-Professorin an der Columbia Medical School in New York, stehen folgende Sätze: »Das Ego versucht, jede Situation als Loblied auf sich auszunutzen, um seine Zweifel zu überwinden. Das Ego fürchtet die Freude des reinen Geistes, denn wenn du sie einmal erfahren hast, wirst du dem Ego jeden Schutz entziehen. Von deinem Ego aus kannst du nichts tun, um dich selbst oder andere zu erlösen, von deinem reinen Geist aus jedoch kannst du für die Erlösung beider alles tun. Demut ist eine Lektion für das Ego« (1999: 57f.). Wenn ich dem Ego jeden Schutz entziehe, bin ich wohl gespalten in mir, so wie das Pater Anselm Grün beschreibt. Ich bin alles andere als versöhnt. Ich werde mich in einen Kampf mit mir selbst verwickeln, indem ich das Ego bekämpfe. Diesen Kampf führen in der Welt mit christlicher Tradition Millionen von Menschen, ohne ihn gewinnen zu können. Sie verbrauchen ihre Kraft in diesem aufreibenden Kampf. Das betrifft aber nicht nur das Christentum.

In der Autobiografie des spirituellen Meisters Swami Rama »Unter den Meistern im Himalaya« heißt es: »Ego und Eitelkeit sind wertlos. Du musst von Anfang an verstehen, dass alles mit dem spirituellen Weg vereinbar ist, nur nicht das Ego. Wenn man egozentrisch wird, dann isoliert man sich und kann weder mit dem Lehrer noch mit dem eigenen Gewissen kommunizieren. Ein solches Ego braucht sehr viel Askese. Wenn es sich nicht verwandelt, ist alles Wissen umsonst« (Swami Rama 2000: 150). Diese Sätze mögen auf ihre Weise stimmen und doch verursachen sie viele Missverständnisse und Leiden. Ich schreibe dieses Buch in der Überzeugung, alles sei bewusst und alles sei göttlich. Wir sind in dauernder Verbindung mit diesem umfassenden göttlichen Informationsfeld. So ist auch unsere irdische Existenz wirklich und göttlich. Also ist das Ego auch göttlich. Zwar ist es hilfreich und notwendig, die Relativität unseres materiellen Kosmos mit den

Dimensionen von Raum und Zeit zu erkennen. Deswegen darf diese materielle Welt weder als unwichtig noch als sündig entwertet werden. Nur theoretisch können wir den Weg der Asketen im Himalaya gehen, wie er von den indischen Weisen seit Jahrtausenden gelehrt wird.

Wir leben in ganz anderen Verhältnissen, und uns zu sagen, unsere irdische Existenz sei nur eine Illusion, sei Täuschung und die Vermeidung jeder Identifikation mit »Besitz, Arbeit, sozialem Status und Anerkennung, Wissen und Bildung, körperlicher Erscheinung, besonderen Fähigkeiten, Beziehungen, persönlicher und familiärer Geschichte, Glaubenssystemen – oft auch kollektiven Identifikationen wie Politik, Nationalität, Rasse, Religion«, wie die Aufzählung von Eckhart Tolle lautet, würde uns nicht ermöglichen, dieses Leben zu leben. Sollen wir bei allen Ausscheidungsverfahren wie Studienzulassungen, Stellenbewerbungen oder Schönheitskonkurrenzen unser Ego wegsperren und hoffen, die anderen hätten Glück und Erfolg zu unserem Nachteil? Sollen wir nicht mehr um einen guten Platz und gute Entwicklungsmöglichkeiten mit Hilfe des Egos wetteifern? Wenn wir das Ego ablehnen, teilen wir die Welt schon wieder auf, in positiv und negativ, richtig und falsch, Wirklichkeit und Illusion. Wir verlassen die Einheit

Das Medium Anouk Claes sieht die nicht materiellen Anteile der Menschen in bildlicher Darstellung. Immer wieder macht sie die Beobachtung von »geknickten« und »beschädigten« Egos. Das stellen wir natürlich auch in den Psychotherapien fest, benötigen dafür aber viel mehr Zeit. Anouk fordert, die Anteile in der menschlichen Person sollten in »demokratischer Manier an einen Tisch sitzen« und gleichberechtigt zu Entscheidungen und Lebensweisen beitragen. Was sie sagt, steht in Widerspruch zu vielen religiösen Überlieferungen, ist aber für unser heutiges Leben und gerade auch für spirituell ausgerichtete Menschen von enormer Wichtigkeit. Aus Sicht vieler spiritueller Überlieferungen leben wir hier auf der Erde, um Erfahrungen zu machen und um Bewusstsein in dieser dichten, materiellen Form zu erleben. Das können wir nicht, wenn wir das Ego unterdrücken und ablehnen und als bloße Illusion entwerten. Es ist allerdings hilfreich, sich nicht ausschließlich mit dem Ego zu identifizieren und auch einen übergeordneten Standpunkt, der mehr Übersicht bietet, einnehmen zu können. In der Tat hat das Ego einen beschränkten Blickwinkel.

Viele Menschen in unserem Kulturkreis sind dazu erzogen, das Ich oder Ego hintanzustellen und zu unterdrücken. »Sei doch kein Egoist«, hört wohl jedes Kind mindestens einige Male in seinem Leben. Wir lernen, wir würden eher geliebt, wenn wir unser Ego zurückstellen würden. Die Nächsten zu lieben, ist Trumpf. Dann ist man gottgefällig, andernfalls ist man böse oder in der säkularen Version unsozial. Auch Leute, die spirituelle Sehnsucht verspüren, steigern sich in die Unterdrückung des Egos hinein. Viele Leiden und Selbstbeschuldigungen entstehen aus der Unterdrückung des Egos. Erneut bestätigt sich der Satz: »Was man bekämpft, kämpft zurück, und man wird in einen endlosen Kampf verwickelt.« Die Unterdrückung des Egos führt in vielen Fällen erst recht zu sogenannt egoistischem Verhalten, weil das Ego sich wehrt und dann über die Stränge schlägt – und manchmal sogar die Kontrolle über den Menschen an sich reißt. Ein gesundes, starkes Ego macht das kaum.

Viele gute Wettkampfsportler haben ein kräftiges, gesundes Ego, das ihnen Kraft gibt, all die Anstrengungen und Leiden durchzuhalten, um ihr ehrgeiziges Ziel zu erreichen. Ein besonders eindrückliches Beispiel ist für mich der Tennischampion Roger Federer. Obwohl er in meiner Wohngemeinde lebte, kenne ich ihn nicht persönlich. Was ich schreibe, entstammt den Medien. Er wird beileibe nicht als Egoist wahrgenommen, sondern als ausnehmend sympathischer Mensch. Er wurde sogar in seinem jugendlichen Alter als erster Schweizer zu einem internationalen Botschafter des UNO-Kinderhilfswerkes UNICEF ernannt, und inzwischen hat man ihn dreimal zum Weltsportler des Jahres gewählt. In einem Interview konnte man lesen, er habe immer gewinnen wollen, ob es sich um Fußball, Pingpong oder Tennis gehandelt habe. Ebenfalls haben wir erfahren, dass er in den Wettkampfpausen gerne Karten spielt und dabei sehr emotional reagiert, wie früher auf dem Tennisplatz. Alle diese Beschreibungen lassen ein vortrefflich entwickeltes Ego erkennen. Gerade weil er es leben kann, muss er nicht überkompensieren. Und weil er es leben und den Ehrgeiz mobilisieren kann, steht ihm neben dem Talent auch die Kraft zum Siegen zur Verfügung.

Bei einer Niederlage wie in Paris 2007 kommt ebenso die Enttäuschung voll durch; der Schmerz entspringt auch dem Ego. Nicht nur viel Kraft verleiht ein gesundes Ego, es ist auch ein besonderer Freudenspender. Wer je eine Siegesfeier von Federer erlebt hat, weiß, was gemeint ist. Die Freude strahlt nicht nur auf ein ganzes Stadion, sondern via Medien in die ganze Welt aus. Man spürt die Kraft und Vitalität wie eine dichte Energiewolke. Ich behaupte, wir brauchen solche Zelebrierungen der Freude für unsere seelische Gesundheit heutzutage in besonderem Maße. Wir erinnern uns an die Ergebnisse der PEAR-Forschung, wonach solche emotionalen Events besonders starke Wirkung auf die elektronischen Messgeräte haben sollen. Ähnliches haben wir während der Fußballweltmeisterschaft 2006 in Deutschland erlebt. Die Freude war überwältigend, natürlich auch der Schmerz der Unterlegenen.

Es wäre interessant zu wissen, was die Eltern Federer zu ihrem Roger gesagt haben, als er klein war. Haben sie ihn bekräftigt: »Gewinne, wenn immer du kannst!« Oder haben sie so mit ihm gesprochen, wie viele Eltern auch heute mit ihren Kindern sprechen, man müsse auch verlieren können, mitmachen sei wichtiger als siegen, man dürfe nicht so egoistisch sein? Ein Kind mit starkem Willen und klaren Zielen läuft Gefahr, als Egoist beschimpft und getadelt zu werden. Es gehört fast zu unserer Kultur, außerhalb des Sportes offenen Ehrgeiz als Ausdruck eines starken Egos geringschätzig anzusehen oder zu verurteilen. Stellvertretend können wir uns mit einer Mannschaft, einer Region oder einer Nation identifizieren. Es gibt Menschen, die diese Identifizierung als Chauvinismus und überholten Nationalismus kritisieren – und die Freude nicht zulassen. Diese Menschen leiden häufig an einem ausgesprochenen Mangel an Lebensfreude.

Ich habe anfangs gesagt, das Ego sei stark in Selbstbeschuldigung und Selbstvorwürfen. Interessant ist, wie unterschiedlich »egoistisches Streben« und Rivalität beurteilt wird, je nachdem, ob es in der »Natur« oder beim Menschen angetroffen wird. Die

Natur wird von den meisten Menschen grundsätzlich als vollkommen gesehen, beispielsweise als vollendete göttliche Schöpfung. Wir sprechen von der Ehrfurcht vor der Natur. Ein eindrückliches Beispiel dieser unterschiedlichen Bewertung habe ich bei der weltberühmten Schimpansenforscherin Jane Goodall erlebt. Sie hat in einem Interview das Konkurrenzverhalten der Affen gegenüber anderen Clans ihrer Spezies beschrieben, das bis zum Gruppenkrieg mit Totschlag geht. Ja, manchmal tue es einem schon weh, aber das sei die Natur, die so funktioniere. Wenige Minuten später im gleichen Interview hat sie das Konkurrenzdenken in der Wirtschaft scharf kritisiert und für die globale Umweltgefährdung verantwortlich gemacht. Ich glaube jedoch, es ist dasselbe Prinzip. In der Natur sehen wir es je nach Standpunkt als positives Resultat der Evolution oder als göttlichen Schöpfungsakt. Jedenfalls ist mir bisher keine substanzielle Kritik an dieser Einrichtung der Natur begegnet. Ich bin zwar von der spekulativen Vermenschlichung der Gene und deren esoterisch anmutender Ausstattung mit Egoismus gar nicht überzeugt. Aber ohne Zweifel hat diese Energie, die unter anderem auch in Rivalität, Konkurrenz und in der Kraft des Egos zum Ausdruck kommt, in der Evolution des Lebens und des Menschen eine enorme Rolle gespielt und spielt sie weiterhin.

Warum urteilen wir derart unterschiedlich? Vermutlich hat es doch sehr stark mit der religiösen Überlieferung zu tun. Pater Anselm Grün hat im bereits erwähnten Vortrag gesagt: »Wenn wir unser Engagement nur aus dem Ego heraus vollziehen, wird es den Menschen eher schaden. Da geht es nur um uns und nicht um den Dienst an den Menschen. Man merkt es einem an, ob er sich selbst zelebriert oder ob er durchlässig ist für etwas Größeres. Man spürt es dem Engagement für den Frieden an, ob es uns wirklich um den Frieden zwischen den Menschen geht, oder um unser eigenes Projekt, um die eigene Profilierung.«

Erneut begegnen wir einer Verurteilung des Egos. Ich behaupte, die Evolution bedient sich auf der menschlichen Ebene durchaus dieser Kraft, die wir oft als Egoismus verurteilen. Mir scheint Steve Jobs, CEO von Apple, ein gutes Beispiel zu sein. Er ist immer seinen eigenwilligen Weg gegangen. Aus seiner Biografie kennen wir sein frühes Interesse für Übersinnliches, Drogen, Diäten, östliche Kulturen und Religionen, seine Identifikation mit der Flower-Power-Bewegung und den frühen Studienabbruch an der Universität: »Er hoffte auf spirituelle Erleuchtung, die ihn für sein zukünftiges Leben vorbereiten sollte. Steve wollte herausfinden, wer er war, er wollte das Universum verstehen können. Mit Hilfe der östlichen Mystik wollte er sein geistiges Bewusstsein erweitern. Schon während der Collegezeit experimentierte er zusammen mit Kottke mit Diäten, Drogen, Nahrungs- und Schlafentzug« (www.macprime.ch).

Bevor er nach Indien reiste, nahm er noch ein paar Kurse in Kalligraphie (Schönschreibkunst), weil ihm eine entsprechende Ausschreibung gerade in die Augen stach und er nichts anderes zu tun hatte. Er behauptet, was er in diesen Kursen gelernt habe, sei für alle Computerschriften wegweisend geworden, da er nach der Gründung von Apple die Schriften entwickelt habe und diese für alle Softwarehersteller als Vorlage gedient hätten. Jobs und Apple trennten sich später. Er gründete weitere Firmen. Diese kaufte Apple ihm schließlich ab und machte ihn wieder zum CEO.

Über die vorangegangene Trennung von Jobs und Apple bemerkte ein nahe stehender Beobachter: »Apple ohne Jobs, das ging erst besser und dann stetig schlechter, bis die Firma 1997 kurz vor der Pleite stand. Jobs ohne Apple dagegen – das ging erst mäßig und dann immer besser.« Steve Wozniak, Mitgründer von Apple, sagte, als Jobs in der Firma zurück war: »Der Gedanke, dass Apple-Rechner etwas Besonderes sein müssen, war verloren gegangen. Unser Ziel war es immer, die fortschrittlichsten und menschlichsten Computer zu bauen. Und das merkt man den Geräten jetzt wieder an« (www.stern.de/computer-technik). Und ein anderer Kommentator meinte: »Schlagartig wurde der Öffentlichkeit die Bedeutung von Steve Jobs ins Bewusstsein gerufen. Ohne Steve könnte Apple nicht existieren. Ohne Steve könnte das Silicon Valley nicht existieren. In der dreißigjährigen Geschichte des Silicon Valley ist Jobs die einzige Konstante. Obwohl sich die Technik laufend verändert und verbessert hat, ist Steve Jobs der gleiche Mensch geblieben.«

Ob diese letzte Bemerkung realistisch ist oder nicht, entzieht sich meiner Beurteilung. Aber wenn nur die Hälfte davon wahr ist, fällt Jobs' Verdienst immer noch gigantisch aus. Wollte Jobs der Welt und den Menschen Frieden bringen? Hat er derart Erfolg, weil er sein Ego losgelassen hat, wie es Pater Anselm Grün fordert? Er wird beschrieben als kleiner Diktator, Widerspruch dulde er ohnehin nicht; Mitarbeiter, die anderer Meinung seien, putze er gern als Volltrottel und Idioten herunter. Er müsse anderen immer zeigen, dass er überlegen sei. Ständig versuche er, die Aufmerksamkeit der Welt auf sich zu lenken. Er sei ein ausgesprochener Egomane. Er habe ein Charisma, das bei den Leuten, die um ihn herum seien, zu einer Wahrnehmungsverzerrung bezüglich der Realität führe. Offenbar ist er auch der weltweit am besten verdienende Manager, was mit dem enormen Wertanstieg der Apple-Aktien zu tun haben soll. Möglicherweise sehen manche Menschen die ganze Entwicklung der Informationstechnologie als negativ.

Und ich bin zugegebenermaßen ein Technik-Freak. Ich gerate jeden Tag in dankbares Staunen über das, was uns die moderne Informationstechnologie bietet. Ich halte den Beitrag der IT für die Weiterentwicklung des Planeten, für die Demokratisierung und auch für eine spirituelle Globalisierung und für den Frieden für höchst bedeutsam. Meine Kinder sind begeisterte Benutzer von Apple-Computern, und ich selbst bewundere iPod und iPhone gleichermaßen. Wären diese Geräte edler und gleichzeitig erfolgreicher, wenn Jobs weniger Egomane wäre? Vermutlich ist das Gegenteil der Fall. Sein Ehrgeiz, die fortschrittlichsten und menschlichsten Apparate zu bauen und seine egomanische Beachtung jedes Details an seinen Produkten dürfte den größten Teil ihres Erfolges ausmachen. Die moderne Technik und ihre bisherigen Vorläufer können mit der Politik und zweifelsohne mit den Religionen längst mithalten, wenn es um die Verdienste für Völkerverständigung und Weltfrieden geht. Pater Anselm Grün gibt keine konkreten Ratschläge, wie Menschen wie Steve Jobs mit ihrem Ego umgehen sollen. Er betont wiederholt, der Mensch müsse sich primär mit sich selbst versöhnen, aber er zieht doch über das

Ego und über die Menschen her, bei denen es prominent ist. Es ist allein unser Urteil, das die Welt in Gut und Böse trennt, und es scheint keine andere Instanz zu sein als eben das Ego, das diese Unterscheidung, diese Verurteilung macht. Das Ego bezichtigt die Egos der anderen des Egoismus. Ein Streit unter Egos!

Wenn wir erfahren, dass wir auch eine höhere Beobachterinstanz wie das ICH BIN in uns tragen, werden wir das Ego weder bei uns noch bei anderen verurteilen. Es geht insbesondere darum, mit sich selbst in Harmonie zu kommen und zu sein. Ein Mensch mit einem starken Ego soll das starke Ego leben – und zwar im Umgang mit dem, was er liebt. Ich vermute, Mutter Teresa hatte auch ein starkes Ego, war aber eine ganz andere Persönlichkeit und hatte andere Interessen als Jobs. Ich muss beide nicht beurteilen, aber ich könnte auch nicht sagen, Mutter Teresa sei spiritueller als Steve Jobs. Und war es ein spiritueller Akt oder Egomanie, als ich selbst stur die Studien zum geistigen Heilen an der von mir geführten Klinik allen Widerständen zum Trotz durchsetzte? Eine riesige Anzahl von Menschen hat mir gratuliert und gedankt für meine Pionierarbeit, darunter auch viele Mitarbeitende. Würde man meine damaligen psychiatrischen Chefarztkollegen oder den Kantonsarzt über mich befragen, würden sie mich ähnlich beschreiben wie Steve Jobs: als stur oder egozentrisch, leicht kränkbar und aufbrausend. Es geht um die Ehrlichkeit mit sich selbst. Sich selbst zu sein und sein eigenes Leben zu leben, kann auch zu unerwarteten Wendungen in einem Leben führen:

Ich kenne einen sehr jungen Heiler namens Axel. Vor wenigen Jahren, als er etwa siebenundzwanzigjährig war, reiste ich mit ihm einen Monat lang durch Ecuador. In seinen frühen Zwanzigern war er als Immobilienmakler in Spanien tätig, verheiratet und sehr viel Geld verdienend. Er habe in einem Jahr zwanzig Autos gekauft, sagte er mir. Doch dann verließ ihn seine Frau mit seinem Geschäftspartner. Das Geldverdienen machte ihm keine Freude mehr. Er sei mit 200 Dollar in die USA gereist und habe dort Boote gereinigt. Dann ging er nach Kolumbien und lebte etwa ein Jahr in einem Indianerdorf weit ab von der Zivilisation. Als er zu einer Hochzeit nach Ecuador eingeladen wurde, behandelte er dort eine krebskranke Frau mit einem großen Tumor. Sie war in einer Klinik in Behandlung, wo man den Krankheitsverlauf gut dokumentiert hatte und über die Wunderheilung, die offenbar eingetreten war, staunte. Ultraschall- und Röntgenbilder wurden im Fernsehen gezeigt. Die Geschichte ging wie ein Lauffeuer durch das Land. Axel wurde von elektronischen und Printmedien gleichermaßen bestürmt und von Stadt zu Stadt weitergereicht. Die Leute versammelten sich zu hunderten oder tausenden, wenn er irgendwo auftauchte. Er wurde meist nur mit Maestro angesprochen.

Ich habe erlebt, wie beim Flug von Quito nach Quaiaquil ihn eine Dame beim Einchecken auf dem Flughafen erkannte. Im Nu waren noch weitere fünf Kolleginnen und Kollegen da, und alle wünschten, von ihm gesegnet zu werden oder die Hände aufgelegt zu erhalten. Er wirkte sehr locker und unabhängig, was mich bei seinem jugendlichen Alter verwunderte. Er sagte, Geld und Besitz seien für ihn nicht mehr interessant. Er könne jederzeit wieder in das Indianerdorf zurück. Dort habe er sauberes Wasser, saubere Luft und keinen Lärm. Trotzdem genoss er offensichtlich die Aufmerksamkeit, die er erhielt. Er und sein Ego durften die Freuden von Geld und Luxus genießen. Das ist die beste Voraussetzung, um sich nicht daran zu klammern. Vorderhand reist er in der Welt herum. Dieser Mann machte mir den Eindruck, mit sich selbst ehrlich zu sein. Er sagte auch niemandem, er müsste sein Ego loslassen oder durch Askese zum Schweigen bringen. Mir schien, er habe durchaus ein kräftiges Ego. Er setzt es eher derart ein wie Mutter Teresa.

Ist nicht gerade diese Art von egomaner Hingabe für eine Sache das gemeinsame von Jobs, Mutter Teresa oder Axel? Wie erwähnt, Jobs kümmert sich egomanisch um jedes Detail, wenn es um ein neues Produkt geht. Es soll den Menschen Freude machen, das ist für ihn ein primäres Ziel. Gibt es etwas Spirituelleres als den Menschen Freude zu bereiten? Das ist auch mindestens ein Nebeneffekt von Roger Federers Anstrengungen. Wer sich für Selbstversöhnung interessiert, tut gut daran, seinen Umgang mit seinem Ego zu überdenken. Dasselbe rate ich Menschen, die an scheinbar unerklärlichem Energiemangel leiden. Unterdrücken sie vielleicht ihren Ehrgeiz, ihre Rivalität, ihren Siegeswunsch? Wagen sie nicht, mit der notwendigen Beharrlichkeit an ihre Ideen zu glauben? Das Ego zu missachten oder zu unterdrücken, ist nicht die einzige, aber eine häufige Ursache für chronische Kraftlosigkeit und diverse Erkrankungen, wie folgendes Beispiel aus der Beratung illustriert.

Karin, eine Managerin Mitte vierzig, kommt zur Konsultation. Sie hatte verschiedene anspruchsvolle Stellen im Bereich Human Resources bei großen renommierten Firmen inne. Schließlich entwickelte sie ein Burn-out und wurde arbeitsunfähig. Sie glaubte, sie hätte sich überarbeitet in zahlreichen anspruchsvollen Projekten. Die Analyse ergab aber ein anderes Bild. Sie war immer die Nummer zwei in ihrem Bereich, obwohl sie oft die Verantwortung und auch die Fähigkeit hatte, Nummer eins zu sein. Sie kämpfte jahrelang gegen die Stimme ihres Egos, gegen den Wunsch, die Nummer eins zu sein, was in doppelter Hinsicht Kraft verbrauchte. Sie war auch verunsichert, weil sie wiederholt, ohne es zu wollen, in Konkurrenz- und Rivalitätssituationen geriet, die sie trotz erheblicher Anstrengungen nicht vermeiden konnte. Dies ging so weit, dass sie zu bedeutungsvollen Anlässen nicht das Kleid trug, das ihr passend erschien und Freude gemacht hätte. Sie wollte gewisse bedeutungsvolle andere Frauen nicht provozieren. Trotzdem geschah gegen ihren bewussten Willen genau das, was sie befürchtete. Sie hatte sich innerlich immer beschränkt in ihren Ansprüchen, wie ihr dies im Zusammenhang mit ihrem Mädchen- bzw. Frausein von ihrer Familie vermittelt wurde. Das Erkennen ihrer inneren Selbstbeschränkung setzte die Kräfte wieder frei und gab ihr Leistungsfähigkeit und Lebensfreude zurück.

Dieses Beispiel ist typisch für die Unterdrückung des Egos. Diese Frau ist eine starke Persönlichkeit und das Unterdrücken ihres Ehrgeizes und ihrer Ausstrahlung führten zu inneren und äußeren Konflikten. Aufgrund des Resonanzprinzips strahlt sie den Konflikt besonders stark aus und alle Personen, insbesondere Frauen, die das in ähnlicher Weise machen, werden mit Rivalität reagieren. Das Selbstwertgefühl dieser Frau sank kontinuierlich, und schließlich erkrankte sie auch körperlich. Eine offen ausgetragene Rivalität richtet weit weniger oder gar keinen Schaden an. Das Burn-out wird in Fachkreisen wenig unter diesem Blickwinkel gesehen – weitaus häufiger unter dem Gegenteil eines übersteigerten Geltungsbedürfnisses und Ehrgeizes. Man beschimpft diese Menschen auch noch als Workaholics, obwohl es vielen Menschen, mich eingeschlossen, Freude und Befriedigung bringt, zu gewissen Zeiten sehr viel zu arbeiten. Schaut man tiefer, sieht man bei Burn-out am Grunde häufiger keine Wucherung, sondern eine Unterdrückung des Egos. Natürlich gibt es beides.

Was wir Ego nennen, ist zum alltäglichen Überleben und für die evolutionäre und zivilisatorisch-technische Entwicklung sehr wichtig. Nicht nur mit Energiemangel kommen Menschen bei unterdrücktem Ego in Beratung, auch mit anderen unerklärlichen Leiden wie Nervosität, Magenbeschwerden, Schweißausbrüchen, mit Allergien oder bösartigen Erkrankungen; die hellsichtige Diagnose ergibt häufig eine Vernachlässigung oder Unterdrückung der eigenen Ziele und Wünsche, die viele Jahre oder gar Jahrzehnte zurückgeht. Ein gestörtes Selbstwertgefühl und geringe Selbstliebe gehen meist mit solchen Unterdrückungen einher. Ego und Ehrgeiz sind von Mensch zu Mensch verschieden stark ausgeprägt; es gibt nur den Weg, ehrlich zu sein. Selbstversöhnung meint Versöhnung mit allen Anteilen der eigenen Person. Die wohlwollende Akzeptanz des Egos hat dabei besondere Bedeutung.

Hier wie überall bestätigt sich der Satz: »Die Wahrheit wird euch frei machen.« In der Natur akzeptieren wir dieses Prinzip. Es kommt uns nicht in den Sinn, einen Apfelbaum zu tadeln, weil er ein Apfelbaum wird und damit so und so vielen kleineren Pflanzen Licht, Wasser und manches andere wegnimmt. Wir wissen, dass er auch viel zu bieten hat für Tiere, Menschen und andere Pflanzen. Starke Persönlichkeiten aber laufen Gefahr, sich unter dem Druck falsch verstandener moralischer Forderungen zu verbiegen. Die destruktive Seite des Egos wird jedoch durch die Unterdrückung gefördert.

Trotzdem ist die spirituelle Sichtweise, wie sie aus den oben zitierten Büchern zum Ausdruck kommt, teilweise auch richtig.

Unser kleines Ich, wie das Ego oft genannt wird, ist tatsächlich von beschränkter Einsichtsfähigkeit, und es fehlt der Überblick größerer Zusammenhänge. Es fühlt sich sehr schnell bedroht und benachteiligt und neigt schnell zu Angstreaktionen, weil es eng mit unserer irdischen Existenz verknüpft ist. Wer sich ausschließlich mit der körperlichen Existenz und dem Verstand identifiziert, lebt häufig in Angst, die zwar oft verdrängt wird, sich aber dann in Form von Aggressionen zeigt. Aggressionen entwickelt man, wenn man sich bewusst oder unbewusst bedroht fühlt.

Darum hilft die Bekämpfung des Egos überhaupt nicht aus diesem Dilemma. Zahlreiche Menschen sind schon zu mir gekommen und haben geklagt, sie seien schon lange um spirituelle Entwicklung bemüht, aber sie kämen nicht vom Fleck. Andere Menschen, die sich selbst täuschen und durch Unterdrückung des Egos ihre Spiritualität hoch einschätzen, obwohl in ihnen kein Friede eingekehrt ist, sind gefährdet. Ihre Spiritualität ist nicht bodenständig und damit auch nicht kraftvoll. Aus der Unterdrückung ihres Egos tendieren sie zur Unterdrückung anderer und benötigen dann beispielsweise eine willfährige Anhängerschaft. Die freie Entfaltung des Egos einerseits und dessen Unterdrückung andererseits (die schließlich in einer »Machtübernahme« des Egos resultiert), werden oft nicht unterschieden, weil sie in ihrer Verschiedenheit nicht erkannt werden. Die Versöhnung mit dem Ego ist ein zentrales Thema in unserer westlichen und christlich geprägten Kultur. Wie wir in der Evolution beobachten können, wirkt das Ego als mächtiger Motor in der Natur- und Menschheitsentwicklung.

Möglicherweise kann Swami Rama in seinen ganz anderen Lebensumständen, außerhalb der Zivilisation und der menschlichen Gesellschaft, auch Recht haben, wenn er meint, die Wandlung des Egos brauche viel Askese. Immerhin spricht er von Verwandlung und nicht von Unterdrückung und Bekämpfung.

Die dem Ego übergeordnete Sichtweise ergibt sich bei uns in der Regel nicht durch Kampf, kann einem aber geschenkt werden. Die meisten »Erleuchtungserlebnisse«, wenn man denn dieses heikle Wort gebrauchen will, geschehen spontan. Bei gewissen Menschen sind Jahre der Askese und des Bemühens vorausgegangen; bei anderen überhaupt nicht. Allerlei Umstände scheinen solche Erlebnisse herbeiführen zu können: Als gut Dreißigjähriger trug ich einen Menschen während ungefähr eines Jahres durch eine Psychose, um ihm einen Klinikaufenthalt zu ersparen. Dieser Mensch litt sehr unter den klassischen dämpfenden Medikamenten, die ihn nur äußerlich ruhig stellten, ohne am inneren Zustand etwas zu verändern. Solche Wirkung der Medikamente ist nicht selten und kann ein bedrohliches Gefühl völliger Gefangenschaft und damit Panik erzeugen. Einen Menschen durch eine akute Psychose zu begleiten, benötigt mindestens den dreifachen Einsatz wie für die Betreuung eines neugeborenen Babys. Ich hatte neben dieser Betreuung meinen Beruf. Eines Tages war ich an meine äußersten Grenzen gekommen, ließ innerlich und äußerlich alles los, weil einfach kein Tropfen Kraft mehr vorhanden war. Da plötzlich hörte ich einen Ton, dessen nicht äußerliche Herkunft mir sofort klar war. Ein Gefühl ungeheurer Erleichterung ging damit einher. Wiederum das Gefühl der Liebe und der Geborgenheit, des absoluten Aufgehobenseins, wie ich es als Dreijähriger erlebt hatte. Alle Angst war weg. Dieser Zustand hielt wochenlang an, übertrug sich auf den betreuten Menschen und holte ihn für längere Zeit aus der Psychose.

Ich habe nie einen wirklich überzeugenden Bericht gelesen, wonach man diesen »Erleuchtungszustand« willentlich herbeiführen könnte außer mit Drogen, die mit den bekannten Risiken und Nebenwirkungen behaftet sind und keine dauerhafte Wirkung haben. Weise und Hellsichtige sagen, es sei das höhere Selbst, das in diesem erleuchteten Zustand die Führung übernehme. Ich kann mir so etwas gut vorstellen, obwohl ich nicht hellsichtig bin. Aber ich bin sicher, wir können diesen Zustand begünstigen, indem wir unser kleines, manchmal auch hässliches Ego liebevoll annehmen, uns mit ihm versöhnen und es unserer Persönlichkeit entsprechend voll wirken lassen und aufhören, es zu bekämpfen. Indem wir das tun, wählen wir bereits einen übergeordneten Blickwinkel, eine sogenannte Metaposition, mit der wir einen umfassenderen

Ein- und Überblick haben. Wenn wir aus dieser höheren Warte aus liebevoll mit dem Ego umgehen, es quasi mit göttlichen Augen ansehen, wird es selbst immer göttlicher werden. Erinnern wir uns: Alles ist Bewusstsein und alles ist mit allem verbunden, alles kann als göttlich gesehen werden.

Wenn ich hier zur Versöhnung mit dem Ego rate, heißt das nicht, das Ego selbst sei sehr versöhnungsbereit, zumindest nicht primär. Das Ego kann schnell beleidigt sein, verletzt, nachtragend, immer wieder wütend, rachsüchtig, unversöhnlich. Wie gesagt, besonders empfindlich reagiert es auf den Egoismus anderer Egos. Wenn ich mich mit meinem Ego versöhnen will, sollte ich mich auch mit seiner Unversöhnlichkeit versöhnen. Ich versöhne mich mit den Teilen in mir, die es nicht schaffen, sich zu versöhnen. In dem Moment, wo ich diese Situation in mir erkenne und sie annehmen kann, ist der wichtigste Schritt schon getan. Das Ego soll für seine Leistungen dankbar anerkannt, respektiert und akzeptiert werden. Es muss weder bekämpft noch überwunden werden. Es lässt mit sich verhandeln, wenn wir liebevoll mit ihm umgehen. Schlussendlich soll das Ego seine Aufgaben erfüllen und uns unterstützen. Es soll auch unserem geistigen Anteil mit Respekt begegnen und dort etwas zurückstehen, wo es den Überblick nicht hat. Wir können unserem Ego auch einmal liebevoll zureden. Folgende Formulierung kann jeder für sich, entsprechend seiner eigenen Persönlichkeit und seines Alters, stimmig abwandeln:

Liebes Ego

Du hast mir ermöglicht, auf dieser Erde erfolgreich anzukommen und zu leben. Mit deiner Hilfe konnte ich auf unserer Mutter Erde Fuß fassen, konnte kämpfen, wetteifern, Schmerz, Eifersucht, Wut, Gier, Angst und Schuldgefühle kennenlernen und empfinden. Dafür danke ich dir von Herzen. Ich bin mir bewusst, dass ich ohne deine Hilfe viele wertvolle Erfahrungen nicht hätte machen können, die jetzt meinen Erkenntnisschatz ausmachen. Wir sind eine große Strecke unseres Weges gemeinsam gegangen, und manches Mal war ich vollständig mit dir identifiziert, und manchmal passiert mir dies weiterhin. Wir haben uns eine vorübergehende Identität aufgebaut, um mein Leben erfolgreich werden zu lassen, und du warst ein wichtiger Helfer auf dieser Erde. Dafür kann ich dir nicht genug danken.

Liebes Ego, mein Ziel auf dieser Erde ist, meine äußere Person, wozu du gehörst, mit meinem inneren Selbst, meinem weiter sehenden Bewusstsein zu vereinen und mir meines göttlichen Ursprungs bewusst zu sein. Du bist in deiner Erdbezogenheit genauso göttlich, wie alles, was geschaffen wurde. Du verdienst Respekt und bedingungslose Liebe wie alles Geschaffene.

Liebes Ego, hilf mir, indem du immer häufiger dich entspannt zurücklehnst, dich beruhigst und dich nicht stressest. Du mein liebes Ego hast mir immer wieder geholfen, um Aufmerksamkeit zu kämpfen und zu rivalisieren, mich zu verteidigen, durch Leistung Anerkennung zu erringen und nach vielen Formen von Liebe zu streben. Es ist jetzt nicht mehr angesagt, sich durch Verschließen zu schützen, dem Schmerz auszuweichen und ihn zu verleugnen, sich Vorwürfe und Schuldgefühle aufzubauen und die eigenen Überzeugungen ungefragt zu verbreiten.

Freiheit – Urgrund aller Liebe

Vor kurzem kam Miriam, eine sechsunddreißigjährige, allein lebende und kinderlose Frau, in die Beratung. Sie ist in einem medizinischen Beruf tätig und hat eine eigene Praxis, in der sie auch komplementärmedizinische Behandlungen anbietet. Miriam war früher magersüchtig. Jetzt leidet sie noch an unregelmäßigem Überkonsum von Süßigkeiten und Alkohol. Ihr für sie beschämendes Leiden ist ihr Zwang zum Stehlen. Sie kann öfter der Versuchung nicht widerstehen, Süßigkeiten, ein Fläschchen Prosecco oder Ähnliches in einem Laden mitzunehmen. Diese Symptomatik hat sich stark ausgeprägt, seit sie von ihrem Ehemann getrennt ist. Ich fragte sie, ob sie noch sehr die Trennung vom Ehemann verarbeiten müsse oder sich wieder frei fühle für eine neue Beziehung. Sie wolle keine Beziehung mehr, bis sie gelernt habe, allein zu leben, war die schnelle Antwort. Man hatte ihr inner- und außerhalb ihrer Psychotherapien gesagt, sie müsse lernen, selbstständig zu leben. Es war qualvoll zu hören, wie sehr sie mit ihrem Verstand gegen ihre Sehnsucht nach Geborgenheit, Nähe und Zärtlichkeit ankämpfte. Ein Kampf gegen sich selbst ist meist aussichtslos, weil das Wichtigste, nämlich die Liebe fehlt. Das gilt im Besonderen, wenn es sich um grundlegende Bedürfnisse unserer leiblichen Existenz handelt.

So hatte sie regelmäßig ein großes Verlangen nach einem Glas Prosecco – und nach dem ersten Glas schmolzen die Schranken … Sie setzte sich dann häufig ins Auto, um irgendwo Süßigkeiten zu stehlen, oder wenn sich keine Möglichkeit dazu ergab, sie halt zu kaufen. Miriam übernahm von ihrer Mutter die Idee, dass negative Kräfte oder Wesen in ihr hausten und sie zu solch schlechten Handlungen antrieben. Wenn Miriam sich isoliert fühlte, sagte ihr die Mutter, sie sei mit der Natur, mit Gott und mit den Engeln verbunden. Miriam war willens, der Mutter zu glauben und verstand nicht, warum sie von dieser Verbundenheit so gar nichts spüren konnte. Auch das machte sie sich zum Vorwurf. Miriam war erstaunt zu hören, das Glas Prosecco sei ein erster Heilungsversuch oder Heilungsschritt. Durch den Alkohol wurden Verstand und Wille etwas gelähmt, und der Körper konnte ein bisschen von seinem Recht einfordern.

Im Gespräch wurde immer deutlicher, wie sehr Miriam Körper und Seele unablässig bestrafte und unterdrückte. Ihr Mann wollte nicht mehr mit ihr zusammen sein, weil sie nicht mehr bereit war, jedes ganze Wochenende im Sport ans körperliche Limit zu gehen. Jahrelang hatte sie sich untergeordnet und alles mitgemacht. Ihre liebsten Schokolade-Trüffel verschenkte sie, in der Absicht, ihren Körper endlich von den Süßigkeiten zu entwöhnen. Bei starkem Regen erlaubte sie sich nicht, mit dem Auto zum mehrere Kilometer entfernten Bad zu fahren – obwohl sie sich dann neben ihrer elegant gekleideten Kollegin wegen ihres Fahrrad-Outfits schämte.

Die Unterdrückung ihrer Sexualität führte sie auf Kindheitserlebnisse zurück. Ihre Erlebnisfähigkeit mit Selbstbefriedigung oder mit Hilfe eines Vibrators zu erkunden, erlaubte sie sich nicht, weil es sich nicht gehöre. Sie hatte niemanden, mit dem sie intimere Gefühle und Fragen austauschen konnte. Auch die vielen Möglichkeiten, das Internet zu nutzen, erlaubte sie sich nicht. Für Miriam geht es darum zu lernen, wie durch ihr zwanghaftes Stehlen der Körper ihr klar zu machen versucht, wie er ständig bezüglich Erfüllung seiner Bedürfnisse von ihr selbst bestohlen und beraubt wird. Einzig in der Not erlaubte sie sich, Schmuck und Kleider zu kaufen. Aber offenbar trug sie nur einen kleinen Teil davon. Wenn wir allzu lieblos mit unserem Körper umgehen, weiß dieser sich zu wehren. Bei Miriam will er zeigen, wie ungeliebt er ist, wie betrogen er sich fühlt. Bei Fitnessfreaks und besonders bei Extremsportlern findet man die Bestrafung des Körpers entgegen der allgemeinen Ansicht nicht selten. Aber auch bei allzu gesundheitsbewussten Menschen wird der Körper gequält, indem des Körpers eigene Stimme zugunsten von allzu drastischen, dem Verstand entspringenden Vorschriften überhört wird. Ein Zenmönch, der in Amerika Seminare gab, war so frei, seinen allzu gesundheitsbewussten Gastgebern mitzuteilen: »I don't like mac- robiotic, I like mac-donald.«

Mangelnde Selbstliebe ist außerordentlich stark verbreitet. Viele spirituelle Menschen sind mit sich selbst unzufrieden. Sie kommen auf dem Weg, den sie sich ausgedacht haben, nicht schnell genug weiter. Deshalb verurteilen sie sich wegen zu wenig ernsthafter Meditation, wegen zu starker Ausrichtung auf das irdische Leben, wegen Abhängigkeit, wegen mangelndem Vertrauen, wegen negativem Denken, wegen schlechter Gefühle, wegen zu viel und zu wenig Interesse an Sex ... Alles aufzuzählen ergäbe eine sehr lange Liste. Im ersten Kapitel habe ich mich zu dem aus der Bergpredigt stammenden Satz, man solle vollkommen sein, geäußert. In dem Moment, wo wir uns selbst ohne Bedingungen lieben und mit uns versöhnt sind, sind wir vollkommen. Es spielt dabei keine Rolle, wo wir auf dem von uns ausgedachten Entwicklungsweg sind. Wir haben immer – ich habe es schon mehrfach formuliert – die Möglichkeit, uns zu akzeptieren und uns mit uns selbst zu versöhnen. Schlimmstenfalls können wir uns mit unserer Unversöhnlichkeit versöhnen. Wir können akzeptieren, dass wir uns nicht akzeptieren können.

Der Heiler Joel S. Goldsmith war sehr hilfreich für mich. Wir können irgendetwas bekämpfen bei uns oder bei anderen – und kommen dann kaum ohne Verstrickung davon. Die körperlichen Bedürfnisse zu bekämpfen hat in der religiösen Tradition einen hohen Stellenwert. Die Ratschläge von Jesus, sich eher die Augen auszureißen oder die Hände und Füße abzuhacken, wenn sie zur Sünde verführten, sprechen eine deutliche Sprache. Miriam reißt sich die Augen nicht aus und hackt sich die Hände nicht ab. Aber wie sie mit sich selbst umgeht, kommt dem doch sehr nahe.

Entscheidend scheint mir, ob wir wirklich die Schöpfung als Einheit sehen können, als Bewusstsein, in dem alles mit allem verbunden ist. Dann ist die Spaltung zwischen Materie und Geist, zwischen Körper und Seele aufgehoben. Ich bin stets zum gleichen Schluss gekommen: Das Göttliche lässt sich nicht begrenzen, nicht aufteilen, nicht in Gut und Böse spalten. Wir sind immer in dem Moment vollkommen, in dem wir uns als vollkommen zu sehen vermögen. Und da liegt das Paradox. Je bedingungsloser wir uns lieben können, ohne dass wir Vorleistungen erbringen müssen, desto leichter geschehen Veränderungen. Von Petrus oder von Paulus wird im Neuen Testament, genauer in der Apostelgeschichte berichtet, dass er einmal auf einem Dach eine Vision hatte: Gott befahl ihm, Getier zu essen, das bei den Juden als unrein galt. Auf seine Abwehr hin wurde ihm gesagt, was Gott für rein halte, brauche er nicht für unrein zu halten. Er verstand das als Auftrag, auch die Heiden als würdig für die neue Botschaft zu erachten. Man hätte diese Vision auch als Aufforderung verstehen können, mit sich selbst nicht so verurteilend umzugehen. Für mich steht diese Vision für fast alles, was wir ablehnen, für schlecht, schädlich und böse halten.

Auf die Materie im Allgemeinen komme ich später zu sprechen. Hier geht es speziell um unseren Körper, der auch zur Materie gehört. Wie konnte es so weit kommen, dass wir unseren Körper nicht mehr als Manifestation dieses unbegrenzten Lichtes, der unbegrenzten Liebe sehen können? Nicht mehr wahrnehmen können, dass dieser Körper genauso zum Ganzen gehört wie alles andere. Wenigstens haben uns die Quantenphysiker aufgezeigt, dass alles, also auch unser Körper, aus Schwingungen besteht, nicht anders als das sichtbare Licht. Wir können viel zu unserer Heilung und Versöhnung beitragen, wenn wir uns jeden Tag nur ein oder zwei Minuten vorstellen, wie unser Körper letztlich aus nichts anderem als aus Licht besteht. Für einige mag es hilfreich sein, sich zu vergegenwärtigen, wie alle Zellen, alle Organe und der Körper als Ganzes ständig mit Laserlicht kommunizieren, so wie uns das die Biophotonen-Forscher aufgezeigt haben. Die Tiere in der lichtlosen Tiefsee, die ständig Licht durch ihren Körper fließen lassen, können uns etwas von unserer eigenen Natur aufzeigen. Welch herrliches Geschenk haben wir uns gemacht mit der Schaffung unseres menschlichen Körpers!

Wie konnte das Wunder unserer leiblichen Existenz zum Sündenfall umgeschrieben werden und die Sexualität zur Hauptsache zu einer Kraft des Teufels? Dieses Thema beschäftigte mich nahezu mein ganzes Leben, ohne dass ich eine klare Antwort fand: Woher kommen diese Verurteilungen in den religiösen Traditionen? Die ganze Erde ist zu einer Art Strafcamp geworden, wo wir nur durch unterwürfiges Verhalten auf Begnadigung hoffen können. Durch die Sexualität sind wir mit einer unglaublich starken Kraft ausgestattet. Man kann sie als Lebenskraft schlechthin sehen. Heute noch weithin gültige Normen fordern, dass wir diese Kraft drosseln oder in allzu eng umschriebene Kanäle leiten. Wir kennen die religiöse Verurteilung der Homosexualität. Die Verurteilung der Sexualität geht auch heute noch sehr viel weiter. Von einem Chefarzt einer psychiatrischen Klinik, der sich nebenamtlich im Internet als christlicher Sexualberater betätigt, heißt es: »Außereheliche Sexualität (Hurerei), die Betonung der visuellen Reize (Augenlust), das Begehren einer anderen Frau, also all diejenigen Aktivitäten, die bei der Internet-Sex-Sucht eine Rolle spielen, werden deutlich als ›Sünde‹, also als Abweichung vom guten und geraden Weg bezeichnet. Mehr noch: Sie hemmen das geistliche Leben und die Beziehung zu Gott.«

Es wird dort auch darauf hingewiesen, dies könne zu dämonischer Besessenheit führen, die allenfalls durch geistlichen Beistand wie Exorzismus geheilt oder gebessert werden könne. Ich führe dieses Zitat an, um die riesigen Diskrepanzen aufzuzeigen, zwischen denen nicht nur Erwachsene, sondern auch Jugendliche sich zurechtfinden müssen. Die Kraft, von der das Überleben der ganzen Schöpfung abhängt, wird unmittelbar assoziiert mit Satan, Dämonen, Besessenheit und Verhinderung eines spirituellen Lebens. Überall, wo wir Übles erwarten, wird Übles geschehen. Denn wir haben alle teil am selben Bewusstsein. Dies können wir uns nicht genug vor Augen halten. Was wir der Sexualität an Bosheit zuschreiben, wird irgendwo, vornehmlich bei den Schwächsten der menschlichen Gemeinschaft, als Bosheit in Erscheinung treten.

Viele Menschen entsetzen sich über die Pornoszenen, die Jugendliche über das Handy austauschen. Wie können sie sich in ihrer Unerfahrenheit verhalten, wenn die intensive Kraft, die sie in sich spüren, so sehr mit dem Bösen assoziiert wird? Jugendliche bringen das in extremer Form zum Ausdruck, was von der Mehrheit zum großen Teil verdrängt wird. Können wir uns eingestehen, wie sehr uns diese Kraft gleichzeitig fasziniert und Angst macht? Wie von Freud erkannt wurde, ist die Sexualität eine zu starke Kraft, als dass sie sich folgenlos unterdrücken ließe. Die Sexualität hat den Zivilisationsprozess nicht wirklich mitgemacht. Sie lässt sich kaum einschüchtern. Auf Unterdrückung reagiert sie mit unablässigem Gegendruck. Dies lässt sich besonders deutlich bei der Berichterstattung über jugendlichen Sexualmissbrauch verfolgen.

In der »Basler Zeitung« vom 18. Juli 2007 wurde über einen Missbrauchsfall von Jugendlichen berichtet. Der Leiter der zuständigen Jugendanwaltschaft berichtete dem Radio gegenüber, die beiden älteren Brüder, zirca dreizehn Jahre alt, würden verdächtigt, sich an den sexuellen Übergriffen gegenüber dem siebenjährigen Mädchen beteiligt zu haben. Es stellt sich die schwierige Frage, wie diese ganze Familie geschützt werden kann, damit sie beim heute herrschenden Klima nicht der sozialen Ächtung preisgegeben wird. Welche Hilfe erhält diese Familie, um mit der Belastung fertig zu werden, die durch die Amtsgeheimnisverletzung des Jugendanwalts entstanden ist? Diese Art der Berichterstattung ist prädestiniert, neue Missbrauchsfälle zu provozieren. Viele Jugendliche werden womöglich in ihrer Triebnot durch derartige Medienberichte eher gereizt und angetörnt. Alles, was man in dieser Weise bekämpft, stärkt man, weil man sich energetisch darauf fixiert.

Männliche Sexualität ist ursprünglich auf Eroberung und sogar Überwältigung angelegt, auch wenn das nicht mehr in unsere Kultur passt und kaum ausgesprochen werden darf. Dies ist ein wesentlicher Teil von dem, was viele männliche (und weibliche)

Jugendliche in und nach der Pubertät spüren und was ihre Fantasie erfüllt. Der Schutz vor Übergriffen kann nur erfolgreich sein, wenn wir uns selbst unsere Ambivalenz eingestehen. Die öffentliche Ächtung dieser Jugendlichen hilft nicht, diese Fantasien zu besänftigen und das Übergriffsrisiko zu vermindern. Es entsteht eine Mischung von Sensation und Angst. Gerade das treibt diese instinktive Kraft noch mehr an. Bekanntlich machen Verbote das Verbotene noch attraktiver.

Die sexuelle Not der Jugendlichen wird wenig thematisiert. Man erörtert zu wenig, wie man die Aufklärung verbessern kann. Ich kann mir schlecht vorstellen, dass man mit der Überwachung von Pornokonsum im Fernsehen, auf Handys und im Internet, eine Verminderung dieser Risiken erreichen kann. Das russische Fernsehen beispielsweise ist und war vor allem sehr viel restriktiver bezüglich sexueller Freizügigkeit. Und die russischen Jugendlichen hatten aus technischen und wirtschaftlichen Gründen weder Handys noch Internet zur Verfügung. Trotzdem berichteten in einer Befragung 25 Prozent der jungen Frauen und 12 Prozent der jugendlichen Männer Mitte der 1990er Jahre über sexuelle Gewalt und Missbrauch (Lunin 1995). Auch wenn vermutlich die erwachsenen Täter weit in der Überzahl sind, zeigen die Zahlen, wie wenig man Handys und Internet als Verursacher beschuldigen kann. Sie sind Symptom, nicht Ursache. Eine wesentliche Ursache ist in unserer Einstellung zu finden. Wir sehen den Menschen und seine Körperlichkeit im Allgemeinen und die Sexualität im Speziellen immer noch überwiegend als böse an. Bei uns gilt das Internet in Hinblick auf die Jugendlichen als gefährlich, in islamischen Ländern in Hinblick auf die Frauen, die Mut bekommen könnten, ihre Befreiung zu fordern, was wiederum im Westen positiv bewertet würde.

Eine Filmregisseurin und Kolumnistin hat unlängst eine gänzlich oder nur teilweise fiktive Episode geschildert, in der eine Freundin von ihr mit dem Hausmeister Streit bekam. Es wurden Beschimpfungen und Schläge ausgetauscht. Die Kolumnistin schildert eindrücklich, wie diese Freundin berichtete, die Aggressivität habe den Hausmeister und auch sie selbst immer mehr

»scharf« gemacht. Schließlich seien sie im Bett gelandet und dieser kleine Wicht habe eine prachtvolle Überlänge von Penis manifestiert. Der Musiksender Viva hat mehr als einmal eine Hitparade der »Bad Boys« gebracht. Oft kamen von den Frauen, die ein Rating zu diesen »Bad Boys«, also Film- und Musikstars, abgeben durften, Sätze in dieser oder ähnlicher Art: »Sein Blick sagt dir, ›Ich habe dich flach gelegt und ich werde es wieder tun‹, das macht ihn so sexy.« »Seine Augen drücken aus, ›Ich mache, was ich will‹, und das macht ihn unwiderstehlich für fast jede Frau.«

Ich glaube, sowohl die Kolumnistin wie auch die sich in Viva äußernden Frauen sagen eine Wahrheit, die wir nicht mehr wahrhaben wollen. Man hat früher vergewaltigte Frauen oft nicht ernst genommen und ihnen unterstellt, sie hätten das selbst gewollt. Dadurch wagen heute Frauen höchstens noch in Psychotherapien zu sagen, dass sie sich durch Vergewaltigungsfantasien erregen. Ebenso wagen Männer höchstens noch in geschütztem Rahmen zu bekennen, dass sie bei Schilderungen von Vergewaltigungen einen sexuellen Kick spüren, den sie nicht wirklich unterdrücken können, auch wenn sie sich deswegen beschuldigen und verachten. Das Ernstnehmen von vergewaltigten Frauen geschieht aber nicht, indem man die andere Seite der instinktiven Kraft einfach verleugnet und Krieg mit ihr führt. Dieser Krieg wird sich nach außen, in die zwischenmenschlichen Beziehungen verlagern. Jugendliche bringen das Verdrängte auf ihre Weise zum Ausdruck und setzen es in ihrer Verwirrung auf eigene Art um. Es macht den Anschein, dass gerade Jugendliche, die in einem Milieu aufwachsen, das traditionell restriktiv ist, bezüglich Übergriffen stärker gefährdet sind.

Viel offenes Gespräch und viel Aufklärung ist notwendig, damit die Jugendlichen lernen, was bei der „Eroberung" zulässig ist und wo die Verletzung der Würde und der sexuellen Autonomie der Frau beginnt. In einer Lebensphase, in der sie neben der Triebnot an sich in ihrem Umfeld und vor sich selbst bezüglich sexueller Erfahrung unglaublich unter Beweisdruck stehen, können junge Menschen diese teilweise sehr widersprüchlichen Botschaften nicht ohne weiteres in eine Ordnung bringen. Die dazu angebotenen Bilder sind nur Kanal, Symptom und Heilungsversuch. Halten wir im Bewusstsein, wie sehr wir uns im Bund mit dieser Kraft selbst im Zentrum des unglaublichen schöpferischen Prozesses befinden. Wenn wir diese Kraft lieben können ohne Angst, wird sie sich stärker als Liebe manifestieren. Wenn wir ihr mit Ablehnung und aggressiver Unterdrückung begegnen, wird sie aggressiv zum Ausdruck kommen.

Von religiöser Seite hört man oft, nur in einer echten Liebesbeziehung sei Sex gut und erlaubt. Sexuelles Erleben ist aber für den Körper an sich schon eine Erfahrung von Liebe. Wir wissen aus der Forschung, wie nicht nur die berühmten Endorphine, also das körpereigene Morphin, sondern ein ganzer Cocktail von sogenannten Glückshormonen beim Sex unseren Körper durchflutet. Kann jemand ernsthaft glauben, es sei besonders göttlich, gegen dieses körperliche Glücksgefühl, gegen den Körper zu kämpfen? Wie wir wissen, stärken diese beim Sex ausgeschütteten Hormone nicht nur das Immunsystem, sondern entfalten zahlreiche weitere wohltätige Wirkungen im Körper. Durch Sex werden Blutzirkulation, Lungenfunktion und die Muskeln angeregt. Stress, Erschöpfung und Schlaflosigkeit nehmen ab, unabhängig davon, ob wir mit unserem Partner fest liiert, gar verheiratet oder nur zufällig zusammengetroffen sind. Die Sexualität ist die im Körper manifestierte Gottesliebe. Hätte der liebe Gott, so er als Person existierte, das wirklich derart eingerichtet, damit wir all diese positiven Wirkungen unterdrücken und unseren Körper der Krankheit entgegenführen? Ist das nicht eher Krieg gegen sich anstatt Versöhnung mit sich? Kann das jemand als Ausdruck besonderer Spiritualität erkennen? Das sind keine rhetorischen Fragen. Beratungsfälle, in denen schwere, körperliche Erkrankungen mit unterdrückter Sexualität zusammenhängen, sind nicht selten. Wenn es einen personhaften allmächtigen Gott geben sollte, würde er wohl am ehesten diejenigen zur Rechenschaft ziehen, die immer noch einen feindseligen Feldzug gegen seine liebevolle Schöpfung führen.

Albert war sechzig, als er zusammen mit seiner Frau zur Beratung kam. Seit Jahren litt er an medikamentös kaum einstellbarem

Bluthochdruck. Durch die vielen Medikamente war er müde und orientierungslos geworden. Er hatte bereits drei sogenannte Streifungen hinter sich mit bis zu halbstündigen Lähmungen auf der einen Körperseite. Zusätzlich entwickelte sich eine Hodenentzündung und schließlich ein derart starker Juckreiz in der Genitalgegend, dass er sich wund kratzte. Das Ehepaar hatte nach einer traumatisierenden Abklärung und Behandlung wegen Kinderlosigkeit seit Jahrzehnten nicht mehr miteinander geschlafen.

Als Albert gegen fünfzig ging, hatte er eine intime Beziehung zu einer anderen Frau, die er seiner Ehefrau zuliebe wieder abbrach. Dann hörte er zufällig, dass besagte Frau in der Nähe wieder eine Beziehung aufgenommen hatte. Sein Blutdruck ging trotz medikamentöser Einstellung auf die unglaublichen Werte von 250/130 hoch und ließ sich kaum wirksam korrigieren. Als er sich erlaubte, die andere Frau einmal anzurufen, verschwand der Juckreiz in der Genitalgegend sofort. Was konnten wir Albert anderes sagen, als dass er zwar ein treuer Ehemann sei, aber in hoch gefährlicher Art mit seinem Leben spiele. Der Körper fordert seine energetischen Rechte und wird sich nie durch moralische Vorstellungen wirklich davon abhalten lassen. Bei ernsthaften Erkrankungen der Sexualorgane findet man nicht selten eine Unterdrückung der Sexualität; häufig aber auch bei chronischen Darmentzündungen und anderen Störungen im Unterleib. Die sexuelle Not bei Männern ab der Lebensmitte ist eines der großen Tabuthemen unserer Zeit. Wie wir wissen, gibt es bei älteren alleinstehenden Männern einen dramatischen Anstieg der Suizidrate nach der Pensionierung und nach dem Tod der Partnerin (Bundesamt für Gesundheit, Suizid und Suizidprävention 2005).

Die hellsichtige amerikanische Psychiaterin Judith Orloff hat in ihrem Buch »Die Kraft in mir«, eine spirituelle Annäherung an die Sexualität beschrieben: »Es ist Ihr Recht, leidenschaftlich zu leben. Sie verdienen es, jeden Augenblick zu genießen. Leidenschaft ist Ihr Geburtsrecht, und sie ist jederzeit zu erlangen. Sie wartet darauf, von Ihnen angenommen zu werden, in der Sexualität genauso wie in jedem anderen Bereich Ihres Lebens. Aber wie?

Das Geheimnis: Wenn Sie mit dem Herzen das Licht in allen Dingen ›sehen‹, vom Jäten in Ihrem Blumengarten bis zum Liebesakt, dann erblüht die Leidenschaft. Wenn Sie nur mit Ihrem Verstand ›sehen‹, verschwindet dieses Strahlen. Sie haben die Wahl. Ihre Vision von der Welt hängt allein von Ihnen ab« (2004). Dieser Text bringt das Wesentliche einer spirituellen Sexualität zum Ausdruck. Und für Judith Orloff sind es nicht bloß schöne Worte. So wie ich sie kennengelernt habe, lebt sie in dieser Weise und setzt, was sie schreibt, im praktischen Leben um.

Menschen wie Miriam sind derart weit von der Liebe zu ihrem Körper und von der Leidenschaft entfernt, dass solche Sätze nicht bis in ihr Gemüt vordringen können. Es geht für sie darum, Wünsche und Bedürfnisse des eigenen Körpers so weit zuzulassen, damit sie diese anders und nicht mehr nur als zu bekämpfende Schwäche wahrzunehmen vermögen. Kann Miriam solche ersten Schritte des liebevollen körperlichen Genießens zulassen, kann sie vielleicht später auch Leidenschaft in sich – erneut oder erstmals – entdecken. Ich habe Miriam den Hinweis auf den Sex-Blog von Abby Lee gegeben. Sie hatte keine Ahnung davon und noch nie so etwas gehört.

Zoe Margolis alias Abby Lee berichtet, wie der von ihr ins Netz gestellte meistbesuchte Sex-Blog der Welt ihr geholfen hat, sich selbst besser zu akzeptieren. In »Das Magazin« schreibt sie: »Ich merkte, dass ich mit meinen Freundinnen nicht so über Sex sprechen konnte, wie ich mir das wünschte. Ich habe mich lange gefragt, bin ich eigentlich die Einzige, die in der U-Bahn Typen mit engen Jeans auf den Schritt starrt und die sich bei allen netten Männern, die ich kennenlerne, die Frage stellt: »Wie könnte man den vögeln?« (20/2007: 54). Und später im gleichen Artikel sagt sie: »Ich habe durch den Blog erfahren, dass ich nicht das einzige ›girl with a one track mind‹ bin (ein Girl, das nur das eine im Kopf hat). Am Anfang dachte ich, meine Libido sei wohl etwas außergewöhnlich, aber heute weiß ich, dass ich ziemlicher Mainstream bin.«

Das Internet kann wie kaum etwas anderes in unserer modernen Welt zu weiteren Schritten in Richtung Befreiung der Sexualität und in Richtung Ehrlichkeit mit sich selbst verhelfen. Ich lese jedoch häufig Verurteilungen des Internet. Die Medien bringen vorzugsweise Internet-Missbrauchsgeschichten. Manche Psychotherapie kann durch klugen Internetgebrauch erspart oder abgekürzt werden. Abby Lee beschreibt beispielsweise, wie ihr eine Freundin geholfen hat, orgasmusfähig zu werden, indem sie ihr riet, durch Masturbation mit den Händen und einem Vibrator ihren Körper besser zu erforschen. Gleichzeitig äußert sie ihr Erschrecken über die etwa 25 Prozent Frauen, die offenbar in ihrem Leben keine Orgasmusfähigkeit erreichen können. Oder sie diskutiert mit einem Filmautor die Sorgen der Männer um die Penisgröße.

Wahrscheinlich bleibt noch für einige Zeit das Internet der Ort, wo Menschen mit ihren sexuellen Fragen und Nöten am ehesten Antworten erhalten und verständnisvolle Gesprächspartner finden. Dies kann im Internet in einer Offenheit und Intimität geschehen, die von den Sexratgebern der Boulevardzeitungen meist nicht gewagt wird. Diesbezüglich benötigt das Internet ebenso eine Enttabuisierung, beispielsweise was Alter und Sozialstatus betrifft. Es gibt Frauen in mittlerem Alter mit erwachsenen Kindern und gutbürgerlichem, akademischem Hintergrund, die eher verschämt gestehen, in Sex-Chats aktiv zu sein.

Beispielsweise eine Fünfzigjährige: »Ich konnte Dinge fragen und Antworten bekommen, wie das mit meinem Ehemann nie möglich gewesen wäre. Ich musste so alt werden, um die männliche Sexualität in intimerer Weise verstehen zu können.« Allerdings ist die Zahl der Frauen, die wie Miriam finden, das gehöre sich nicht, sehr viel größer. Natürlich gibt es auch Missbrauch im Internet, und diejenigen, die etwas gegen Sex haben, werden in jedem Missbrauchsfall, der bekannt wird, die gesuchte Bestätigung für ihre Meinung finden. Ich ziehe es vor, hauptsächlich auf die positive Seite des Internets zu fokussieren. Viele Menschen getrauen sich auch in der ärztlichen oder psychotherapeutischen Beratung nicht, von sich aus die Themen sexueller Mangel und sexuelle Frustration anzusprechen. Der Zusammenhang mit Energielosigkeit, Depressionen und verschiedensten körperlichen Erkrankungen bis zu Tumoren ist für mich offensichtlich. Das Internet gibt Hoffnung, die sexuelle Befreiung könnte allmählich doch noch vorankommen. Auch die meist religiös begründete Unterdrückung der Frau und ihrer sexuellen Selbstbestimmung über weite Teile der Welt wird am ehesten durch die Informationstechnologie ein wenig aufgeweicht werden können. In meiner Jugend hatten wir natürlich nicht diese technischen Möglichkeiten. Aber wenn beide Eltern außer Haus waren, ging es ins elterliche Schlafzimmer. In Mutters Nachttischchen gab es ein Doktorbuch mit einer schwarz-weiß gezeichneten nackten Frau. Obwohl sie ohne jede aufreizende Pose dastand, hat sie unsere Fantasie kaum weniger angeregt, als es die heutigen Internetbilder tun.

Wir haben in den 1960er Jahren von der sexuellen Revolution gesprochen. Und diese Generation hat tatsächlich einige befreiende Schritte machen können. Wie wir heute sehen, war es keine Revolution – höchstens eine, die in den Anfängen stecken geblieben ist. Nicht nur die Erfahrungen von Abby Lee und von Menschen in den Beratungsstunden sind Belege für die Schwierigkeit, über sexuelle Erlebnisse, Vorstellungen und Fragen offen reden zu können. Noch dramatischer wird es bei allen Formen der vom Mainstream abweichenden sexuellen Ausrichtungen.

Mein Analytiker und Lehrer Medard Boss hatte schon 1947 ein Büchlein herausgegeben mit dem Titel »Sinn und Gehalt der sexuellen Perversionen«. Er hat anhand diverser Therapiefälle gezeigt, wie die sogenannten Perversionen (wie man sie früher bezeichnete) ein Ausdruck von Liebe sind, eine unablässige Suche nach Liebe. Diese Liebe versucht, sich in den Menschen trotz aller Blockierungen doch noch zu manifestieren und zu weiterer Entfaltung zu kommen. Die Libido, diese Lebenskraft, diese Leben erhaltende Kraft lässt nicht locker. Sie versucht immer, sich durchzusetzen, selbst wenn die Menschen noch so leiden. Nirgends bestätigt sich der Satz so deutlich wie hier, dass alles, was man bekämpft, zurückkämpft. Boss war für die damaligen Verhältnisse revolutionär. Seine Haltung bedeutete eine Befreiung von besonderer Qualität, die meine Einstellung zu sexuellen Deviationen oder Paraphilien, wie das heute genannt wird, grundlegend veränderte.

Damals, Anfang der 1970er Jahre, lief selbst die Homosexualität noch unter dem Titel Perversion. Fast alle Variationen sexuellen Erlebens begegnen der Feindseligkeit und dem Hass hauptsächlich der religiös geprägten Bevölkerung. Die Ergänzung zum Büchlein von Medard Boss wurde in einem Film von Mischka Popp und Thomas Bergmann mit dem Titel »Herzfeuer« 1993 ausgestrahlt. Die ARD musste die Ausstrahlung wegen Widerstands verschiedener Institutionen aus dem Hauptprogramm in die Nachtstunden verlegen. Es ist ein ergreifender Film über Variationen von sexueller Liebe. Er zeigt, wie Menschen mit vom Durchschnitt abweichender Sexualpraxis zueinander gefunden haben und mit Sadomaso, Latex, Transsexualität, Transvestismus und anderen sexuellen Ausdrucksformen sich Liebe und Geborgenheit schenken können.

Der Film lässt die seelische Neugeburt von Menschen erkennen, die nach Jahren der Isolation, der Selbstvorwürfe, des Sichausgestoßen-Fühlens einen Partner oder eine Gruppe gefunden haben, in der ihre Neigung geteilt und beantwortet wird. Sie erfahren Liebe. Sie können anfangen, sich selbst zu lieben, weil sie nicht mehr allein sind und sich nicht mehr so abnormal empfinden. Dies sollte auch die Hauptbotschaft des Christentums sein. Es sind meistens Mitmenschen, denen wir irgendwann begegnen, die uns ermöglichen, bei uns selbst Versöhnung und Frieden zu finden. Wie sehr müssen jene selbst in ihren Liebesmöglichkeiten blockiert sein, die solche Menschen mit abweichender Sexualpraxis im Namen eines Gottes verurteilen.

Daher, ich wiederhole es, sind die Jugendlichen, die missbrauchen, ein Symptom, das uns die aggressive Einstellung gegenüber der Lebenskraft in unserer Kultur spiegelt. Und weil es sich um eine derart starke Kraft handelt, nehmen auch die Bekämpfungsmaßnahmen ungewöhnliche Form und Stärke an. Ein Redakteur eines deutschen Magazins für evangelikales Christentum hat in einem Interview erwähnt, die sexuelle Unkeuschheit sei in der Bibel gleichgestellt mit Geiz und Alkoholsucht. Er frage sich, warum man so intensiv alles Sexuelle verfolge und verdamme, während man an Geiz und Alkoholmissbrauch in den gleichen Gruppen kaum interessiert sei. Einzig was man in sich selbst stark bekämpft, muss man im Außen heftig verfolgen. Auf einer tieferen Ebene sind wir alle in einem gemeinsamen Bewusstsein verbunden.

Pädophilie ist ein besonders heikles Thema. Man wagt kaum, darüber zu schreiben. Es geht nicht darum, die Pädophilie zu bagatellisieren. Ich äußere mich auch nicht dazu, wie man mit den Tätern umgehen soll und wie man die Kinder am besten praktisch schützen kann. Aber wir müssen uns im Klaren sein: Die Libido wird durch das Thema Sexualität immer aktiviert. Sie strebt immer ihrem Ziel entgegen, gemeinerweise ohne Ansehen der Person und der moralischen Gebote. Das jeweils riesige Medieninteresse zeigt, wie sehr das Thema die Menschen anspricht, wie sehr die Libido bei den Menschen aktiviert wird.

Der wohl eindrücklichste Fall hat sich jüngst in Rignano Flaminio, Italien, ereignet. In ganz Europa wurde über den sogenannten Pädophilen-Skandal berichtet, bei dem sechs Verdächtige inhaftiert wurden. Kaum eine Zeitschrift oder Fernsehanstalt, die nicht Journalisten vor Ort schickten. Nicht nur von Pädophilie war die Rede, auch andere zugkräftige Reizwörter wie Satanismus, Vergewaltigung und Internet wurden erwähnt. Das Thema Kindsmissbrauch regt nun einmal die Fantasie und gleichzeitig deren Abwehr bis zu Hass und Ekel ungemein an. Im Ort selbst spaltete sich die Bevölkerung in die Schuldüberzeugten und die Unschuldsvermuter, welche sich mit Demonstrationen und Gegendemonstrationen Gehör zu verschaffen versuchten. Als überraschend fünf der sechs Verhafteten freigelassen wurden, war das den internationalen Medien kaum mehr einen Bericht wert; bestenfalls eine kleine Randnotiz, denn in dieser Information steckte keinerlei »Kick« mehr. Wenn wir uns diese Zusammenhänge in Bezug auf uns selbst eingestehen könnten, würde schon Heilung und Entspannung beginnen. Unser Umgang mit diesem Thema ist so, wie wenn wir auf dem Desktop ein uns nicht passendes Symbol löschten, die Software aber unsichtbar weiterhin vorhanden und aktiv ist. Wir täuschen uns über uns selbst.

In den USA ist man dazu übergegangen, die Adresse von Kinderschändern zu veröffentlichen. In Maine wurden daraufhin zwei

Männer von der Bevölkerung umgebracht. Einer davon war ein neunzehnjähriger Junge, der mit seiner fünfzehnjährigen Freundin intimen Verkehr hatte und das mit dem Leben bezahlen musste. Die Journalistin eines schweizerischen Regionalblatts hat mit Rückendeckung des Chefredakteurs in einem Beitrag zur Pädophilie gefordert, man müsste den Tätern den Penis abschneiden, sie ausgiebig foltern und schließlich töten. Warum brauchen wir diese öffentliche Verdammung, die jederzeit in Volksjustiz wie in den USA entarten könnte?

Man kann nur hoffen, dass die Medien trotz des prickelnden Potenzials, das in öffentlichen Verurteilungen steckt, dieser Versuchung stärker widerstehen. Wir haben eine effiziente Polizei mit guten Aufklärungsmethoden und ebenso gute Gesetze und gute Gerichte. Der allgemeine Druck und die Stigmatisierungen gegenüber der Pädophilie werden weiter zunehmen und dadurch die Fälle von Kontrollverlust mit schrecklichen Folgen vermutlich auch. Je mehr Panik und Verurteilung in der Öffentlichkeit zunehmen, desto mehr werden die Täter bei Übergriffen in Panik geraten und das Leid vergrößern. Überlassen wir die Verurteilung beziehungsweise die Anwendung der Gesetze den Richtern. Bleiben wir uns bewusst, dass auch diese Täter am gemeinsamen Bewusstsein teilhaben.

In der Schweiz wurde die sogenannte Verwahrungsinitiative von der Bevölkerung angenommen, nach der gewisse Sexualstraftäter lebenslang ohne neue Prüfung ihrer Gefährlichkeit verwahrt werden können. Nach der Annahme verlangten gewisse Politiker weitere Schritte, da die Zahl der gemeldeten Fälle ständig zunehme (was aber statistisch anscheinend nicht bestätigt wird). Offenbar hätte die Verwahrung nicht genügend abschreckende Wirkung, wurde argumentiert. Bei meinen Ausführungen geht es genau um diese Frage. Aus spiritueller Sicht, wonach das Bewusstsein der Menschen auf einer tieferen Ebene eins ist, kann durch Verwahrung keine wirksame Abschreckung erreicht werden. Der Sinn der Verwahrung liegt in der höheren Sicherheit für die Bevölkerung. Die Abschreckung der Täter ist eine Illusion, weil die Sexualkraft sich wehrt und früher oder später mindestens kurzzeitig die Kontrolle bei entsprechenden Menschen übernimmt. Die Kraft, die wir hier bekämpfen, hat die Verantwortung dafür, dass das Leben auf der Erde weitergeht. Sie wird sich mit allen Mitteln wehren und eben in ihrem Vorwärtstrieb weder nach Aussehn der Person noch entlang irgendwelcher moralischer oder juristischer Leitgedanken wirken. Dies ist Aufgabe der anderen Instanzen in unserer Person. Diese werden aber überlistet, sobald die Lebenskraft zu sehr unterdrückt wird. Ihr wichtigstes Ziel ist die Fortpflanzung durch sexuelle Vereinigung.

Ich frage mich, ob Jesus das gemeinsame Bewusstsein von Opfern, Tätern und Gerechten im Auge hatte, als er riet, niemanden zu richten und seine Feinde zu lieben. Vielleicht hat er wirklich das letztlich Nutzlose des üblichen Tuns durchschaut. Es sei nochmals betont, damit sind überhaupt nicht der bestmögliche Schutz der Bevölkerung und die Anwendung der staatlichen Gesetze in Frage gestellt. Verdrängte Kräfte kommen fast immer bei den Schwächsten zum Durchbruch. Eben bei Jugendlichen oder Personen mit einer unsicheren Kontrolle. Eigentlich wissen wir das seit Freud. Es ist kein Zufall, dass amerikanische Politiker, die sich besonders im Kampf gegen Homosexualität und Pädophilie profilierten, schließlich als heimlich Praktizierende des von ihnen Bekämpften enttarnt wurden. Ebenso wenig sind die pädophilen Übergriffe in der Priesterschaft Zufall.

Es gab nur wenige Bücher, die so viel Aufsehen erregt haben, wie »Lolita« von Vladimir Nabokov. Die Kritiker waren entsetzt über die sehr freizügige Darstellung sexueller Szenen mit einer Minderjährigen in einer Zeit, als auch unter Erwachsenen kaum in dieser freizügigen Art über Sex gesprochen wurde. Der Roman hat es trotzdem oder gerade deshalb geschafft, eines der bekanntesten Werke der Literatur zu werden. Als Nabokov das Unaussprechliche zur Sprache brachte, fing man an, über das Thema zu reden. Doch das offene Reden wurde nicht zu Ende geführt. Wir haben die Selbstreflexion weiterhin der Verleugnung und dem Versuch der Repression geopfert.

Wollte man alle Themen unterdrückter und verdrängter Sexualität ansprechen, würde die Liste sehr lang. Was noch wenig diskutiert wird, sind die Veränderungen der Sexualität durch den Gebrauch von Kondomen mit dem entsprechenden Lustverlust. Ein Thema, das von Anti-Aids Organisationen fast gänzlich totgeschwiegen wird. Nur Ehrlichkeit könnte unterstützend sein, und Ehrlichkeit würde zu einer nicht verurteilenden, spirituellen Einstellung gehören.

Das Thema Frau mit jüngerem Partner ist kaum andiskutiert, obwohl finanziell unabhängige, prominente Frauen die ersten Schritte gewagt haben. Frau mit jungem, finanziell unterstütztem Freund beispielsweise in Afrika ist, obwohl es nicht so selten vorkommt, fast gänzlich der Verschwiegenheit anheimgegeben. Untersuchungen legen uns nahe, dass ein Drittel bis zur Hälfte der reiferen Frauen an sexuellem Mangel leiden.

Das Thema ältere Männer mit jungen Frauen wird zwar diskutiert, allerdings nicht von den Betroffenen selbst. Meist geschieht es abwertend, spöttisch oder verurteilend. Anders wäre es kaum zu erklären, dass die junge Freundin eines in der Gesellschaft bekannten Mannes immer wieder als früheres Erotikmodel bezeichnet wird. Es steckt auch da der Kick drin. Es gab sogar Kommentare wie: »Wie kann sich ein Mann nur so lächerlich machen?« Immerhin stand in der »Weltwoche« auch: »Die gute Gesellschaft ist irritiert. Jeder ehrliche Mann versteht ihn.« Auch da mischen sich Abwehr, vordergründige Verachtung mit hintergründiger Faszination und Neid. Es hat vermutlich auch mit der generellen Abwertung des Materiellen zu tun, wenn Geld als erotisches Stimulans und Liebeselixier abgewertet wird. Aber Geld und Status ist bei Männern nun mal sexy, und vielleicht auch bei Frauen.

Noch übler wird das Geld als Vermittler der sexuellen Erfüllung bei der Prostitution verurteilt. Die Ächtung der Freier ist noch viel stärker als die der anbietenden Frauen. Es ist ein deutlicher Fortschritt, dass einige betroffene Frauen überhaupt einen »Welthurentag« ins Leben gerufen haben, auch wenn er kaum bekannt ist. Die soziale Sicherung der Sexarbeiterinnen ist ein dringendes Anliegen. Nur wird kaum thematisiert, wie sehr die Not dieser Frauen und der Frauenhandel in der gesellschaftlichen und moralischen Ächtung der bezahlten Sexualität ihre Ursache haben. Solange die Sexualität versklavt bleibt, wird es auch Sexsklavinnen geben. Und die Männer? Man könnte sehr viel für die Gesundheit der Männer weltweit tun durch die Aufhebung von Ächtung und Verurteilung der Freier. Dass Betroffene selbst derartiges vorschlagen, wie das die Prostituierten getan haben, ist nicht zu erwarten. Der soziale Tod derjenigen, die sich outen würden, wäre vorbestimmt. Es wird kaum gelingen, die Prostitution aus dem Dunstkreis von Ausbeutung und Gewalt zu befreien, solange nicht die Ächtung der Freier überwunden ist. Ich hoffe noch zu erleben, dass die WHO einen »Weltfreiertag« proklamiert und damit für mehr Wohlergehen ebenso vieler Frauen wie Männer sorgt. Viele Fortschritte in Bezug auf Gesundheit und Freiheit haben als Utopien begonnen.

Eigentlich dürfen wir uns freuen über die Stärke der Lebenskraft, die sich auf keine Weise definitiv verdrängen und unterdrücken lässt. Unser Überleben hängt davon ab. Gibt es heute noch irgendeinen Grund, welcher der Vernunft standhält, anderen Menschen vorzuschreiben, wie sie ihre Sexualität zu leben haben, solange sie niemandem schaden? Warum soll nicht jedem Menschen die Freiheit zugestanden werden, seinen eigenen Weg der sexuellen Erfüllung zu finden und die darin enthaltenen spirituellen Möglichkeiten im glücklichen Fall zu entdecken? In der »Basler Zeitung« vom 1. Oktober 2007 äußerte eine Prostituierte mit dem Namen Katarina, sie möge den Beruf, weil es der ehrlichste sei und man es zu 99 Prozent mit netten Menschen zu tun hätte. Und wenn die Menschen immer so miteinander umgehen würden, hätte man das Paradies auf Erden. Mögen doch die Menschen, die so sehr das christliche Liebesgebot verkünden, sich diese Zeilen zu Herzen nehmen. Richard Dawkins hat in seinem hypothetischen Entwurf von neuen Zehn Geboten eines davon so formuliert: »Erfreue dich an deinem eigenen Sexualleben (solange es keinem anderen Schaden zufügt) und lass andere sich des ihren ebenfalls erfreuen, ganz gleich, welche Neigungen sie haben – die gehen dich nichts an« (Dawkins 2007: 367).

Ich habe mich oft gefragt, was geschehen würde, wenn deutliche Beweise dafür gefunden würden, dass Jesus verheiratet war und Kinder hatte, wie das Dan Brown im Roman »Der Da Vinci Code« beschreibt. Oder man fände heraus, dass er nicht zu den Prostituierten ging, »um ihnen ihre Würde zurückzugeben, indem er mit ihnen aß«, sondern indem er auch ihre Dienste in Anspruch nahm. Wenn er wirklich ein Mensch war und überragende Weisheit und Durchblick besaß, kann er kaum die Lebenskraft verkannt und unterdrückt haben.

Martin Scorseses Film »Die letzte Versuchung Christi« rief international wütende Proteste hervor, obwohl der Regisseur die Versuchung Jesus' nur als Fantasie in den letzten Momenten vor dem Kreuzestod dargestellt hatte. Sogar ein Brandanschlag auf ein französisches Kino wurde verübt. Eine entsprechende Kritik behauptet, der Film »verfehle den zentralen Aspekt des christlichen Glaubens, die erlösende Anteilnahme Gottes am existenziellen Sein der Menschen« (Wikipedia). Es ist mir unverständlich, wie man vom existenziellen Sein des Menschen sprechen kann und gleichzeitig die entsprechende Person als asexuelles Wesen darstellt. Unlängst hatten wir die internationalen Dispute wegen der Mohammed-Karikaturen und es wurde von den Muslimen Toleranz ähnlich wie in unserer westlichen Gesellschaft gefordert. Ist diese Toleranz bei uns wirklich größer? Kann ein Karikaturist es sich leisten, Jesus mit einer Geliebten oder gar Prostituierten im Arm zu zeichnen? Gäbe es wieder Brandanschläge wie auf das französische Kino? Die katholische Volkspartei, eine politische Splittergruppe, fordert ja eine Verschärfung der Rassismusstrafnorm, um den Papst, Maria und die Heiligen vor Spott zu schützen. Ohne Freiheit gibt es keine Liebe, nicht nur was die Sexualität angeht. Die Sexualität braucht die Liebe nicht unbedingt; jedenfalls nicht in jedem Lebensalter. Woher kommt die Forderung, die Sexualität müsse sich immer mit der Liebe vergesellschaften? Ich könnte nie glauben, diese Forderung sei besonders gottgefällig. Aber in Freiheit ist die Chance am größten, dass sich Sexualität und Liebe zusammentun und gemeinsam wachsen.

Hingegen würde ich die Behauptung vorbehaltlos unterstützen, die Liebe müsse immer mit der Freiheit vergesellschaftet sein, um ihre Kraft wirken lassen zu können. Ich kann mich deutlich an das Gefühl der Befreiung, der Freude, der Leichtigkeit und der inneren Kraft erinnern, als ich zwischen siebzehn und zwanzig Jahren den Zusammenhang zwischen Freiheit und Liebe erkannte. Alle Liebe, die nicht aus der Freiheit entsteht, hat bereits ihre göttliche Qualität verloren. Sie hat keine wirkliche Kraft. Sie ist nur ein Abklatsch von Liebe. Die Qualität jeder Entscheidung und jedes Gefühls ist von dieser Liebe und dieser Freiheit abhängig. Allem, was in dieser Hinsicht aus Angst vor Strafe, aus Schuldgefühlen, aufgrund moralischer Gebote oder Ähnlichem entsteht oder provoziert wird, fehlt die göttliche Qualität. Der Grund für die Liebe und für Liebestaten mit heilender Qualität ist die Liebe selbst. Kein Gebot, keine Strafandrohung kann etwas zum Glanz der Liebe hinzufügen; sie können immer nur wegnehmen, beschränken, begrenzen, erniedrigen. Jesus von Nazareth wird zitiert, wie er die Liebe anpreist und empfiehlt. Ich kann das als Empfehlung und Ratschlag begreifen, nie als Gebot oder Vorschrift. Ich traue ihm zu, dass er wusste, dass alle befohlene Liebe keine Liebe mehr ist. Ein Versuch zur Liebe aus Angst vor Strafe taugt nichts. Sie wäre nicht mehr kraftvoll genug, die ganze Schöpfung voranzubringen. Ich behaupte, die Welt würde keinen Deut besser, wenn jemand aus Angst vor Strafe sein Vermögen den Bedürftigen schenken würde. Hier begegnen wir einem seltsamen Paradox. Die göttlich freie Liebe jedes Geschaffenen kann vermutlich nur in der Gottferne erkannt werden. Wir haben uns wohl vom Göttlichen scheinbar abgetrennt, weil wir die höchste Form der Göttlichkeit als eigenständiges Bewusstsein, als Individuum erkennen und erleben wollten.

Möglicherweise haben Atheisten die bessere Chance, die wahre Qualität der Liebe zu erkennen. Sie sind nicht in Gefahr, aus Angst vor einer ewigen Verdammnis und Ähnlichem sich zu einem Abklatsch von Liebe zu bekennen. Sie haben die Chance, den unauslotbaren, göttlichen Glanz der Liebe um der Liebe selbst willen zu begreifen. In den intensiven Jugendjahren der Auseinandersetzung war dies meine entscheidende Erkenntnis: Der bedingungslosen Liebe höchste Würde und höchste Kraft, eine freie, göttliche Spiritualität kann nur von Atheisten oder von Heiligen erkannt werden, die jede Form von Dogmatismus durchschauen und jede Angst vor Strafe verloren haben.

Welch ein Glück für einen Maturanden Anfang der 1960er Jahre, ein Buch wie »Die Pest« von Albert Camus zu finden und lesen zu können. Was auch immer die Rezensenten und Interpreten schrieben, mein Verständnis dieses Werkes war klar und gab mir Kraft und Hoffnung: Der Arzt und Atheist Rieux hat in seinem Herzen die Liebe gefunden. Kein Gebot, keine Angst vor Strafe, einfach seine Erfahrung aus Herz und Verstand hat in der von ihm als absurd empfundenen Lebenssituation die Liebe aufbrechen lassen. Deshalb war und blieb er gesund. Pater Paneloux lebte in der Angst vor der Strafe Gottes und unter dem Befehl zur Liebe. Darum war er verpestet und starb auch an der Pest. Die Pest unserer Welt, so verstand ich die Hauptaussage und verstehe sie immer noch, ist die Angst vor Strafe, die jede Liebe entkräftet und sie ihres göttlichen Glanzes beraubt. So gelangte ich zur paradoxen Einsicht, wonach die zeitgemäße Spiritualität eher bei Atheisten gefunden werden könnte. Die Religionen, die einen strafenden Gott postulieren, haben die Chance vertan, diese göttliche Liebe aufscheinen zu lassen. In einer solchen Straf-Verpackung ist sie von Grund auf verpestet. Ich staune über die Genialität und Spiritualität von Camus, der für diese Ausprägungen das Bild der Pest gefunden hat. Im Unterschied zu den Figuren im Roman von Camus erkennen wir in unserem Leben die Verpestung oft nicht mehr, und wir realisieren nicht, welche Todesprozesse dadurch schon stattgefunden haben. In meinem Verständnis hat Jesus mit seinen Worten, man solle die Toten ihre Toten begraben lassen, deutlich darauf hingewiesen. Verstorbene können nicht gemeint sein, also muss er Menschen gemeint haben, die geistigseelisch tot sind.

Ein weltweiter spiritueller Aufbruch ist ohne das Erkennen der Göttlichkeit unserer Sexualität kaum denkbar. Der häufige

Zusammenhang von unterdrückter Sexualität und Unterdrückung der Frauen ist bekannt. Die befreite, dem Leben verpflichtete Sichtweise wird heißen, alle Verunglimpfungen und negativen Zuschreibungen fallen zu lassen. Es wird volle persönliche Respektierung und Freiheit bedeuten für alle Frauen und Männer, für Homosexuelle und viele andere Gruppierungen, deren sexuelle Ausrichtung nicht dem Mainstream entspricht. Die befreite Sexualität wird in besonderem Maße Ausdruck sein für die volle Würde und den vollen Respekt, den Menschen verschiedenster sexueller Ausrichtung genießen, frei von religiös bedingter Unterdrückung und religiös motiviertem Hass.

Die Befreiung der Sexualität kann auf vielen Kanälen fortschreiten. Oft wird eine Sexualisierung des öffentlichen Lebens in den Medien beklagt. Diese sogenannte Sexualisierung ist bereits Ausdruck eines Mangels, einer mangelnden Integration der Sexualität im Leben sehr vieler, wahrscheinlich der Mehrheit der Menschen. Die modernen Medien spielen eine wichtige und oft durchaus positive Rolle, von der Boulevardpresse über die People-Magazine bis zum Fernsehen. Auch die Werbung hat eine wohltuende und befreiende Wirkung, indem sie die Wichtigkeit und Ansprechbarkeit auf Erotik, Sexualität und Schönheit erkennt und stärkt. Die Werbung ist auf ästhetisch ansprechende Bilder angewiesen. So vermittelt sie eine aufeinander abgestimmte Kombination erotischer und ästhetischer Impulse. Der Sinn für Schönheit wird gestärkt. Leider erlauben sich manche Menschen nicht, solche alltägliche erotische und ästhetische Werbung zu genießen, auch wenn eine entsprechende Stimulation ihrer seelischen Befindlichkeit und körperlichen Gesundheit nur guttäte.

Alice Schwarzer findet, junge Frauen machten sich lächerlich, wenn sie sich entsprechend der heutigen Mode attraktiv kleiden (NZZ, 21.10.07). Man könne ja nur für kurze Zeit den »sexy Schmollmund ziehen«. Steckt da nicht gerade die Verachtung der Frauen drin, die Alice Schwarzer im gleichen Interview anprangert? Auch der »sexy Schmollmund« ist nicht lächerlich und braucht keine Verachtung. Jeder Mensch entscheidet selbst, wann seine Würde verletzt wird. Da sollte Alice Schwarzer genauso zurückstehen mit Urteilen über andere, wie wir dies von den Religionen erhoffen. Diese Erfahrung kann ohne Respekt und Freiheit nicht gewonnen werden. Die sexuelle Kraft als schöpferische Energie voll zu respektieren und zu leben, würde einen machtvollen Schritt zu einer allgemein wieder erwachten Spiritualität bedeuten und hätte sehr viel mit der Befreiung der Frauen zu tun. Und eine solche Haltung würde viel zur Eindämmung von Missbrauch beitragen.

Ich schließe dieses Kapitel mit ein paar Zeilen von Judith Orloff: »Sie gewinnen an innerer Kraft, wenn Sie Sexualität so verstehen, dass sie eine intuitive Lebensweise fördert und Ihr ganzes Wesen mit Leben erfüllt. Sie ist ein Mittel, um energetische Offenheit in Ihrem Inneren, im Umgang mit anderen und mit Gott zu erreichen.

Liebe schafft in uns ein Gefühl von Fülle und Verbundenheit. Aus Erfahrung weiß ich, dass es sich lohnt, dafür zu kämpfen. Dennoch habe ich festgestellt, dass der Weg zur Erweckung der Sexualität nicht immer gerade verläuft. Als Frau musste ich mich erst mit dem Gedanken vertraut machen, dass ich viele Facetten meines Wesens gefahrlos zum Ausdruck bringen konnte. Das braucht Zeit. Intuition, Sexualität und Spiritualität, nach und nach begannen sie sich zu einem wunderbaren Gewebe zu verflechten« (Orloff 2004: 333).

Geld und Lebensfreude

Kürzlich diskutierte ich mit einem gebildeten Mann, der sich beruflich mit Büchern befasst, über unser Gottesbild. Ich sprach von der *spiritualité sans Dieu* (André Comte-Sponville), einer Spiritualität, die das Göttliche in allem sieht, nicht aber an einen Überwacher-Gott glaubt. Ich erwähnte einmal mehr das überall vorhandene Informationsfeld, das man auch Urgrund der Liebe nennen kann, auf dessen Einwirken nach meiner Meinung die Schöpfung zurückgeht. »Wenn wir den persönlichen Gott beispielsweise der Christen aufgeben, wird unser Gott schließlich Dollar heißen«, fasste er seine Überzeugung zusammen. Dies ist eine sehr verbreitete Meinung. Sie beruht auf der Überzeugung, der Mensch sei von Natur aus gierig und unersättlich. Es ist eine analoge Situation wie bei der Sexualität. Man unterdrückt ein Bedürfnis, und die starke Reaktion des Unterdrückten lässt in uns die Angst entstehen, die entsprechenden Kräfte würden außer Kontrolle geraten. Ich teile diese Ansicht nicht. Es gibt Kontrollverluste, aber in der Mehrheit der Fälle ist dies bereits die Reaktion des Unterdrückten. Spirituelle Quellen behaupten, wir würden auf der Erde hauptsächlich in einem Armutsbewusstsein leben. Für diese Behauptung findet man viele Bestätigungen. Das Armutsbewusstsein kann man auch als Fokussierung auf den Mangel bezeichnen. Wer auf den Mangel starrt und überzeugt ist, es hätte insgesamt nicht genug für alle, wird Gier entwickeln, und dann verhält er sich so, dass tatsächlich Mangel entstehen kann. Das lässt sich bereits bei kleinen

Kindern, ebenso in der Tierwelt beobachten: Sobald das Gefühl aufkommt, es herrsche Mangel, beginnt ein erbitterter Kampf um das Vorhandene, und man ist plötzlich überzeugt, es hätte zuwenig.

Dasselbe kann man auch bei Erwachsenen sehen, beispielsweise bei gewissen Verkaufsaktionen. Jeder gute Verkäufer weiß, dass seine Geschäfte florieren, wenn er die Meinung verbreiten kann, ein begehrter Artikel sei bald nicht mehr zu haben. Aus der Angst vor Mangel kommen aber nicht nur die Gier und der Überlebenskampf, sondern auch das Festhalten, das Horten. Wir können sowohl als Arme wie als Reiche im Mangelbewusstsein leben. Niemand kann aber, unabhängig von Einkommen und Vermögen, wirklich am Vertrauen gehindert werden, es habe genug oder gar Überfluss. Wir finden im Außen unseren inneren Zustand gespiegelt. Wenn wir das im irdischen Leben naturgegebene Haben-Wollen beziehungsweise die Freude am Haben und Wollen in uns bekämpfen, wird als Reaktion die Angst, zu wenig zu haben, entstehen. Gerade heute ist die Menge des Geldes sehr relativ und von unserer Einschätzung abhängig. Das können wir jetzt vielleicht besser einsehen, als zu Zeiten, da Geld noch in realem Substanzwert gegeben werden musste. Heute existiert Geld fast ausschließlich als bloße Information. Es sind Informationen in den Geldinstituten in Form von Kontozahlen, Wertpapieren der verschiedensten Art und schließlich als Geld in Form von Noten und Münzen. Letztere Art des Geldes macht nur noch einen kleinen Bruchteil der vorhandenen Geldmenge aus, und auch die hat keinen realen Substanzwert, sondern bildet ein Symbol für realen Wert. In Deutschland soll der Geldwert in Form von »Information«, also ausschließlich in Zahlen, siebzehnmal größer sein als tatsächlich im Umlauf sich befindendes Geld in Form von Noten und Münzen. Auch bei Normalverbrauchern ist heutzutage in der Regel mehr Geld in Form von reiner Information als in Noten und Münzen vorhanden. Wir haben meist mehrere Kreditkarten von Banken und Firmen, Kontoauszüge, aber auch Kontrakte wie Arbeitsverträge sowie Kaufs- und Verkaufsdokumente, die genau genommen Geldwerte darstellen, aufgrund deren wir beispielsweise Kredite erhalten.

Allerdings spielt in vielen Fällen eine menschliche, subjektive Einschätzung bei einer Kreditvergabe eine wichtige Rolle. Ich habe bereits vom nicht lokalen Bewusstsein geschrieben, das in uns wie auch außerhalb und unabhängig von Raum und Zeit vorhanden sei. Und alles Materielle ist ebenfalls Energie und Information beziehungsweise Bewusstsein. Unmerklich hat sich das Geld, das in der materiellen Welt eine besondere Rolle spielt, unserem neuen Wissen über den Aufbau der Welt angepasst und ist auch teilweise nicht lokal geworden. Wo ist das Geld nun tatsächlich? Auf unserer Kreditkarte, auf der Bank, auf der Zentralbank eines Landes? Oder ist es bei einer internationalen Organisation oder überhaupt nur in unseren Köpfen? Es ist ähnlich wie mit den vielen übrigen Informationen, die sich derzeit in der Welt ausbreiten, insbesondere durch das Internet. Bewusstsein, Informationen und Geld sind heute weitgehend überall und gleichzeitig nirgends. Information, das wissen wir, lässt sich auf eine Art beliebig vermehren und auf alle Computer und in alle Bewusstsein der Welt verbreiten. Überall kann sie ihre Wirkung ausüben; Information folgt anderen Regeln der Vermehrung und Verbreitung als beispielsweise Gold und Silber. Das heute international verbreitete Geld folgt stärker den Vermehrungsregeln der Information als denen von Gold und Silber. Geld existiert heute bereits mehr auf einer geistigen oder virtuellen Ebene, entfaltet aber ständig eine Wirkung in die materielle Welt hinein. Geld ist zu einer der wichtigsten Kräfte unserer weiteren Evolution geworden. Es vermittelt die Energien, indem es einem natürlichen Gefälle folgend dorthin fließt, wo es wirken kann und wo ein gutes Verhältnis von Gewinnchance und Verlustrisiko vorhanden ist. Es geschehen ständige Bewertungen durch die Geldflüsse, vergleichbar dem Selektionsprozess bei der Evolution in der Natur. Wie dort werden neben den unvermeidlichen Irrtümern, die zu jeder irdischen Evolution gehören, hauptsächlich die guten und hoffnungsvollen Entwicklungen gestärkt. Der vor Jahrmillionen von der Natur erfundene Evolutionsvorgang findet in der Menschenwelt seine Fortsetzung. Und das Geld ist dafür eine Art Nährboden oder Schmiermittel. In diesem Sinne ist es dem Wasser oder noch mehr dem Blutkreislauf vergleichbar. Der Blutkreislauf bringt die lebenswichtigen Energiereserven und Stoffe bis in kleinste Verzweigungen dorthin, wo sie gebraucht werden.

Die moderne Form des Geldes, eben Information, ist, wie heutige Information generell, unglaublich schnell und flüssig. Nicht nur Nationalbanken und internationale Institutionen, sondern wir alle haben großen Einfluss darauf, ob es mangelhaft oder im Überfluss vorhanden ist. Manche mögen einwenden, die Geldmenge müsse tatsächlich materiell vorhandenen Gütern entsprechen. Das ist nur scheinbar so. Zwischen Geld-Information und Gütern besteht ein absolut flexibles Verhältnis. Wir alle erfahren das besonders deutlich in den Supermärkten mit ihren Aktionen. Die Geldmenge, die für ein bestimmtes Produkt ausgegeben und eingenommen wird, ist nicht fix. Ähnliche Vorgänge kennen wir auch von der Börse.

Diese Flexibilität kann am Beispiel der schweizerischen Uhrenindustrie noch eindrücklicher illustriert werden. Ende der 1980er Jahre lag diese Industrie vollständig am Boden. Zwar waren das Wissen und die Infrastruktur noch weitgehend vorhanden. Die Banken hätten auch das Geld gehabt, um Kredite zu geben. Aber die Banker bewerteten das, was an Know-how und Einrichtungen vorhanden war, derart schlecht, dass sie kein Geld mehr dafür riskieren wollten. Nicolas G. Hayek, der die Industrie schließlich aus der Krise rettete, beschreibt das so: »Auch die meisten Banken hatten die Hoffnung aufgegeben. Alle wichtigen Uhrenchefs lamentierten, die Schweiz sei eben einfach zu teuer. Eine mehrsprachige Sekretärin in Biel koste mehr als ein technischer Direktor in Japan. Deshalb seien wir unter gar keinen Umständen mehr in der Lage, mit den Japanern zu konkurrieren. Also sollten sukzessive alle Betriebe stillgelegt werden« (Hayek 2005:60).

Hayeks Antwort auf diese allgemeine Resignation aber war: »Der schlafende Gigant muss geweckt werden.« Kraft seiner Vision der neuen Uhr (Swatch) hat er also das Verhältnis von vorhandenen Gütern und dem zugeschriebenen Geldwert ganz anders gesehen als die Manager und die meisten Banken. Deshalb sagte er bei einem Treffen des Steuerungsausschusses: »Okay, wenn Ihr Bankiers die neun Millionen Franken nicht aufbringen wollt, um die Swatch auf den Markt zu bringen, dann zahle ich sie aus meiner eigenen Tasche, kriege aber in diesem Fall einen Teil des Gewinns oder des Umsatzes« (Hayek 2005: 74).

Dieses berühmte Beispiel von Hayek und der Swatch zeigt sehr schön, wie flexibel, man könnte auch sagen relativ, das Verhältnis von vorhandenen Gütern und zugeschriebener Geldmenge ist. Die Banker sahen den Mangel, Hayek sah die Fülle, oder anders gesagt, das Potenzial. Indem Hayek den Geldwert geistig schon sah, konnte er den Geldwert des Vorhandenen unglaublich vermehren, und damit zog auch die Güterproduktion wieder an. Ich behaupte, diese andere Sichtweise hat mit der Lebensphilosophie und vor allem Geldphilosophie von Hayek zu tun. Geldmengen sind in großem Maße von unserer Fantasie und Vorstellungskraft abhängig. Es entsteht eigentlich in unseren Köpfen. Abhängig von dem, worauf wir fokussieren. Man könnte sagen, die Geldmenge sei letztlich Ausdruck unseres Vertrauens zur Materie. Ich habe bereits Steve Jobs, den CEO von Apple, erwähnt und die Bedeutung, die man ihm für das Silicon Valley zuschreibt. Nicolas G. Hayek ist in diesem Sinne der Steve Jobs der Schweiz mit der entsprechenden Bedeutung für das »Watch oder Swatch Valley«, also für den Schweizer Jura mit der traditionellen Uhrenindustrie.

Es lassen sich durchaus noch andere Parallelen finden, die für das Verständnis des finanziellen Erfolges dieser Männer wie Jobs und Hayek und für das Verständnis der spirituellen Seite des Geldes hilfreich sind. Beide setzen ihren Ehrgeiz ein, um Produkte zu schaffe, die von den Menschen geliebt werden, die schön sind und Freude machen. Sie scheinen beide daran Freude zu haben, die Konkurrenz hinsichtlich der Schönheit der Produkte zu übertreffen. Interessant ist, was die hellsichtige Anouk Claes dazu sagt. Sie behauptet, sie könne sehen, wie ein Produkt umso mehr strahle, je mehr die Verantwortlichen der entsprechenden Firma hinter dem Produkt stünden oder es gar liebten. Dieses Strahlen nähmen die Menschen meist unbewusst wahr und wählten unter anderem auch darum dieses Produkt. Von besonderer Bedeutung sei nach ihrer Beobachtung dabei der oberste Chef einer Firma.

Weit verbreitet sind negative Urteile über das Geld. Meist laufen zwei Auffassungen zusammen. Erstens: Geld mache nicht glücklich, zweitens: Geld habe auf Menschen generell einen schlechten Einfluss beziehungsweise bringe die ohnehin vorhandenen schlechten Seiten des Menschen noch mehr zum Vorschein. Die Menschen könnten nur durch Angst vor Bestrafung zu einem anständigen Leben angehalten werden. Schon Kindern wird beigebracht, Geld sei für alles Übel dieser Welt verantwortlich. So liest man von Neunjährigen, man müsse das Geld abschaffen, um eine bessere Welt zu bauen. Aber auch viele Erwachsene verbreiten diese Meinung. Ich zitiere, ohne den Autor zu nennen: »Wenn man etwas über die Kultur eines Landes erfahren will, dann muss man nur ersehen (…) ob es ein anderes Gesetz als dasjenige des Geldes gibt. Wo das fehlt, kann es keine Kultur geben. Dann ist es nur das Recht des Stärkeren, welches sich durchsetzen kann. Die Gesetze des Geldes sind nichts anderes als eine andere Art des Faustrechtes. Der Vulgär-Darwinismus.« Dieser Autor ist überzeugt, der Mensch sei von Natur aus schlecht und unsolidarisch und das Geld schaffe die Gelegenheit, das auszuleben. Dies ist eine Sicht, die hundertprozentig auf dem Mangelbewusstsein basiert.

Weit verbreitet ist die Behauptung, die Wirtschaft und die Profitmaximierung führten zu einem moralischen Niedergang oder wären Ausdruck des bereits eingetretenen gesellschaftlichen Zerfalls. Man weist dann gerne auf Burn-out und Scheidungsrate hin, ohne solche Zusammenhänge beweisen zu können. Interessanterweise loben viele Menschen mit diesen pessimistischen Neigungen die weltweiten alten Kunstwerke als Zeugen früherer Kulturen aller Jahrtausende. Wir haben aber gelernt, große kulturelle Leistungen seien vor allem dort entstanden, wo Reichtum vorhanden gewesen sei. Wo Handelsstraßen und Handelsstädte entstanden seien, wären bald die Künste aller Gattungen aufgeblüht. Wie wir wissen, hat man zudem früher kaum feste Preise gehabt, sondern versucht, jedes Mal das Maximum herauszuholen. Eine uralte Form der Profitmaximierung, welche die Welt trotzdem nicht untergehen ließ. In den heutigen Unheilsbeschwörungen scheint ein seltsamer Widerspruch zu herrschen. Sollte heute ein

Zusammenhang nicht mehr gelten, der durch die Jahrtausende Gültigkeit hatte? Am meisten haben die Kirchen Reichtum angehäuft und viele Bauten realisiert, die heute als Kunstwerke gelten und auch solche enthalten. Die Kirchen haben sogar ihren Reichtum vermehrt, indem sie den Menschen mit dem Ablasshandel ein Loskaufen von den Sünden anboten. Auch eine alte Form von Profitmaximierung. Ich glaube, wir haben heute die gleichen Gesetzmäßigkeiten. Menschen, die den spirituellen Wert des Geldes erkennen und schätzen, werden durch Geld dazu verführt, sich selbst und anderen Freude zu bereiten – indem sie beispielsweise durch Kunst und Luxus Schönheit schaffen.

Warum sollen Mode- und Schmuckdesigner weniger zur Lebensfreude beitragen als ein Michelangelo, der dank des Reichtums von Kirche und Adel wunderbare Werke schuf? Hätten Mozart, Goethe, Schiller überhaupt ihre Werke schaffen können ohne die Unterstützung reicher Mäzene? Heutige Künstler können selbst reich werden und sind nicht mehr nur auf reiche Förderer angewiesen. In dem Sinne ist eine Demokratisierung eingetreten. Das sehe ich positiv. Es ist ein natürlicher Wunsch, genug Geld zu haben für ein gesichertes und angenehmes Leben. Ein fast so natürlicher Wunsch ist es, nicht nur ein gesichertes Leben zu haben, sondern reich zu werden und zu sein. Es drückt sich dabei eine Hinwendung zu unserer Erde mit ihren Gaben aus und natürlich auch das Verlangen nach Einfluss und Macht. Verschwenderisch sein zu können, ist in sich genussvoll und bedeutet Luxus. Und niemand ist so verschwenderisch wie die Natur. Ich glaube, die Natur und die Erde sehen immer die Fülle, auch dort, wo wir Kargheit sehen. Wir wollen der Erde aber unbedingt beibringen, sie sei ein Mangelwesen. Täglich lesen wir Meldungen, wann welche Ressourcen in der Zukunft zu Ende gehen werde. Damit manövrieren wir uns selbst noch mehr in das Armutsbewusstsein hinein. Unsere Köpfe werden zu Geldvernichtern und damit wollen wir die Armut der Welt besiegen.

Geld hat schon lange ein Imageproblem. Als ich Kind war, hieß es durchwegs, Geld mache nicht glücklich. Inzwischen, glaubte ich, habe sich die Philosophie etwas verändert und man räume wenigstens ein, Geld könne zum Glücklichsein verhelfen. Jetzt kommt jedoch der Buchautor und Kolumnist des »Wall Street Journal« Robert Frank und schreibt über die traurigen Millionäre und Milliardäre, die immer noch jemanden fänden, der reicher sei. Ich glaube, Frank hat eine einseitige Auslese getroffen, aber er bestätigt nur, dass man auch als Millionär oder Milliardär im Armutsbewusstsein leben kann. Auch wissenschaftliche Studien behaupten, ab einem bestimmten Einkommen und nach einer gewissen Zeit trage Geld nichts mehr zum Glücklichsein bei. Diese Reichen hätten immer Angst, ihren Reichtum zu verlieren. Und sie würden sich ständig mit noch Reicheren vergleichen und seien dann unglücklich. Ich behaupte, wer im Bewusstsein des Überflusses lebt, hat früher oder später den Wunsch, diese Fülle weiterzugeben – auch wenn man nicht zu den Reichen zählt. Ich gehöre zu denen, die glauben, Geld könne durchaus glücklich machen. Aber sicher ist es richtig zu sagen, Glücklichsein hänge nicht nur vom Geld ab, das man besitzt.

Viel entscheidender ist die Einstellung zum Geld. Wer letztlich negativ denkt über das Geld und es gering schätzt, kann noch soviel besitzen, er wird damit nicht glücklich sein. Er lebt im Armutsbewusstsein und wird gerade deshalb immer mehr anhäufen müssen, weil er in der ständigen Angst lebt, es zu verlieren und weniger zu haben als andere. Es dürften vor allem jene Reichen sein, die im Mangel- und Armutsbewusstsein leben, welche die volle Freude am Haben und Habenwollen unterdrücken. In diesem Bewusstsein verpasst man das Genießen. Oder man fühlt sich ständig benachteiligt, sei es von den Regierungen, von den Arbeitgebern oder vom Steueramt. Wenn man sich selbst seelisch beraubt und sich nicht genügend Freude auch durch Geld oder andere Güter dieser Erde gestattet, fühlt man sich ständig von außen beraubt.

Ich habe im letzten Kapitel beschrieben, wie Miriam sich und dabei hauptsächlich ihren Körper ständig beraubt und wie dieser geschundene Organismus durch die Kleptomanie eine gewisse Heilung und ein Genießen erzwingt – jedoch durch die Selbstverurteilung sehr eingeschränkt und gleichzeitig überbordend. Es fängt an mit dem zwanghaft gestohlenen Prosecco ...

Ein ebenso eindrückliches Beispiel von Selbstberaubung betrifft Alba, die in die Beratung kam. Alba ist Mitte sechzig. Auffallend neben Übergewicht ist das Graue, das sie umgibt. Man könnte sagen, sie »strahlt rundum Grauheit« aus. Kaum ein Funken Lebensfreude ist noch zu spüren. Bei oberflächlicher Betrachtung würden vermutlich manche Ärzte sie als depressiv bezeichnen. Aber Depression trifft die Sache nicht genau. Alba leidet unter einer sehr schmerzhaften, nicht therapierbaren Verspannung der Muskulatur des ganzen Körpers. Ihr Hauptproblem ist ein Messie-Syndrom – ein Phänomen von Desorganisation, Chaos und scheinbar sinnloser Ansammlung von Müll. In typischer Weise ist sie auf die Bewältigung des Chaos und die Loslösung von angesammeltem Müll fixiert, ohne groß Erfolg zu haben. Bei ihrem inneren Kampf kommt es zur geschilderten, schmerzhaften Muskelverspannung.

Alba sagt von sich selbst, sie lebe seit ihrer Adoleszenz mit einem Bein im Kloster. Gemeint ist damit ein ständiger Kampf gegen alles, was Freude macht. Sie erhielt im Adoleszenzalter ein Buch mit dem Titel »Folge ihm nach«. Beschrieben war, wie man versuchen kann, den Opferweg von Jesus nachzuvollziehen. Das hieß, ständiger, wenig erfolgreicher Kampf gegen die Sexualität und die Selbstbefriedigung und gegen alles andere, was zu den irdischen Freuden gehören könnte. Das führte zu lebenslangen heftigsten Schuldgefühlen, weil ihr Organismus ihr immer wieder Niederlagen zufügte und ihre Absichten, den Opfergang nach ihren Vorstellungen zu vollziehen, zunichte machte. Jetzt mit mehr als sechzig Jahren hatte sie es geschafft, nur noch einmal im Monat sich selbst zu befriedigen, natürlich nur mit Selbstvorwürfen. Schlussendlich hatte sie auch noch wegen ihres Messie-Syndroms Schuldgefühle, weil dies ihrer Auffassung ebenso den Geboten der Bibel widersprach. Die Bibel wurde zu ihrem lebenslangen Buch der Selbstquälerei. Ich nannte es in der Beratung ihr Folterinstrument, womit sie sich selbst foltert. Wir versuchten Alba klar zu machen, wie die Verachtung alles Materiellen inklusive ihres Körpers eine ständige Selbstberaubung darstellt. Der Organismus aber wehrt sich und zwingt sie, in sinnloser Art und Weise alles Materielle anzusammeln, ähnlich wie Miriams Organismus sie zum Stehlen zwingt. Auf die Frage, was ihr Freude mache, antwortete sie, den Kranken und Behinderten zu helfen. Es war natürlich kein Funken Freude zu erkennen bei dieser Antwort. Es war eine religiös suggerierte Freude, die vielleicht gewissen Menschen wirklich Freude macht. Bei Alba war das nicht der Fall. Nichts schien sich zu finden an materiellen Freudenquellen, wie ein warmes Bad, gutes Essen oder Trinken, Geld, Schmuck und was uns noch in den Sinn kam. Schlussendlich fragten wir ihren Freund, wie er Alba eine Freude machen könne. Er antwortete: »Ich habe ihr eine Glitzerbluse geschenkt, sie hat Freude an diesen Glitzerdingen.« Erstmals kam ein Leuchten in Albas Gesicht, ein heller Strahl in das Graue, auch wenn sie sich nur knapp getraute, Freude an so etwas Materiellem wie einer Bluse mit Glitzerschmuck zu haben.

Molière hat in seinem Stück »Der Geizige« mit dem auf Geld versessenen Harpagon den Urtyp beschrieben, der sich selbst jeder Freude beraubt und deshalb das Geld horten muss. Ihm gegenübergestellt sind seine lebenslustigen Kinder, die einen weit leichteren Umgang mit Geld haben und Lebensfreude ausstrahlen. In der Regel wird das Stück als Geißelung des Materialismus verstanden und damit die Verurteilung und Abwertung des Materiellen noch unterstrichen. Die umgekehrte Interpretation, wie sie sich bei Alba zeigt, scheint mir in den meisten Fällen weit zutreffender. Wer sich und anderen jede materielle Lebensfreude raubt, fühlt sich ständig beraubt und kann nur noch horten. Molière ist diese Charakterisierung meisterhaft gelungen. Wir wissen, dass Molière am königlichen Hof den Angriffen des frommen Klüngels um die Königsmutter ausgesetzt war. Der Erzbischof wollte ihn gar exkommunizieren. Ebenso treffend hat Walt Disney mit der Figur von Onkel Dagobert einen Reichen mit Armutsbewusstsein dargestellt.

Bei vielen Reichen, bei denen dieses Horten von Geld Gewohnheit ist, könnten wir bei genauerem Hinsehen die Unfähigkeit erkennen, trotz ihres Reichtums die materiellen Freuden des Lebens zu genießen. Dazu kommt die ständige Angst, übervorteilt und beraubt zu werden. Dieses Starren auf den Mangel und nicht auf die Fülle findet man wie erwähnt bei allen Einkommens- und Vermögensklassen – ebenso das Umgekehrte. Da wir selbst Teil der materiellen Welt sind, können wir diese Beziehung letztlich nicht aufgeben. Die größte Freiheit, das menschenfreundlichste und das ökologisch sinnvollste Verhalten können wir erreichen, wenn wir dankbar die Fülle der Erde anerkennen und die damit verbundenen Freuden zulassen.

Interessant ist, wie Parteien mit dem Geldbewusstsein arbeiten. Die Parteien der Linken und der Rechten haben diesbezüglich sehr viel gemeinsam. Sie fokussieren beide auf das Armuts- oder Mangelbewusstsein. Das macht für sie auch Sinn, da die Wähler durch Angst und durch das Gefühl, es geschehe ihnen Unrecht, sich viel besser mobilisieren lassen. Für die einen bieten sich die schamlosen »Abzockermanager« als Feindbild an, für die anderen die unverschämten »Sozialschmarotzer« oder »Sozialbetrüger«. Beide Parteien tragen nicht zur Vermehrung des Geldes, sondern zur Verminderung bei, indem sie das Mangelbewusstsein der Leute aktivieren. Ganze Volksgruppen werden dahingehend beeinflusst, sich mehr auf den scheinbaren Mangel hin zu orientieren. Würden diese Parteien nicht auf das Mangelbewusstsein fokussieren, müssten sie auf die Freude an der Fülle setzen. Das eignet sich anscheinend schlecht für eine politische Partei. Allenfalls müssten sie einen Nicolas Hayek beiziehen, dem es immer wieder gelang, Freude und Genuss zu zelebrieren. Mir ist international keine Partei bekannt, die hemmungslos auf Vermehrung der Lebensfreude setzt.

Am ehesten kommen vielleicht die Amerikaner punktuell diesem Ziel etwas nahe an ihren Wahlfesten. Oder möglicherweise gewisse Schwarzafrikaner, die auch bei Protestdemonstrationen singend und rhythmisch tanzend durch die Straßen ziehen. In der Schweiz werden fröhliche Wahlfeste hingegen als oberflächliche Schau abgetan, wie das kürzlich von einem Vertreter einer Mittelpartei vernommen wurde. Trotzdem wäre es ein unglaublich spannendes Experiment zu sehen, was passieren würde, wenn eine Partei einmal voll auf das Bewusstsein des Überflusses (in dem wir tatsächlich leben) und der Lebensfreude (in der wir nicht gerade schwelgen) setzen würde.

Ich bin ein Grüner der ersten Stunde, der schon Bioprodukte konsumierte, als solche nur in kaum bekannten Läden zu finden waren. Ich ließ mir Biogemüse sogar im Abonnement quer durch die Schweiz zuschicken. Wie ich bereits erwähnte, haben mir Rachel Carson, Robert Jungk und der Club of Rome in den 1960er und 1970er Jahren mächtig eingeheizt mit ihren Visionen der ausgehungerten, erstickenden und verstrahlten Erde, und die Ölkrise schien ihnen recht zu geben. Ich habe auch bei Regen und Schnee und selbst mit eingegipstem Unterschenkel für den Arbeitsweg das Fahrrad benutzt und habe praktisch allen Verbänden angehört, die grün oder grün angehaucht waren. Ich konnte damals nicht verstehen, warum diese Organisationen so wenig Erfolg hatten und viele das Leben scheinbar nur genießen wollten. Erst allmählich wurde mir bewusst, wie sehr die meisten dieser Organisationen auf den Mangel fixiert sind. Die Grünen hierzulande haben sich eindeutige Verdienste erworben, indem sie das Umweltbewusstsein früh auf ein hohes Niveau gebracht und damit wesentlich mitgeholfen haben, dass unser Land vergleichsweise sehr sauber und schön ist. Ob wir aber mit dieser immer stärker werdenden Fokussierung auf den Mangel, die Angst und die Schuldgefühle unserer Erde viel helfen können, bleibt für mich fraglich. Was würde passieren, wenn wir die Liebe zur Erde und ihre Großzügigkeit in den Vordergrund stellen würden?

Von den meisten Vertretern der Evolutionslehre werden Hunger und der Kampf ums Überleben als zentrale Elemente der Entwicklung gesehen. Das ist einäugig und auf Mangel ausgerichtet. Auf dem vergnüglichen Auge sind diese Wissenschaftler blind. Das zentralste Element der Arterhaltung und Entwicklung ist die Fortpflanzung, und die ist auf Vergnügen, Glücksgefühl und Verschwendung aufgebaut. Das Prinzip Liebe ist grundlegend in der Schöpfung, und nahe bei der Liebe sind Freude und Vergnügen.

Warum sollte die Erde nicht auch Auswirkungen zeigen, wenn wir sie und ihre Gaben lieben und die Fülle anerkennen, die sie uns schenkt? Wir können beispielsweise der Erde unsere Wertschätzung und Liebe zum Ausdruck bringen durch das Schaffen von schönen Dingen. Dazu ist heute meistens Geld notwendig. Das wird von vielen Menschen negativ gesehen. Sie beklagen die Ökonomisierung unseres Lebens. Die Natur wendet dieses Prinzip aber ohne Hemmungen seit Jahrmillionen an. Oder kennt jemand eine Bienenart, die sich sagt: Ja, wir müssen jetzt in selbstlosem Einsatz die Blüten bestäuben, damit es Früchte gibt. Dies erfolgt meines Wissens nur, wenn sie dafür Nektar erhalten. Das haben auch alle Pflanzen begriffen, die etwas von den Bienen wollen. Und doch empfinden die meisten Menschen die Natur als etwas wunderbar Vollkommenes und Göttliches. In diesem Sinne wendet die Natur die Ökonomisierung aller Bereiche seit Jahrmillionen an, weil es die effizienteste Art des Güter- und Dienstleistungsaustausches ist und obendrein eine ständige Wertvermehrung bringt!

Dieses naturgegebene Prinzip ist nicht daran schuld, wenn wir in uns Freude und Genuss unterdrücken und uns ständig beraubt und entwertet fühlen und Gier entwickeln. Tatsächlich bringt es uns nicht viel außer zusätzlichem Stress, in diesem pessimistischen Zustand dem Geld und der Wertschätzung hinterherzurennen. Geld ist an sich neutral und damit ein unbestechlicher Wertmesser. Deshalb machen wir die Dinge möglichst schön und gut und erbringen die Dienstleistungen möglichst effizient und angenehm. Je mehr Geld wir dafür erhalten, desto mehr fühlen wir uns wertgeschätzt, und wir werden die Dinge mit noch größerer Liebe und noch größerem Ehrgeiz schön machen und gut vollbringen. Dadurch wird auch alles mehr strahlen, und wir schaffen mehr Freude und genießen mehr Freude. Das Geld verhilft uns zur ökonomisch und ökologisch effizientesten Form, wie wir untereinander und gegenüber Erde und Natur umgehen können, sofern wir nicht durch Selbstberaubung der Gier verfallen. Diesem Käfig entrinnen wir jedoch nicht durch Verurteilung des Geldes.

Während der Sowjetzeit war ich wiederholt in Ungarn, der Tschechoslowakei und in der DDR und nach der Wende wiederholt in Russland und der Ukraine. Nicht nur die Hässlichkeit der Gebäude, sondern noch viel mehr die Unaufmerksamkeit und Lieblosigkeit der Bedienungen in Restaurants haben mich jedes Mal verletzt. Es war nicht Absicht des Personals. Es fehlte ihnen die Wertschätzung durch das entsprechende Gehalt. Und wer könnte Wertschätzung vermitteln, wenn er sie selbst nicht erhält? Gastgewerbebetriebe können es sich nur deshalb leisten, Angestellte schlecht zu bezahlen, weil es genug Gäste gibt, die der Lebensfreude nicht so viel Wert zumessen und es deshalb nicht wahrnehmen, wenn die Bedienung nicht durch ein adäquates Gehalt genug Wertschätzung ausstrahlt.

Steve Jobs kann wieder als Beispiel dienen für wirtschaftlichen Erfolg durch das Anstreben von Lebensfreude, da er die Computer und Mobiltelefone möglichst schön kreieren will. All diese Freude wird in das große kosmische Informationsfeld, das wir je nach Standpunkt auch Gott oder Bewusstsein nennen, eingespeist. Das Feld der Freude wird sich vergrößern und verstärken. Die akzeptierende, positive Hinwendung soll alles Materielle, auch unseren eigenen Körper betreffen. Wir haben mehr Chancen als je, die Zeit der Leibfeindlichkeit und der Ablehnung der Materie hinter uns zu lassen.

Es ist wunderbar, wie gerade unsere moderne, globalisierte Welt mit der Informationstechnologie wieder Schicksale ermöglicht, wie sie früher Königen und Kaisern vorbehalten waren. Ich habe bereits mehrmals »King Roger« erwähnt, unseren Tenniskönig. Er ist so reich geworden wie früher ein König. Ebenso schön ist das Märchen von J.K. Rowling, der Schöpferin von Harry Potter, so wie die Geschichten vieler Stars im Musik- und Filmgeschäft. Als großes Plus unserer Zeit ist es heute viel mehr Menschen möglich, reich und superreich zu werden, ohne dass sie aus reichen und mächtigen Familien stammen müssen. Viel ist darüber gerätselt worden, warum das große Geld den Sport- und Unterhaltungsstars nicht geneidet wird, hingegen den Managern. Ich neide es beiden etwas und gönne es ihnen gleichzeitig und bin glücklich, dass es sie gibt. Unsere Welt wäre in jeder Hinsicht ärmer, wenn es die Reichen an Erfolg und an Geld nicht gäbe. Dabei fokussiere ich nicht einmal in erster Linie auf ihr Mäzenatentum und ihre philanthropischen Werke und Stiftungen, die ohne die Reichen vermutlich nie entstanden wären.

In den USA soll die Wohltätigkeit in Form von Stiftungen, wie dies Bill und Melinda Gates besonders prominent vormachen, heute das ultimative Statussymbol sein. Bill Gates will sich jetzt ganz der Bekämpfung von Krankheiten widmen. Die Welt wäre viel ärmer, wenn wir Reichtum nicht mehr erleben könnten. Es wäre ein Verlust für die Welt, wenn wir die Möglichkeit, reich zu sein aus unseren Fantasien verlieren würden, wenn wir uns nicht mehr an den Märchengeschichten der reichen Menschen erfreuen könnten. Ein spiritueller Verlust für uns Menschen wäre, wenn wir es nicht mehr prinzipiell für möglich halten würden, reich werden zu können. Wir hätten damit die größtmögliche Entfremdung von der Natur erreicht, die sich, wie ich sie wahrnehme, immer reich fühlt und deshalb weiterhin verschwenderisch ist, wo sie nur kann. Aber wir haben damit auch die Möglichkeit, arm zu sein oder uns arm zu fühlen.

Zurück zur Frage, warum den Managern ein hohes Einkommen viel mehr geneidet wird als den Sportlern und Showstars. Um beim Sport zu bleiben: Weshalb stößt sich niemand groß an den extremen Einkommensunterschieden zwischen den Sportarten einerseits und zwischen den Spitzensportlern und den hinteren Rängen andererseits? Jene Sportler, die viel Geld verdienen, vermehren in reichlichem Maße unsere Freude und schenken uns spannende Momente. Die Manager tun das nicht, wenigstens nicht so direkt. Verschämt versuchen sie, ihr Einkommen zu verheimlichen, anstatt auch ihre eigenen finanziellen Erfolge zu zelebrieren in der Öffentlichkeit. Sie haben Angst vor dem Neid, und prompt ziehen sie Neid auf sich. Ihr Einkommen wird trotzdem bekannt und löst Protest aus. Man spricht von Ungerechtigkeit gegenüber denjenigen, die weniger verdienen, obwohl sie am Erfolg mitgearbeitet hätten. Doch die Tausenden, die auf den hinteren Rangplätzen Tennis spielen und nie dabei reich werden, sind genauso unverzichtbar für den internationalen Tennisbetrieb, der »King Roger« das große Geld zuspült, wie die Angestellten in einem Pharmaunternehmen oder in einer Bank unverzichtbar sind.

Ja, es ist sogar noch extremer. Die Angestellten mancher Firmen tragen mit ihrer Arbeit dazu bei, dass gewisse Firmen die Sportler großzügig sponsern können. Trotzdem kommt da kein Neid und Unrechtsbewusstsein auf. Man trifft immer im Außen, was sich im eigenen Inneren abspielt. Darum meine ich, die Manager sollten ihren großen Verdienst mehr zelebrieren. Es hängt stark von den Managern ab, ob gute und strahlende Produkte zu guten Preisen möglichst weit verbreitet werden, gute Arbeitsplätze geschaffen werden oder zumindest erhalten bleiben und ob die Aktionäre eine gute Dividende bekommen. Es wäre auch eine Untersuchung wert, warum die großen Aktiengewinne weniger Neid provozieren als die Managergehälter. Nur weil wir fast alle durch die Pensionskassen indirekt auch Aktionäre sind? Sicher nicht.

Ich hatte das Privileg, in einem gut zahlenden Kanton in der Schweiz einen Chefarztposten zu erhalten und entsprechend gut zu verdienen. Trotzdem verdienten andere Chefärzte im gleichen Kanton das Doppelte und Dreifache. Das hat mich aber nicht gehindert, mich als privilegiert zu erleben. Ich habe den größeren Teil meines Lebens gründlich erfahren, wie es ist, mit wenig Geld zu existieren und doch jeden Tag sein Leben bewältigen zu können. Daher fiel es mir nicht schwer, jeden Tag dankbar zu sein. Ich habe es als richtigen Luxus erlebt, auch in der Unterstützung anderer Menschen und meiner Kinder großzügig sein zu können. Andererseits habe ich auch bei bedeutend mehr verdienenden Kollegen ständigen Frust und das Gefühl von Ungerechtigkeit erlebt. Es ist unser Urteil, das entscheidet, wo es für uns gerecht und wo ungerecht zugeht. Nur wir selbst entscheiden, ob wir Opfer von Ungerechtigkeit oder Genießer von Privilegien sind. Der Unterschied an Einkommen zwischen den am schlechtesten entlohnten Angestellten einer Firma und den Spitzenmanagern ist zwar riesig, aber nicht größer als zwischen mir in meiner Chefarztposition und den Millionen oder Milliarden der ärmsten

Menschen auf der Erde. Wir können uns schlecht eingestehen, dass wir Ungerechtigkeit mit tragen, wenn wir auf der Seite der Privilegierten sind, allerdings meist mit schlechtem Gewissen.

Das schlechte Gewissen verdrängen wir und bekämpfen es schließlich bei den »Abzockern« und »Schmarotzern«. Der Kampf wird kaum Erfolg haben. Nur die Akzeptanz der eigenen Ungerechtigkeit und des schlechten Gewissens könnte mehr Frieden bringen. Die Ökonomen und Glücksforscher behaupten, die hohen Managerlöhne würden das Klima vergiften. Ich glaube, das ist falsch formuliert. Ich würde sagen, die hohen Managerlöhne geben gewissen Menschen Gelegenheit, sich die Laune und das emotionale Klima verderben zu lassen. Das ist aber nur möglich, wenn wir die Freude und auch den Neid in uns unterdrücken. Anderenfalls kann uns dies ebenso gut Kraft schenken. Nicht zufällig hört man in diesem Zusammenhang öfters den Ausdruck »Spaßgesellschaft«. Das ist gar nicht als Kompliment gedacht, sondern als fundamentale Kritik. Unerhört, wie kann man einfach am Leben Spaß haben wollen! Entsprechend finden wir traditionellerweise zahllose Essays und Geschichten des Inhalts »Lob der Arbeit«, »Lob der Armut«, »Lob der Demut« und so weiter. Kaum zu finden sind »Lob des Reichtums«, Lob des Geldes« und Ähnliches. In der heutigen, globalisierten Welt gehören alle, die in der Schweiz leben, zu den Privilegierten. Es ist ihre Wahl, ob sie für dieses Privileg dankbar sein wollen oder frustriert wegen der Managergehälter. Ich wiederhole: Wir entscheiden, ob wir die Fülle oder den Mangel in unserem Bewusstsein haben. Je nachdem werden die Auswirkungen auf unser Leben, auf unsere Gesundheit und auf die Welt unterschiedlich sein. Wir können in unseren Köpfen Geld vermehren oder vernichten. Wir verstärken das, worauf wir fokussieren.

Wir können unsere Lebensbedingungen im Vergleich zu den Armutsländern nicht als gerecht bezeichnen. Die Idee von materieller Gerechtigkeit ist trotzdem wertvoll. Sie ist meines Wissens mit dem Gedanken von der Gleichheit und Gleichwertigkeit aller Menschen verstärkt in Erscheinung getreten. Diese Vorstellung hat sich in der Aufklärung konkretisiert und hat in verschiedenen Sozialutopien, zuletzt im Kommunismus, ihre stärkste Ausprägung und schließlich ihren Niedergang gefunden. Für unsere Zeit ist diese Sichtweise kaum umsetzbar, wahrscheinlich weil die Angst vor Mangel übermächtig ist. Ob bei zukünftigen Generationen für solche Gesellschaftssysteme das Bewusstsein adäquater ist, bleibt offen. Sicher kann es nie mit Gewalt und nicht mit dem Bewusstsein des Mangels umgesetzt werden. Es hätte höchstens eine Chance, wenn die meisten Menschen im Bewusstsein der Fülle und nicht im Armutsbewusstsein leben würden.

Das Geld reagiert auf uns. Je mehr innere Freiheit ich selbst im Laufe meines Lebens erlangte, anderen Menschen Geld zu geben, umso mehr kam zurück. Das Erklärungsmodell der Resonanz, wie gesagt, bietet sich als Verständnisgrundlage an. Deshalb würde ich allen Menschen raten, die mehr Geld haben möchten, nicht auf die hohen Managerlöhne zu fokussieren, auch nicht auf die sogenannten Sozialschmarotzer. Ich äußere mich auch hier explizit nicht zu möglichen Maßnahmen auf der einen oder anderen Seite. Solche Fragen können die verantwortlichen Entscheidungsträger und Experten eher beantworten. Besser freuen Sie sich über die Möglichkeiten des Überflusses und lernen, sich konkret vorzustellen, wie sie selbst wohlhabend oder reich sind. Ich wiederhole: Sie dürfen auch neidisch sein, sofern Sie den Neid nicht in sich unterdrücken. Neid ist etwas anderes als Verurteilung. Man kann gleichzeitig neidisch sein und sich privilegiert fühlen, je nachdem auf welche Seite man schaut. Beides ist okay und kann nebeneinander bestehen.

Ich habe bei vielen Klienten innere Beschränkungen festgestellt. Sie sagen zwar, sie möchten im Lotto gewinnen, an der Börse oder in irgendeiner Fernsehshow. Fragt man aber konkret nach, haben sie keinerlei Bilder über eigenen Reichtum. Oft bekommen sie geradezu Angst, wenn sie sich selbst konkret als reich vorstellen sollen. Angst, den Reichtum wieder zu verlieren, Angst, nicht damit umgehen zu können, Angst, kein guter Mensch zu sein, ein schlechtes Gewissen gegenüber Gott und der Welt. Mit diesem unbewusst ambivalenten Gefühl ist die Wirkung nach außen gering oder sogar gegenteilig, was zu neuen Frustrationen führt. Viele dieser Menschen leben in einer konstanten Aggressivität gegenüber Menschen, die mehr haben. Ihr Leben ist geprägt von Frustration. Diese Frustration wird auf die Erde als Ganzes projiziert. Man spricht dann von der Profitgier, welche die Welt zugrunde richte. Doch die Welt wird viel mehr beraubt durch den Verlust von Vorstellungen und Fantasien über den Reichtum der Erde und der Menschen und wie wir diese Welt schöner machen können. In dieser Hinsicht ziehen die Kritiker und die Kritisierten meist am gleichen Strick. Diese Menschen zerstören nicht nur die Lebensfreude von sich und anderen, sondern oft auch die eigene Gesundheit. Und sie werden wohl unser gemeinsames Bewusstsein zusätzlich mit Frustration aufladen. Man kann das vergleichen mit Leuten, die an möglichst viele Menschen SMS und Telefonate mit Frustrationsnachrichten schicken. Auch die öffentliche gesellschaftliche Lebensfreude wird dadurch beeinträchtigt, ohne dass es irgendeinem Menschen deswegen besser ginge. Deshalb sind die Sportkönige und Showstars so wichtig und wohltuend für einen entsprechenden Klimaausgleich.

Einstein konnte nicht glauben, dass das Universum verändert ist, wenn es von einer Maus betrachtet worden ist. Die heutigen Physiker behaupten aber, dies sei inzwischen bewiesen. Wir tun gut daran, diesen Spruch ernst zu nehmen. Unsere Gedanken, unsere Wahrnehmungen, unsere Gefühle beeinflussen das Universum offenbar genauso, wahrscheinlich noch viel stärker, als das durch eine Maus geschieht. Die Art, wie wir die Welt anschauen, entscheidet darüber, wie sie schlussendlich ist. Es ist Zeit, sich die Aussage von Anton Zeilinger nochmals zu vergegenwärtigen: »Früher war man davon überzeugt, das Objekt hätte auch vor der Messung schon irgendwelche klar definierten Eigenschaften, und die würden durch die Messung höchstens gestört werden. Aber nun sieht man es so, dass die Eigenschaften erst durch die Messung definiert werden. Das Objekt hat vorher keine Eigenschaften, das ist das Radikale.« So wie wir die Welt sehen, wird sie von uns geschaffen! Man kann sagen: Jedes Mal, wenn ein Mensch sich freut, wird die Summe der Freude im Universum vergrößert, und jede gefühlte Dankbarkeit macht das Universum insgesamt etwas dankbarer. Jeder pessimistische Gedanke andererseits wird auch ins universale Informationsfeld integriert und kann von den Menschen abgerufen werden.

In der »Weltwoche« (29/2007) ist ein Bericht über den fünfunddreißigjährigen Investmentbanker Christian Walliker, der nach dortigen Angaben im vergangenen Jahr zwei Millionen Franken verdient hat. Nach dem Wirtschaftsabitur habe er als Fichenjunge bei der alten Börse angeheuert.

Im Interview äußert er: »Die Leistungen der frühen US-Börsianergeneration beeindruckten mich. Den Lifestyle und das Selbstbewusstsein fand ich toll: von Bescheidenheit keine Spur. Statussymbole können ein Beweis dafür sein, dass jemand außerordentliche Leistungen erbringt. Mir machen sie einfach Spaß. Wenn man jung ist, alles selbst verdient hat und sich viele Dinge zum ersten Mal leisten kann, geht es nicht immer diskret zu und her. Ich besitze das neue Bentley-Coupé und einen Turbo-Porsche. Meine Uhrensammlung umfasst hundert Exemplare und ist über eine Million Franken wert. Wenn man mit relativ geringem Aufwand sehr viel verdient, verändert sich das Verhältnis zum Geld. Man gibt es leichter aus der Hand: indem man es ausgibt oder – in der Hoffnung, noch mehr zu verdienen – neu investiert. Es ist nicht die Gier, die uns antreibt, sondern die Lust am Spiel. Ich rede gern viel, besitze ein zuversichtliches Naturell und verkrafte Rückschläge, ohne dass mein Selbstbewusstsein leidet. Am Morgen blicke ich ohne Mühe in den Spiegel und sage mir: Du siehst gut aus, und das wird ein super Tag. Genauso ist es dann meistens. Es gibt einen Zusammenhang zwischen der inneren Befindlichkeit und wie es im Leben läuft. Sich gut zu fühlen, ist meiner Meinung nach auch eine Frage von Stärke und Disziplin. Der unerschütterliche Glaube an sich selbst ist ein wichtiger Bestandteil des Erfolgs.«

Dieser Mann bringt die wesentlichen Zusammenhänge auf den Punkt. Er hat eine Einstellung zum Geld, die man durchaus liebevoll, sogar spirituell nennen könnte. Man kann sich gut vorstellen, dass das Geld gerne zu ihm kommt. Insbesondere weil er es nicht einfach festhalten will. Er scheint die fließende Grundnatur des Geldes erkannt zu haben. Geld muss fließen wie die Lebensenergie, wenn es eine gute Wirkung entfalten soll. Dieser Mann hat nach meiner Einschätzung auch ein starkes Ego und lebt in Frieden damit. Dadurch weiß er, was er will. Er sagte, in einigen Jahren wolle er nur noch sein eigenes Vermögen verwalten. Bei der emotionalen Klarheit bezüglich seiner Ziele zweifle ich nicht an seinen Möglichkeiten, diese Ziele auch zu erreichen. Im Normalfall wird er mit der Zeit immer stärker auch den Wunsch haben, seine Freude und seinen Genuss weiterzugeben.

Wir feiern jedes Jahr Sportler, Künstlerinnen, humanitäre Wohltäter, Schönheitskönige und -königinnen, nicht aber erfolgreiche, große Banker und Financiers. Warum macht das Schweizer Fernsehen nicht jährlich einen eigenen Galaabend für Menschen, die besonders erfolgreich mit Geld umgegangen sind? Etwas verschämt vernimmt man jeweils aus den Medien, dieser und jener habe irgendeinen Unternehmerpreis erhalten. Man stelle sich vor, erfolgreiche Unternehmen mit hohen ethischen Standards würden von den Medien ähnlich breit vorgestellt und ihre Preisverleihungen beworben, wie dies bei Schönheitswettbewerben der Fall ist. Dankbarkeit und hoffnungsvolle Visionen könnten enorm gestärkt werden. Natürlich ist die Vorstellung einer im Fernsehen übertragenen Preisverleihung an reich Gewordene für viele befremdlich. Außerdem gehört das Fernsehen auch zu dieser schrecklichen Spaßgesellschaft. Gottschalk, Jauch und Co. würden nicht zum Glück der Menschen beitragen, vernimmt man. Man baue kein Sozialkapital auf beim Fernsehschauen, sondern verbringe die Zeit mit Kunstfiguren anstatt mit richtigen Freunden (»Macht Geld glücklich?«, Stern, 3/2007).

Viele Menschen mit dieser Einstellung kommen völlig energie- und freudlos in die Beratung. Ich habe bereits beschrieben, wie sehr das Fernsehen dazu beitragen kann, sich mit anderen mitzufreuen. Ich bin überzeugt, die öffentlich geehrten Reichtums-Erwerber würden sich ohne jeden Zwang erkenntlich zeigen wollen mit Spenden oder wohltätigen Stiftungen, obwohl dies nicht Zweck und Hintergedanke einer solchen Veranstaltung sein sollte.

Ich kenne die Kritik an diesem »oberflächlichen Glanz« des Geldes und des Reichtums, der den Menschen nur Leere zu bieten habe und sie hindere, ein sinnvolles Leben zu führen. Ich behaupte, es gibt genauso viele, wenn nicht mehr Menschen mit innerer Leere und dem Gefühl des sinnlosen Lebens unter den wenig Verdienenden.

Es ist eine beliebte Methode, berühmte reiche Leute zu zitieren, die betonen, wie wenig das Geld glücklich mache. John David Rockefeller: »Ich habe viele Millionen verdient, aber das Glück haben sie mir nicht gebracht.« Henry Ford: »Ich war glücklicher, als ich noch Mechaniker war.« William Henry Vanderbilt: »Die Verantwortung für 200 Millionen Dollar reicht, um jeden umzubringen. Es ist wahrlich kein Vergnügen.« Alle drei Zitate sind einer Website mit dem Titel »Christliches Zeugnis« entnommen. Entscheidend für mich ist, dass alle drei diese Aussagen am Ende des Lebens gemacht haben. Wenn die Zitierten tatsächlich diese Erfahrung machten, fragt man sich, warum sie nichts geändert haben. Haben sie vielleicht immer in einem Armutsbewusstsein gelebt und sich ans Geld geklammert? Nie wären solche Aussagen für mich ein Grund, einem Menschen davon abzuraten, seine eigenen Erfahrungen zu machen. Dafür ist er ja auf der Erde. Natürlich kann man mir vorwerfen, ich könne naiv und blauäugig den Reichtum loben, da ich selbst nie die schreckliche Last von viel Geld zu tragen gehabt hätte.

Für manche Leser mag sich das anhören wie eine Verteidigungsschrift für eine alte Form des Kapitalismus. Die Weltethos-Stiftung von Hans Küng schreibt: »In einer Welt, in welcher sowohl ein ungezügelter Kapitalismus als auch ein totalitärer Staatssozialismus viele ethische und spirituelle Werte ausgehöhlt und zerstört hat, konnten sich Profitgier ohne Grenzen und Raffgier ohne Hemmungen ausbreiten, aber auch ein materialistisches Anspruchsdenken, welches ständig mehr vom Staat fordert, ohne sich selbst zu mehr zu verpflichten.« Die Autoren von Weltethos schreiben über sich: »Wir halten uns nicht für besser als andere Menschen, aber wir vertrauen darauf, dass uns die uralte Weisheit unserer Religionen Wege auch für die Zukunft zu weisen vermag«

(www.weltethos.com). Also halten sie sich doch für besser, wie der letzte Satz verrät.

Das Christentum ist 2000 Jahre alt, das Judentum doppelt so alt, der Islam bringt es auf 1400 Jahre. In all dieser Zeit wurden ganze Völker abgeschlachtet, Sklaven gehalten und die Frauen unterdrückt und zu zehntausenden umgebracht. Grausame Gesetze und Willkür anstelle des modernen demokratischen Rechtsstaates gaben den Menschen der früheren Zeiten kaum Schutz. Das begann sich langsam zu ändern, als Wissenschaft und Wirtschaft sich entwickelten und modernere Geldsysteme geschaffen wurden. Noch Anfang des 20. Jahrhunderts, als die Religionen bedeutend einflussreicher waren, herrschte offener Rassismus, von dem alle nicht weißen Rassen betroffen waren. Tiere wurden nicht nur zum Gebrauch gejagt, sondern oft sinnlos in Scharen abgeschossen oder totgeschlagen. Ich möchte konkret belegt haben, welche spirituellen und ethischen Werte denn durch die modernen politischen und ökonomischen Systeme ausgehöhlt wurden. Es sind heute die Wirtschaft, die moderne Technik und die Medizin, welche die feindseligen Schranken der Rassen, Nationen und Religionen langsam aufweichen. Diese ganze Entwicklung hängt wesentlich mit der Liebe zu den materiellen Dingen und damit auch mit der Wertschätzung des Geldes zusammen.

Am 17. September 2007 sagte der frühere UNO-Generalsekretär Kofi Annan in einer Rede, man finde fast in jedem Dörfchen auf der Welt Coca-Cola-Fläschchen, aber mit den Impfungen gelange man nie so weit. Die humanitären Organisationen müssten viel mehr mit der Wirtschaft zusammenarbeiten und von ihr lernen. Diese Meinung entspricht völlig meiner eigenen Auffassung. Viele Menschen der reichen Länder fühlen sich von der Konsumwelt abgestoßen, obwohl niemand gezwungen wird, irgendetwas zu kaufen, das er nicht will. Sie übertragen ihre negative Einstellung auf die Wirtschaft als Ganzes und auf die globalisierte Welt und auf das Geld.

Für zahlreiche Menschen in armen Ländern haben nicht nur Coca Cola, sondern ebenso Turnschuhe, Radios, Fernseher, Jeeps und Motorräder eine unglaubliche Faszination. Jedenfalls habe ich dies in Südamerika, Afrika und Asien bei armen Menschen, mit denen ich Kontakt hatte, gleichermaßen feststellen können. Ich habe arme Dörfer besucht, wo die Menschen sich nur dank Abfallhalden und Nahrungsmittelhilfe am Leben hielten. Sie hatten aber mitten im Dorf einen für alle zugänglichen Fernseher. Ich habe volles Verständnis dafür, dass dieser Fernseher für jene Menschen wichtiger war als mehr Kleider oder mehr Essen. Der Fernseher war eine Quelle der Freude für sie, wahrscheinlich auch eine Quelle des Neides, jedenfalls auch eine Quelle der Information. Die moderne Wirtschaft hat ungleich mehr Chancen, die Menschen verschiedener Nationen und Religionen auf unblutige Weise sich näher zu bringen als jeder moralische und religiöse Kodex. Eine freie Gesellschaft hätte kaum entstehen können ohne Geld und Technik. Und ohne deren Hilfe wird das auch in weiteren Ländern kaum möglich sein. Der Zusammenschluss der Weltreligionen, wie Weltethos sich versteht, prangert die Profitgier an und fokussiert darauf. Sie verbreitet damit das Bewusstsein von Mangel und Schuld. Das ist die wirksamste Weise, um die Profitgier durch Angst zu stärken. Es kommt die alte Feindschaft fast aller Religionen der materiellen Welt gegenüber zum Ausdruck. Diese Kritik kommt natürlich nicht nur von Religionsvertretern. Aber es ist erstaunlich, wie viele Medienleute und Politiker, die ähnlich denken, eine religiös geprägte Kindheit hatten.

Dem römischen Kaiser Vespasian wird der Spruch zugeschrieben, Geld stinke nicht. Vespasian wollte mit seinem Spruch ausdrücken, es spiele keine Rolle, wie das Geld hereinkomme. Auch der Erlös aus den Latrinensteuern sei Geld, das aufgrund seiner Herkunft nicht weniger Freude machen könne. In analoger Weise können wir sagen, es spielt keine Rolle, auf welche Weise und wo wir Freude sich ereignen lassen. Das Maß Freude in der Welt wird nur von deren Intensität, nicht von der Verursachung bestimmt. Aus der hypothetischen Sicht des Universums sehe ich keinen Unterschied, ob Freude entsteht durch eine große Summe Geld, das bei einem Geldliebhaber eintrifft; durch Aidsbekämpfung in Afrika bei Helfern und Geholfenen oder durch die Weltallfahrt eines schweizerischen Astronauten. Hauptsache »Freude herrscht«, wie unser ehemaliger Bundesrat Ogi es ausgedrückt hat. Wenn es Mutter Teresa, der Lotti Latrous oder dem Kinderarzt Beat Richner Freude macht oder machte, sich für Arme und Kranke einzusetzen, wird die Freude auch bei ihren Schützlingen vorhanden sein und es wird der ganzen Welt Freude bereiten. Alle drei sind und waren ganz wesentlich auf Geldspenden angewiesen. Ein reich gewordener Banker kann durch seine Spenden nicht weniger Freude bereiten ... Ich würde mich hüten, das eine oder das andere als besser oder schlechter zu beurteilen. Der Banker braucht seine Kunden, wie der Helfer seine Hilfsbedürftigen benötigt. Es sind beides Systeme, in denen die einen von den anderen abhängig sind. Diese Sicht wird gestärkt durch Meldungen, wonach es in vielen Entwicklungsländern unter den humanitären Organisationen eine große Konkurrenz um gute Hilfsprojekte gibt. Das haben mir Entwicklungshelferinnen auch persönlich bestätigt.

Ich behaupte, die Hilfsbedürftigen, die Hilfe annehmen, schenken den Helfern ebenso viel wie umgekehrt. Einst kam eine junge Frau zu mir in Konsultation. Sie hatte bei der Anmeldung nicht realisiert, dass sie beim Chefarzt eingeschrieben wurde und war ganz erschrocken, als sie vor mir saß und erfuhr, wer ich war. »Darf ich jetzt trotzdem bleiben, obwohl Sie der Chefarzt sind?«, fragte sie schüchtern. »Ich bin nämlich krank, arbeitslos und von der Fürsorge abhängig.« »Sehen Sie«, antwortete ich ihr: »Dank Ihrem Wunsch nach Hilfe helfen Sie mir, am Morgen motiviert aufzustehen und am Abend zufrieden einzuschlafen. Und außerdem tragen Sie zur Existenzsicherung von mir und meiner Familie bei!« Die junge Frau schaute mich etwas ungläubig an. Es war mir aber sehr ernst mit dieser Aussage. Ich habe es immer als ein besonderes Privileg empfunden, anderen Menschen Hilfe anbieten zu können und damit noch meinen Lebensunterhalt zu verdienen. Nicht weil Helfen besser ist als Hilfe annehmen. Im Gegenteil, da sollten wir uns nichts einbilden. Ich behaupte, die Helfer bekommen fast immer mehr als die Hilfeempfänger bei diesem Austausch von materiellen und immateriellen Gütern. Die Hilfeempfänger schenken uns etwas vom Wertvollsten, das es in unserem

Leben gibt, nämlich das Gefühl, unser Leben sinnvoll zu verbringen. Ich glaube, es ist hilfreich, sich immer zu vergegenwärtigen, wie viel uns die Hilfeempfänger schenken an Selbstwertgefühl und Lebenszufriedenheit. Genauso kann uns Geld an sich Selbstwertgefühl und Lebenszufriedenheit schenken. Diese Qualitäten sind gleich wertvoll, ob sie durch Geldgewinn oder Unterstützung anderer ausgelöst wurden.

Um auf die Vorwürfe von Weltethos zurückzukommen: Ähnlich wie durch religiöse Machtsysteme sind im sowjetischen und chinesischen Kommunismus oder Staatssozialismus zwar viele Menschen umgekommen. Die ethischen und religiösen Werte wurden dadurch nicht mehr ausgehöhlt als in den während Jahrzehnten bis Jahrhunderten christlich missionierten afrikanischen Ländern. Meine Frau ist zur Sowjetzeit hinter dem Ural geboren und aufgewachsen. Sie war aktiv bei den kommunistischen Pionieren, und ich habe großen Respekt, wenn sie erzählt, welchen Idealen diese Menschen nachgestrebt und welchen Einsatz sie geleistet haben für eine bessere Welt. Keine Aushöhlung ethischer Werte! Natürlich hatten sie keine Ahnung von den Taten der Mächtigen.

Mein Anliegen ist es, die spirituelle Seite von Geld und Wirtschaft etwas mehr ins Licht zu bringen. Wir kennen einige Regeln, nach denen dieser Kosmos zu funktionieren scheint. Danach können wir mit unserem Denken fast alles fördern, aber auch blockieren. Wir können verurteilen und verdammen, weil die Welt nicht so zu sein scheint, wie wir uns das wünschen. Damit werden wir die kreativen Prozesse, auch die des Geldes, wirksam blockieren. Oder wir können uns mit dieser Welt und ihren Regeln versöhnen und uns dadurch beschenken lassen. Die Umstände werden uns das Resultat unseres Denkens in der Regel innerhalb nützlicher Frist zurückmelden.

Der spirituelle Wert, den ich dem Geld zumesse, kann noch etwas illustriert werden durch ein paar Zitate des Wirtschaftsnobelpreisträgers Joseph Stiglitz, ehemaliger Chefökonom der Weltbank. In seinem Buch »Die Schatten der Globalisierung«

schreibt er: »Was ist überhaupt diese ›Globalisierung‹, die von den einen verdammt, von den anderen gepriesen wird? Im Grunde genommen versteht man darunter die engere Verflechtung von Ländern und Völkern der Welt, die durch die enorme Senkung der Transport- und Kommunikationskosten herbeigeführt wurde, und die Beseitigung künstlicher Schranken für den ungehinderten grenzüberschreitenden Strom von Gütern, Dienstleistungen, Kapital, Wissen und (in geringerem Grad) Menschen. Eine mächtige Triebkraft der Globalisierung sind die internationalen Konzerne, die nicht nur Kapital und Güter, sondern auch Technologien über Grenzen hinweg bewegen« (Stiglitz 2002: 23).

»Selbst die Schattenseiten der Globalisierungen gehen vielfach mit positiven Effekten einher. Die Öffnung des Milchmarktes auf Jamaika für US-Importe im Jahr 1992 hat vielleicht den einheimischen Milchproduzenten geschadet, aber sie bewirkte auch, dass arme Kinder billiger Milch bekamen. Auslandsinvestitionen schaden vielleicht geschützten Staatsunternehmen im Zielland, aber sie können auch zur Einführung neuer Technologien und zur Entstehung neuer Wirtschaftszweige führen« (Stiglitz 2002: 19).

Hingegen sieht der aus sogenannt rein ethisch-moralischen Werten gepflegte Umgang mit Geld manchmal gar nicht so vorteilhaft aus. Im »Spiegel Special« über die Schweiz (25.6.2007) springt einem ein Bild in die Augen von DJ Bobo in Äthiopien. Er steht vor einem großen Topf und vor einer sehr langen Warteschlange von Kindern mit Essgeschirr, denen er mit der Kelle Soja-Maisbrei in die Teller schöpft. Untertitelt ist das Bild mit »Popstar DJ Bobo während einer Schulspeisung«. Im Text erfährt man, DJ Bobo habe sich lange nicht vor irgendeinen Karren spannen lassen wollen, bis er den singenden Entwicklungshelfer Bob Geldof getroffen habe, der ihm erzählt habe, die afrikanischen Regierungen würden ihre Leute verhungern lassen. Ehrlicherweise muss ich gestehen: Das Bild hat keinerlei positive Gefühle in mir geweckt, nicht nur weil es gestellt war und DJ Bobo gleich mit dem Helikopter weiter fliegen musste. Es ist der bekannte, gute, weiße Mann, der den armen schwarzen Kindern Essen verteilt. Die fast gleichen Bilder habe ich vor sechzig Jahren als Kind in der Sonntagsschule gesehen, wenn ich meine Groschen in das *Kässeli* mit dem dankbar nickenden »Negerlein« werfen durfte und mir dabei so gottgefällig vorkam. Meine schlechten Gefühle verstärkten sich noch, als ich las, die Kinder würden sehr religiös erzogen und müssten dafür beten, dass es in Kanada regnet, da von dort das Getreide für die Schulspeisungen importiert werde.

Natürlich ist es leicht und vielleicht auch überheblich, die Anstrengungen, diese Kinder nicht verhungern zu lassen, von der Schweiz aus zu kritisieren. Die Frage sollten wir uns trotzdem stellen, welche Bilder wir bei diesen schwarzen Kindern aktivieren. Gibt es da noch andere Bilder als das des weißen, reichen und gütigen Mannes, der wohlwollend Essen verteilt? Wir können alles erschaffen, was wir uns vorstellen können. Wir können nichts erschaffen, das wir uns nicht vorstellen können. Wie lernen diese Kinder, sich vorzustellen, unabhängig von der demütigenden Hilfe des weißen Mannes leben und es zu Wohlstand bringen zu können? Wie lernen sie, sich vorzustellen, eine gerechte Regierung zu haben?

Mein ungutes Gefühl verstärkte sich noch nach der Lektüre eines Interviews mit dem Sänger Bono zum gleichen Themenkreis. Bono argumentierte politisch. Wir müssten helfen, weil sonst die Chinesen schneller wären. Warum sollen nicht die Chinesen sich in Afrika engagieren? Was ist daran schlecht? Wer hat denn bisher diesen Kontinent ausgebeutet? Waren das nicht hauptsächlich wir Weißen? Die Chinesen kennen die Leiden der Kolonialisierung durch die Weißen und sie tragen nicht den Stempel der früheren Kolonialherren. Sie wissen einiges mehr über Rassismus als wir. Sie haben schreckliche Bürgerkriege erlebt. Sie kennen Armut und Hunger. Sie haben durch den Westen nicht 2,3 Billionen Franken Entwicklungshilfe erhalten. Trotzdem werden sie als wirtschaftliche Weltmacht mehr und mehr geliebt und gefürchtet. Joseph Stiglitz schreibt dazu: »Der Gegensatz zwischen der Umwandlung Russlands in eine Marktwirtschaft, die von internationalen Wirtschaftsinstitutionen ins Werk gesetzt wurde, und dem ökonomischen Systemübergang in China, den das Land in eigener Regie gestaltete, könnte größer nicht sein. Während das Bruttoinlandprodukt Chinas 1990 sechzig Prozent des russischen betrug, verhielt es sich am Ende des Jahrzehnts genau umgekehrt. Während es in Russland zu einer enormen Zunahme von Armut kam, verzeichnete China einen beispiellosen Rückgang« (Stiglitz 2002: 20).

Und zu Afrika schreibt Stiglitz: »In Afrika blieben die hohen Erwartungen im Anschluss an die Entkolonialisierung weitgehend unerfüllt. Stattdessen versinkt der Kontinent ständig tiefer im Elend; Einkommen und der Lebensstandard sind rückläufig. Der in den letzten Jahrzehnten mühsam erkämpfte Anstieg der Lebenserwartung bröckelt wieder ab. Obwohl dies vor allem auf die Geißel AIDS zurückzuführen ist, ist Armut ebenfalls ein lebensverkürzender Faktor. Selbst Länder, die sich vom ›afrikanischen Sozialismus‹ verabschiedeten, einigermaßen stabile Regierungen besitzen, einen ausgeglichenen Staatshaushalt und niedrige Inflationsraten haben, müssen feststellen, dass sie keine privaten Investoren anlocken« (Stiglitz 2002: 21).

Ich habe mehr Vertrauen in die chinesischen Investitionen als in unsere Entwicklungshilfegelder. Mir bereitet es keine Freude, wenn die afrikanischen Kinder für Regen in Kanada beten. Sind die Chinesen nicht viel besser als wir imstande, den Afrikanern zu zeigen, wie man trotz all der oben genannten Handicaps Würde, Respekt und wirtschaftlichen Erfolg erreichen kann? Haben sie nicht viel größere Chancen, den Afrikanern den Mut zu vermitteln, konkrete Vorstellungen zu entwickeln von Unabhängigkeit, Überwindung der Armut und Erfolg? Möglicherweise vermitteln die Chinesen den Afrikanern gerade deshalb mehr Respekt und Wertschätzung, weil sie keine Mildtätigkeit planen, wie wir lieben Christen das immer gemacht haben, sondern ein Geben und Nehmen. Möglicherweise haben sie auch ausbeuterische Pläne. Aber bis sie darin mit uns gleichziehen, können sie sich noch einiges leisten. Kommt dazu, dass China viele Bürden alter religiöser und ideologischer Glaubenssätze schon über Bord geworfen hat oder daran ist, diese langsam verschwinden zu lassen.

Es könnte hilfreich sein, sich der spirituellen Grundnatur des Geldes immer wieder bewusst zu werden. Mit dem Geld zu sprechen, ihm zu danken dafür, was es in der Menschheitsgeschichte schon alles ermöglicht hat. Ihm die Freundschaft anzubieten und ihm vielleicht auch die persönlichen Wünsche mitzuteilen.

Zum Schluss darf ich noch auf eine intelligente und vergnügliche Website hinweisen: (www.moneymuseum.com). Man kann dort unter anderem verschiedene Geldtypen kennenlernen und mit Hilfe eines Fragebogens sich selbst entsprechend einordnen.

Zwei Beschreibungen charakterisieren recht gut, was ich Armutsbewusstsein und Bewusstsein der Fülle genannt habe.

Armutsbewusstsein (Dagobert-Typ): »Dabei wird dieser Geldtyp immer wieder von der Panik erschüttert, sein Geld zu verlieren. Und je größer diese Angst ist, desto mehr hält er sein Geld fest. Insbesondere misstraut er jedem und hat ständig Angst, zu wenig zu bekommen. So gelingt es ihm nicht, ein Gleichgewicht zwischen Geben und Nehmen herzustellen. Auch fällt es dem Dagobert-Typ schwer, Leistungen zu honorieren bzw. ein angemessenes Honorar für eigene Leistungen einzufordern. All diese negativen Einstellungen zu Geld schmälern seinen Erfolg.«

Bewusstsein der Fülle (Macher-Typ): »Der Macher-Typ pflegt einen souveränen Umgang mit Geld. Er wird nicht von der Angst getrieben, in Sachen Geld zu kurz zu kommen. Auch weiß er sich Informationen über Geld zu beschaffen und vertraut bei Bedarf professionellem Rat. Dieser Geldtyp scheut sich auch nicht, über Geld zu sprechen und versteht es, ein angemessenes Honorar für seine Leistungen zu fordern. Er hat ein hohes Selbstwertgefühl, schätzt die eigene Leistungsfähigkeit hoch ein und achtet darauf, dass in geschäftlichen Partnerschaften Geben und Nehmen im Gleichgewicht bleiben. Geld ist für den Macher-Typ nichts Negatives oder Verwerfliches. Es ist für ihn vielmehr ein Mittel, die Welt zu gestalten und aus Träumen Realitäten zu formen. Um seine Ideen und Ziele umsetzen zu können, investiert er auch leicht große Beträge.«

Die Materie – unsere Mutter

Wie bereits erwähnt, soll Hildegard von Bingen die Liebe als die Materie der Kreatur bezeichnet und Liebe und Materie oft gleichgesetzt haben. Im alltäglichen Leben geben wir uns über die Natur der Materie nicht allzu oft Rechenschaft. Was heißt das für unser privates und öffentliches Leben, wenn die Quantenphysiker und gewisse Mystiker behaupten, die Materie hätte Bewusstsein? Was heißt es, wenn Professor Jahn, Professor Tiller, Professor Zeilinger und manche andere wissenschaftliche Teams in zahllosen Experimenten gezeigt haben, wie wir mit unseren Gedanken die Materie beeinflussen können, und dass die Eigenschaften erst durch unsere Einwirkungen entstehen? Bei den Quantenphysikern des frühen 20. Jahrhunderts waren diese Erkenntnisse noch Ahnungen und Hypothesen. Heute sind es Erfahrungen aus wissenschaftlichen Experimenten. Wir sind mit unseren Kleidern, dem Stuhl, auf dem wir sitzen, mit unserem Fernseher und dem Auto, in dem wir fahren, bewusstseinsmäßig verbunden, wie das Jahn entsprechend den Ausführungen im ersten Kapitel in meisterhafter Art beschrieben hat (Jahn 1996: 32f.). Massive Beeinflussungen sind zwar selten, aber nicht unmöglich, wie wir von Leuten wie Uri Geller wissen.

Im Institut für Luftfahrttechnik in Stuttgart haben Professor Kröpelin und sein Team in ähnlicher, eindrücklicher Weise aufgezeigt, wie wir bewusst und unbewusst der Materie immer unseren ganz persönlichen Stempel aufprägen, nicht nur im unmittelbaren Kontakt, sondern auch auf Entfernung. In Stuttgart haben sie unter anderem mit pflanzlichen Lösungen experimentiert: Verschiedene Personen tropfen die gleiche Lösung, zur gleichen Zeit und im gleichen Raum auf ein Glas und das Ergebnis wird nach Trocknung im Dunkelfeld fotografiert. Das Resultat haben sie folgendermaßen beschrieben: »Der Vergleich zeigt, dass die Tropfenbilder von jedem Auftropfenden untereinander große Ähnlichkeit in Struktur und Farbe aufweisen, während sich die Bilder verschiedener Personen im allgemeinen deutlich unterscheiden« (Welt im Tropfen, Wasser als Gedächtnis und Spiegel, www.weltimtropfen.de).

Ich durfte selbst in ihrem Institut ein paar Experimente im Dunkelfeldmikroskop beobachten. Faszinierenderweise sind nicht nur die Strukturen bei verschiedenen Personen unterschiedlich, auch der Trocknungsprozess variiert. In einem Falle langsam, im anderen schnell, einmal von außen nach innen, ein andermal von innen nach außen. Auch verschiedene emotionale Zustände bei der gleichen Person scheinen sich abzubilden. Da mögen wir uns erinnern, was der Physiker Jules Muheim (1934–1997) von der ETH Zürich gesagt hat: »Ein Atom kann nichts vergessen, was ihm je zugestoßen ist. Am Ende stelle ich fest, dass alles gedanklich, psychisch abläuft.« Sehr viel bekannter als die Arbeiten von Professor Kröplin sind die Bilder von Masaru Emoto. Ich denke, Emoto ist ein liebenswerter Visionär, der viele Menschen mit seinen Bildern erfreute und ihnen den Gedanken nahe brachte, dass wir die Materie mit unseren Gedanken und Gefühlen beeinflussen. Ich würde ihn eher als Künstler und Ästhet sehen und ich glaube, er sieht sich selbst auch so. Ich habe mit ihm und seiner Ehefrau eine abenteuerliche Fahrt in den Anden von Cuenca nach Quito trotz Bruchauto und Regen heil überstanden. Wissenschaftlich wären in seiner Arbeit einige Fragen zu klären. Das tut aber seinem Verdienst keinen Abbruch. Er hat uns für die Bewusstseinsseite des Wassers sensibilisiert.

Von Weisen und Heilern wird berichtet, sie hätten die Materie beliebig lenken können, nachdem sie deren Geheimnis und Struktur verstanden hätten. Gleichzeitig hat die Materie einen äußerst schlechten Ruf in den religiösen Traditionen. Sie ist oft der Inbegriff des Bösen und Dunklen. Der Leib, der auch aus Materie gebaut ist, wird als Quelle vieler Übel gesehen, wie Begierden und andere Sünden. Der materielle Monismus – die Ansicht, die ganze Welt bestehe nur aus toter Materie und das Bewusstsein sei eine Art Ausdünstung, die der Materie entspringe und sich auf sie zurückführen lasse – hat auch nicht zu ihrer Beliebtheit beigetragen. Wenn aber alles Bewusstsein hat und alles mit allem verbunden ist, dann gehört die Materie im Besonderen dazu.

Seit der Zusammenarbeit mit dem hellsichtigen Medium Anouk Claes haben sich für mich interessante neue Aspekte die Materie betreffend ergeben. Wie Jahn es postuliert, behauptet sie, mit der Materie kommunizieren zu können. Faszinierend ist, wie sie in verschiedene Bewusstseinszustände wechseln kann und in jedem die Materie unterschiedlich wahrnimmt. Wie es scheint, kann man – sofern man diese Hellsichtigkeit hat – die untereinander verbundenen Quantenwellen direkt wahrnehmen, entsprechend dem quantenphysikalischen Modell: »Durch Bewusstseinsveränderung kann man die ganze materielle Welt wie flüssig wahrnehmen, es ist nur noch ein Wellenmeer vorhanden, und die ganze Materie ist in sich eins. Erst auf einer ›oberen‹ Ebene ist sie in die verschiedenen Stoffe und erst auf der ›obersten‹ Ebene in die einzelnen Gegenstände differenziert« (Anouk Claes, mündliche Mitteilung). Auch bezüglich Bewusstsein der Materie äußert sie sich in Übereinstimmung mit den Physikern: »Alle Materie hat eine bestimmte Art von Bewusstsein. Auf einer gewissen Stufe ›wissen‹ die Atome am einen Ende eines Glases, wo das Glas am anderen Ende aufhört« (mündliche Mitteilung von Anouk Claes). Diese Aussage mag für viele, die sich Materie weiterhin als tot denken, allzu provokativ anhören, wird aber durch neuere Experimente in Forschungslabors bestätigt: »Die Teilchen (gemeint sind subatomare Teilchen, J. Bösch) können die Breite eines Laserstrahls spüren, auch wenn dieser größer ist als sie selbst« (www.wissenschaft.de, 23.8.2006).

Doch die für das Thema Materie zentralen Aussagen von Anouk sind folgende: »Die materielle Welt ist an und für sich neutral. Sie ist mit uns verbunden. Sie schadet uns nicht, sondern erschafft das, was in unserem Bewusstsein ist. Wenn wir fürchten, die Materie schade uns, wird diese sich unseren Erwartungen anpassen. Wenn wir überzeugt sind, sie werde uns angreifen, wird sie das tun. Wenn wir sie entwerten, gedanklich angreifen oder ablehnen, wird sie entsprechend auf uns reagieren. Die Materie empfindet sich auf einer tieferen Ebene als Einheit. Wer daher etwas gegen seinen Computer oder sein Handy hat, kann eine Allergie auf Tomaten entwickeln« (mündliche Mitteilung von Anouk Claes, www.anoukclaes.ch).

Manche solche Aussagen stoßen naturgemäß häufig auf Widerspruch. Gefragt wird:»Wie ist das mit der Handystrahlung, wie mit der Radioaktivität, mit den chemischen Umweltgiften.« Es wird darauf hingewiesen, wie Experimente mit Zellen und Tieren Schädigungen nachweisen. Anouk Claes leugnet das nicht, bleibt aber trotzdem bei ihrer Aussage. Sie selbst legt ihre Hand auch nicht ins offene Feuer oder auf eine heiße Herdplatte. Wenn man erfahrungsgemäß annimmt, die Materie schade und entsprechend Angst oder Zweifel hat, wird die Materie gemäß diesen Ängsten oder Ansichten reagieren, meint sie. Dann ist es besser, sich der Angst bewusst zu sein und auszuweichen. Ein halbes Prozent Angst oder Zweifel genügt. In meinem Buch »Spirituelles Heilen und Schulmedizin« habe ich ausführlich die Beschreibungen von Paul Dong erwähnt über die außerordentlichen Fähigkeiten chinesischer Kinder im Umgang mit der Materie sowie der systematischen Förderung ihrer Begabungen. Ich will auch über meine eigenen Beobachtungen berichten, die mich dazu tendieren lassen, Anouk Claes zu glauben.

Zweimal war ich fünf Wochen auf den Philippinen und besuchte unter anderem die Heilergemeinschaft des betagten Heilers Florentino Moeta in der Nähe von Urdaneta. Seine Gruppe bestand neben ihm selbst aus fünf bis sechs eher jüngeren Frauen und Männern, die alle unter seiner Leitung Heilbehandlungen mit kochendem Kokosöl vornehmen. Ihr Gottesdienst- und Heilungsraum ist eine liebevoll hergerichtete einfache Hütte mit einem Boden aus gestampfter Erde. Kokosöl hat auf den Philippinen eine lange Tradition als heilsames Mittel. Ein Metallgefäß mit dem Kokosöl wird von dieser Gruppe auf einen Petroleumkocher gestellt. Wenn das Öl richtig brodelt, also vermutlich etwa 200–300 Grad heiß ist, schöpfen sie mit ihren bloßen Händen das Öl und massieren damit die kranken Körperregionen der Heilung Suchenden. Sie machen das mit völliger Selbstverständlichkeit und man kam in Versuchung, es ihnen gleichzutun. Bei keiner der fünf oder sechs derart heilenden Personen konnte irgendeine Verbrennung entdeckt werden. Ob das kochende Öl wirklich für die Heilungen notwendig war, bleibt offen. Ich überlegte mir, vielleicht würde das demonstrierte Wunder des Nichtverbrennens die Heilung Suchenden einfach sehr beeindrucken und ihr Vertrauen stärken und damit gute Bedingungen für Heilungsvorgänge schaffen. Jedenfalls haben diese einfachen Menschen vollkommenes Vertrauen in ihre von göttlichen Kräften verliehene Unversehrbarkeit durch das Öl. Dies ist eine Geschichte, wie sie in ähnlicher Art von manchen christlichen Heiligen auch berichtet wird.

Ebenso war ich auf den Philippinen bei anderen Geistheilern, sogenannten Geistchirurgen, und habe ihnen bei ihrer Arbeit zugesehen und mich auch wiederholt selbst behandeln lassen. Bei William Nonog, der immer wieder in die Schweiz kommt, lebte ich insgesamt etwa sechs Wochen. Ich habe nicht nur bei seiner Familie gewohnt und gegessen, sondern ihm auch bei seinen Vorbereitungen geholfen und ihm bei den Behandlungen assistiert. Die Leute kommen Tage- oder Nachtreisen weit her und warten oft schon morgens um drei vor seinem Hause. Was bei diesen geistchirurgischen Handlungen genau geschieht, ist nicht leicht zu verstehen. Ich warte auf den Moment, bis jemand die Mittel und die Bereitschaft findet, diese Vorgänge mit modernen bildgebenden Verfahren und entsprechenden histologischen und biochemischen Untersuchungen genau zu analysieren. Das größte Hindernis dürfte nach meinen Erfahrungen darin bestehen, eine der diversen Ethikkommissionen, die noch alle nach dem alten materialistischen Weltbild denken und entscheiden, zu gewinnen, damit solche Untersuchungen nicht als strafbare Heilbehandlungen vor den Richter gezogen werden – wie dies bereits geschehen ist.

Dieser enge Kontakt zu William Nonog hat bei mir jegliche Zweifel an seiner Ehrlichkeit beseitigt. Ich konnte häufig die Vorgänge mit meinem an alten Denkmustern geschulten Verstand nicht in den einzelnen Schritten nachvollziehen. Seine Arbeit aber als Scharlatanerie und Anhäufung von Tricks zu bezeichnen, wie dies gewisse Skeptiker aus grundsätzlicher Ideologie heraus immer noch tun, geht vollständig an den Realitäten vorbei. Interessanterweise kommen diese Methoden auch in manchen anderen Ländern wie Brasilien, Russland, England vor. William Nonog hat immer wieder versucht, den anderen Zugang zur Materie klarzumachen. Er hat beispielsweise ein Glas Wasser genommen und etwas hineingetan oder herausgenommen oder einfach seine Hand ins Wasser gehalten. »Ihr müsst dem Körper so begegnen wie dem Wasser«, dozierte er. Im Buch von Gert Chesi, »Geistheiler auf den Philippinen«, findet sich ein Zitat von Paracelsus (1493–1541), der das gleiche Phänomen unter dem Begriff *Clausura nigromantica* beschreibt. Es heißt dort: »Der, welcher in einen Menschen greifen kann, ohne Verletzung desselbigen, das heißt ohne Öffnung, wie einer, der in ein Wasser greift und nimmt heraus einen Fisch und das Wasser bekommt kein Loch.«

Nach Professor Jahn, Anouk Claes, William Nonog und manchen anderen hängt es von unserem Bewusstseinszustand ab, wie uns die Materie begegnet, beispielsweise als Welle oder Teilchen, als fest oder durchlässig, als hilfreich oder feindlich.

Ich habe eine weitere aufschlussreiche Erfahrung gemacht. Bei der Gesellschaft der österreichischen Ärzte und Zahnärzte für Hypnose bin ich vor etwa drei Jahren unbeabsichtigt in ein sogenanntes Feuerlauf-Experiment geraten, wo man über glühende Kohlen geht oder rennt, ohne sich zu verbrennen. Das Experiment war für mich auf den ersten Blick ein Misserfolg, da ich mir die Füße verbrannt habe. Erst beim Darübernachdenken realisierte ich die Folgerichtigkeit und Stimmigkeit der Erfahrung. Ich hatte einige Zeit vor diesem Selbstversuch den Bericht eines sogenannten Skeptikers (in Deutschland GWUP) gelesen, der unter Zuhilfenahme vieler physikalischer Annahmen beweisen wollte, man könne sich bei diesem Experiment gar nicht verbrennen. Dieser

Bericht spukte am Tag des Versuchs natürlich wieder in meinem Gehirn herum. Während alle Teilnehmer zuerst einmal über den acht bis zehn Meter langen Teppich rannten, hatte ich aus mir nicht mehr so klaren Überlegungen die Idee, ich müsste langsam und konzentriert über diesen Kohleteppich gehen. Mitten drin war es für mich zu viel und ich sagte: »Das ist aber verdammt heiß!« und ich spürte im selben Moment, wie ich mir die Füße verbrannte, was sich dann auch bestätigte.

Nur ganz wenige der Teilnehmenden verbrannten sich. Ich sah dann acht- bis zehnjährige Kinder, die zuerst ein paar Mal darüber rannten, ohne sich zu verbrennen, und offenbar so viel Vertrauen gewannen, dass sie nachher entspannt und provokativ langsam über den Glutteppich lümmelten. Ein hübsches, blondes achtjähriges Mädchen verschränkte die Arme und schaute herausfordernd in die Runde, während sie langsam über die Kohlen spazierte. Ich sehe sie noch vor mir und kann auch meinen Neid heute noch spüren. Erst später wurde mir klar, wie wichtig die Erfahrung für mich war. Mit den von Skeptikern genährten Zweifeln, ob man sich überhaupt verbrennen könne, hätte ich ohne meine eigenen Brandblasen an den Füßen nie Sicherheit gewonnen. Auch die beschriebenen Provokationen der Kinder wären für mich zweifelhaft geblieben. Das Ganze passt in meinen Erfahrungshintergrund und lässt für mich die Aussagen von Anouk Claes stimmig erscheinen. Es gibt auch ausführliche Reportagen und Filme über Qigong-Meister, die in ihren bloßen Händen beispielsweise einen Fisch braten können. Sie haben nicht nur die Möglichkeit, mental in ihren Händen Feuer entstehen zu lassen, es schadet ihnen auch nicht.

In der Bibel sind ähnliche Vorkommnisse geschildert, die man verbreitet für rein symbolisch oder metaphorisch hält. Inzwischen bin ich aber überzeugt vom Realitätscharakter dieser Beschreibungen. Ein Beispiel mit dem Wasserelement aus dem Neuen Testament schildert, die Jünger von Jesu hätten sich in einem Boot auf einem See befunden, als sie von weither ein Licht auf sich zukommen sahen. Als das Licht näher gekommen war, erkannten sie Jesus. Petrus in seiner Begeisterung bat seinen Herrn, ihn über das Wasser kommen zu heißen, was Jesus dann auch tat. Petrus stieg aus dem Boot aus und das Experiment klappte zunächst. Sehr schön ist dann beschrieben: »Als er (Petrus) aber die hohen Wellen sah, bekam er Angst. Er begann zu sinken und schrie: ›Hilf mir Herr‹. Sofort streckte Jesus seine Hand aus, fasste Petrus und sagte: ›Du hast zu wenig Vertrauen! Warum hast du gezweifelt‹« (Matthäus 14, 30-31). Es ist in dieser Geschichte treffend beschrieben, wie sich die Materie nach unseren Erwartungen und Ängsten verhält.

Vielleicht ist verständlich geworden, was ich mit diesen Erfahrungsberichten mitteilen will. Manche Dinge in unserer materiellen Welt können uns schädigen. Es besteht aber ein großer Freiheitsbereich. Aus der Placeboforschung wissen wir, dass sich die Wirkung von Medikamenten gerade ins Gegenteil verkehren kann, wenn man die Patienten von der entsprechenden Wirkung überzeugt. Beispielsweise kann ein Brechmittel nicht nur keinen Brechreiz erzeugen, sondern diesen zum Verschwinden bringen, wenn die Patienten die entsprechenden Informationen erhalten. In der Pharmaindustrie weiß man seit Langem, dass die Art, wie ein Medikament auf den Markt kommt, die Meinung, die der verschreibende Arzt hat, und weitere Faktoren das Glaubenssystem der Patienten erheblich beeinflussen und entsprechende Modifikationen der Wirkung verursachen. Das sind großartige Erkenntnisse, die uns auf unsere immense Freiheit hinweisen. Allerdings hat das schlechte Image, das die materielle Welt in der religiösen Tradition immer noch einnimmt, erhebliche Auswirkungen auf uns. Man könnte sagen, die Mehrheit ist grundsätzlich negativ eingestellt gegenüber materiellen Erzeugnissen und Neuerungen. Und unzählige Organisationen, welche die Menschen in traditioneller christlicher Manier vor Schaden schützen möchten, verbreiten vorwiegend Ängste gegenüber allem nur Denkbaren. Erinnern wir uns, was an Nahrungsmitteln schon alles als schädlich bezeichnet wurde. Wäre dieses Bild nicht immer wieder korrigiert worden, wir könnten kaum noch etwas essen. Insbesondere sind bei manchen Menschen die Freude und der Genuss am Essen stark überschattet und überlagert durch die Ängste, was alles daran schädlich sein könnte. Vergegenwärtigen wir uns: Alles hat Bewusstsein, alles ist mit allem verbunden. Durch unsere Gedanken und Gefühle beeinflussen wir die materielle Welt, entsprechend reagiert sie auf uns. Vor unserer Einwirkung hat sie gemäß Zeilinger keine Eigenschaften an sich. Eine grundsätzlich positive Einstellung, Freude und Vertrauen sind immer noch unterschätzte Schutzfaktoren. Ich will einige heikle Beispiele diskutieren.

Bei uns hat die Kernkraft ein ganz schlechtes Image. Das ist mehr als verständlich. Diese ungeheuren Energien sind erstmals durch die Katastrophen von Hiroshima und Nagasaki weltweit bekannt geworden. Schlechter hätte die Einführung nicht geschehen können. Anschließend und im Zusammenhang mit dem kalten Krieg wurde dauernd von den Gefahren eines Atomkrieges gesprochen und geschrieben. Als Jugendliche und junge Erwachsene war Atom für uns etwa gleichbedeutend mit total verbrannter Erde, Auslöschung des Lebens auf der Erde und in dem Sinne nahe dem Weltuntergang. Das ist beileibe keine Übertreibung.

Im Militär gab man sich alle Mühe, uns zu überzeugen, man hätte auch bei einem Atomangriff noch Überlebenschancen, wenn man sich einbunkere und sich mit Helm, Pelerine und Maske schütze. Wenige wurden wirklich überzeugt. Man dachte eher, man wäre sowieso verstrahlt und würde dann bald sterben und die Erde wäre zerstört. In dichter Folge kamen all die Berichte über Strahlenschäden und über die lange Lebensdauer der radioaktiven Abfälle. Weitaus mehr Schreckensmeldungen gingen um die Welt als Berichte über das Wunder, das die Physiker entdeckt hatten, nämlich die unglaublichen Mengen an Energie, die in der Materie vorhanden sind und die wir gewinnen können. Wir sind heute absolut fokussiert auf die potenzielle Schädlichkeit, und die will ich nicht bagatellisieren. Aber wenn wir uns auf die Gefahren der Atomspaltung konzentrieren und eine bewusste Resonanz mit den schädlichen Seiten dieser Kraft erzeugen, wird sich diese verstärken. Ebenso die Forschung wird durch unsere Abwehr gehemmt, die Gelder fließen nicht, die Medien bringen einzig die negativen Effekte. Keine Zeitung, die nicht in den Verdacht geraten will, von der »Atomlobby« gekauft zu sein, kann sich heute leisten, positiv über Kernenergie zu berichten. Der negative Zustand wird konserviert. Unsere Wahrnehmung ist massiv verzerrt. Ich will das an einem Beispiel illustrieren:

1986 ereignete sich die Reaktorkatastrophe von Tschernobyl. Die Wissenschaftler-Kommission der UN mit mehr als hundert Wissenschaftlern aus verschiedensten Ländern hat dazu Folgendes festgestellt: Bisher sind 50 Todesfälle registriert worden. Von den mehr als 200 000 Menschen, die beruflich mit dem durchgeschmolzenen Reaktor in den Jahren 1986/1987 zu tun hatten, könnten maximal 2200 wegen der radioaktiven Belastung bis ins Jahr 2065 früher sterben müssen, als es sonst ihrer Lebenserwartung entspräche. Insgesamt könnte dann die Zahl der Todesfälle bis auf 4000 steigen. Die geschätzte Zahl der Schilddrüsenerkrankungen, die auf das Unglück zurückgeführt werden können, wird von den Wissenschaftlern von früher 2000 auf maximal 4000 heraufgesetzt. Die bisherigen Erfahrungen sprächen allerdings für eine 99-prozentige Heilungschance der Erkrankten, die meisten von ihnen hätten sich von der Krankheit bereits erholt. Zurückgehende Fruchtbarkeit oder eine zunehmende Zahl von Missbildungen aufgrund radioaktiver Belastung konnten die Wissenschaftler in ihrer viele Jahre währenden Langzeitbeobachtung nicht feststellen. »Im Großen und Ganzen haben wir keine wesentlichen negativen Folgen für die Gesundheit der übrigen Bevölkerung in der Umgebung gefunden, und ebenso wenig eine weitreichende Kontamination, die heute noch eine substanzielle Bedrohung der menschlichen Gesundheit darstellen würde – von einigen wenigen und begrenzten Orten abgesehen« (www.zeit.de). Die dramatischste Wirkung sei auf der mentalen Ebene passiert. Die Katastrophe habe international die Dimension einer Apokalypse wie ein zweites Hiroshima angenommen. Die sozialen und gesellschaftlichen Probleme in dem Gebiet der ehemaligen Sowjetunion seien für die Bevölkerung weit dramatischer als die Gesundheitsprobleme.

Zum Vergleich: 1984 passierte im indischen Bhopal der Chemieunfall von Union Carbide. Innerhalb 24 Stunden suchten 90 000 Patienten medizinische Hilfe. Etwa 8000 Menschen starben in den ersten drei Tagen, rund 20 000 sind bisher gestorben, die Zahl der Kranken der ersten, zweiten und dritten Generation wird auf 200 000 bis 500 000 geschätzt mit diversesten Krankheiten und Symptomen: Erkrankungen der Luftwege, neurologische Störungen, Krebs, Unfruchtbarkeit. Etwa ein Viertel der neugeborenen Kinder sind tot, viele missgebildet, beispielsweise ohne Augäpfel. Die Tuberkuloseinfektion hat sich fast explosiv vermehrt, da offenbar das Immunsystem geschädigt ist. Gewisse Schäden können offenbar vererbt werden. Mit anderen Worten, die Schäden des Chemieunfalls sind unvergleichlich viel größer. Trotzdem fordert niemand einen Ausstieg aus der chemischen Industrie. Zugegeben, die Chemie hat auch nicht durchwegs ein positives Image. Aber die Unterschiede in den Reaktionen sind beeindruckend.

Es gibt einen simplen Test dazu, der zwar nicht wissenschaftlich, aber umso illustrativer ist. Wenn man bei Google die deutschsprachigen Beiträge sucht zu diesen beiden Katastrophen, so finden sich für Bhopal mit den wahrlich katastrophalen Folgen 77 300 Einträge, für Tschernobyl mit den vergleichsweise sehr begrenzten Schäden sind es 1 250 000 Einträge; also mehr als das Sechzehnfache! Durch Hiroshima sind wir bei der Atomkraft auf Katastrophe und Apokalypse fokussiert. Die Chemie hatte bessere Startbedingungen. Wir haben uns langsam an sie gewöhnen können und sehen täglich die vielen Produkte, die sie uns schenkt im Gesundheitsbereich und im Leben allgemein. Ohne Kunststoffe würde nichts mehr gehen in unserem Leben.

Wir haben mit der Chemie auch in unserem Land Probleme erlebt. Google findet für die Katastrophe von Schweizerhalle 1986 weniger als 1200 Items auf Deutsch. Aktuell haben wir in der Nordwestschweiz Probleme mit alten Chemiedeponien. Das Trinkwasser könnte gefährdet sein. Von daher sind auch alle Mahnungen der Umweltverbände berechtigt, und niemand verneint, wir hätten nicht Fehler gemacht in der Vergangenheit. Bei der Chemie jedoch haben wir das Vertrauen, die Probleme lösen zu können – auch wenn es teuer ist. Wir haben inzwischen Spezialöfen, um die meisten gefährlichen Rückstände verbrennen zu können. Wenn eine Rauchwolke in einem Atomkraftwerk auftritt, ist Tschernobyl gleich wieder in aller Munde. Es überbieten sich die

Medien in Angst machenden Meldungen und malen uns die Folgen eines GAU, eines größten anzunehmenden Unfalls, aus. Bei einer gleichen Rauchwolke über einer Chemiefabrik wird kaum je von einem GAU à la Bhopal gesprochen. In der Regel begnügt man sich mit der Meldung, es habe keine gesundheitliche Gefährdung für die Bevölkerung bestanden.

Im Oktober 2007 ereignete sich im Kanton Baselland ein Chemieunfall. Achtzig Personen mussten evakuiert werden, fünfzehn mussten in die Klinik. Zufällig hatte ich am folgenden Tag im St. Galler Rheintal eine Veranstaltung. Kaum die Hälfte hatte überhaupt von dem Unfall gehört. Man stelle sich die Aufregung im In- und Ausland vor, wenn die gleiche Zahl von Evakuierten und Hospitalisierten durch eine AKW-Störung verursacht worden wäre. Auch bezüglich Atomkraft gibt es heute Stimmen, die sagen, der größte Teil der radioaktiven Rückstände könnte heute schon verbrannt werden, nur sei dies noch viel zu teuer. Es gibt Physiker, die behaupten, in Zukunft könnten die radioaktiven Isotope mit Neutrinos neutralisiert werden. Neutrinos sind eine Strahlenart, die wenig bekannt ist. Immerhin durchschlagen offenbar pro Sekunde etwa 16 Millionen Neutrinos aus dem Erdinneren jeden Quadratzentimeter unserer Erdoberfläche. Eine viel größere Anzahl soll von der Sonne und aus dem Weltall unsere Erde durchrasen. Die Gesamtzahl wird auf 40 Billionen pro Sekunde pro Quadratzentimeter Erdoberfläche geschätzt. Sie können zwar gegenwärtig noch schlecht gemessen, also eingefangen werden. Aber wie viel Strahlung haben wir heute schon zur technischen Verfügung, die bei der Geburt heute noch lebender Menschen gar nicht bekannt war? Das Erdinnere ist nicht nur Neutrinoproduzent, sondern offenbar selbst ein riesiges Atomspaltungssystem, das die Energie von mindestens 25 000 modernen Kernkraftwerken produzieren soll. Halten wir das auch in unserem Bewusstsein, wenn wir unsere gute Mutter Erde preisen, die für uns sorgt?

Können wir nicht aus der Geschichte lernen und gegenüber der zumindest gegenwärtig wohl unverzichtbaren Energie etwas freundlicher und für deren Zukunft optimistischer werden? William Thomson, besser bekannt als Lord Kelvin, war einer der berühmtesten Physiker des 19. Jahrhunderts. Er besuchte als Wunderkind schon mit elf Jahren die Universität von Glasgow und hat bahnbrechende Beiträge für den Fortschritt der Naturwissenschaften geliefert. Er war der festen Überzeugung, die Physik seiner Zeit habe alle wesentlichen und möglichen Entdeckungen gemacht und zukünftige Generationen müssten sich damit begnügen, die bereits gefundenen Zahlenwerte für die bekannten Formeln noch etwas genauer zu berechnen. Wenige Jahre später wurde die Radioaktivität entdeckt, die Relativitätstheorie entwickelt und die ersten Grundlagen der Quantenphysik gelegt. Lord Kelvin hat übrigens auch behauptet, Maschinen, die schwerer als Luft seien, könnten unmöglich durch die Lüfte fliegen. Es tut zwischendurch gut, sich wieder einmal auf die Zuverlässigkeit von Expertenmeinungen zu besinnen. Experten, wie gesagt, sind Menschen, die sich auf viel breiter abgestützte Weise irren können, als dies Laien möglich ist.

Noch weit positivere Aussichten als aus der traditionellen Kernspaltung scheinen sich aus der sogenannten kalten Fusion, heute »Low-Energy Nuclear Reactions (LENR)« genannt, zu ergeben. 1989 berichteten die beiden Chemiker Professor Fleischmann und Professor Pons auf einer Konferenz an der University of Utah, sie hätten im Labor die Fusion von zwei schweren Wasserstoffkernen bei Raumtemperatur beobachtet. Nach damaligen Modellvorstellungen wäre dies nicht möglich. Die Behauptungen der beiden Chemiker lösten eine bis heute anhaltende Kontroverse in der Wissenschaft aus. Dr. Eugene F. Mallove, bis 1991 Chefautor im Nachrichtenbüro des Massachusetts Institute of Technology (MIT) veröffentlichte ein Buch, das LENR als ernsthafte Möglichkeit der Zukunft mit großen technischen und wirtschaftlichen Chancen darlegt. Schon 1996 habe es 190 positiv lautende Arbeiten zu LENR gegeben. Sogar am Los Alamos National Laboratory, an dem die Atombombe entwickelt wurde, hätten drei Forscher erfolgreiche Fusionsexperimente bei Raumtemperatur durchgeführt. Mallove hat den Fortgang der Forschung verfolgt und die regelmäßig stattfindenden internationalen Konferenzen mitorganisiert. Durch ein Schreiben an Bill Clinton hat er offenbar erreicht, dass die LENR auch durch das US-Ministerium überprüft wird. Der inzwischen verstorbene Dr. Mallove zeigte sich in seinem Schreiben an Bill Clinton überzeugt, dass die Experimente von Fleischmann und Pons nur die Spitze eines Eisberges seien. Unzählige Methoden würden entwickelt, um mit wenig Risiko dezentral Energie zu erzeugen und zu nutzen, zu der fast jeder Zugang haben werde. Er zählt folgende Methoden auf:

- Weiterentwickelte Wasserstoff-Techniken wie Wasser-Elektrolyse und Wasserstoff-Plasma-Verfahren. Nach Mallove wird mit neuen Technologien Tausend bis Millionen Mal mehr Energie aus Wasserstoff gewonnen, als wenn er in traditioneller Art verbrannt wird.
- Kalte Fusion auf elektrochemischer Grundlage, also Kernreaktionen ohne Radioaktivität. Unter diesem Begriff zählt Mallove drei verschiedene Verfahren auf.
- Gewinnung von Vakuum-Energie oder Nullpunkt-Energie. Hier zählt Mallove vier verschiedene Verfahren auf. Viele Wissenschaftler halten die Gewinnung von Vakuum-Energie für Fantasterei. Andererseits sind anerkannte Wissenschaftler von ihrer erfolgreichen Zukunft überzeugt.
- Wärmekraft aus der Umgebung.

Allen diesen Energiegewinnungen wird in dem Schreiben eine große Zukunft vorausgesagt. In all diesen Verfahren stecke das Potenzial, einen Quantensprung der Energiegewinnung zu bewirken. Als intermediäre, also vorübergehend einsetzbare Techniken nennt er zusätzlich: Recycling und Auftrennung von Kohlendioxid und anderen Schadstoffen durch innovative Chemie sowie die Aufbereitung von radioaktivem nuklearem Abfall durch Transmutation mit nicht radioaktiven Verfahren bei Niedrigtemperatur. Natürlich fehlen mir jegliche Grundlagen, um diese Entwicklungen beurteilen zu können. Offenbar sind aber inzwischen doch viele anerkannte Forscher an diesen Entwicklungen beteiligt und viele Patente wurden ausgestellt oder beantragt. Ich glaube, wir hören nichts davon, weil wir einfach noch nicht anders als negativ auf Kernenergie reagieren können. Wir sind unversöhnt mit Atomkraft. Aber seien wir ehrlich: Wer glaubt tatsächlich daran, die Atomkraft würde wieder aus der Welt verabschiedet? Ich zähle jedenfalls nicht dazu. Frankreich deckt etwa vier Fünftel seines Energiebedarfs mit Atomstrom, weltweit sind zurzeit etwa 440 Kernkraftwerke in Betrieb. Allein in Russland sollen in den nächsten fünfzehn Jahren mehr als zwanzig neue Anlagen mit hoher Leistungsfähigkeit ans Netz gehen.

Wie irrelevant Landesgrenzen sind, haben wir bei Tschernobyl erfahren. Atomkraft wird als Energiequelle nicht mehr von unserer Erde verschwinden, selbst wenn sich die Hoffnungen bezüglich kalter Fusion und Verbrennung der radioaktiven Abfälle nicht erfüllen sollten. Damit meine ich nicht, die heiße Kernspaltung werde immer in dieser Form bestehen bleiben. Sie kann möglicherweise abgelöst werden durch bessere Verfahren, so wie Kohle und Erdöl verschwinden werden. Es ist schwer zu begreifen, dass wir überhaupt nicht mehr über das Wunder staunen, aus der Materie so unglaublich viel Energie gewinnen zu können. Es kommt uns gar nicht mehr in den Sinn, dankbar zu sein für die Fülle, welche unsere Erde uns bietet. Welcher Autor würde heute noch wagen, über die »Wunder der Wissenschaft«, die »Wunder der Technik« oder eben über die »Wunder der Energiegewinnung« zu schreiben, wie das in meiner Jugend noch gang und gäbe war? Wir haben in unserem Bewusstsein eine richtige Feindschaft, beruhend auf Angst, aufgebaut. Versöhnung steht an. Bedenken wir erneut: Unsere Absichten und Einstellungen können nachweislich elektronische Apparate genauso wie wässerige Pflanzenlösungen und viele andere materielle Systeme beeinflussen. Wenn wir uns mit dieser Kraft und dieser Forschung versöhnen, werden wir viel zur positiven Entwicklung beitragen. Selbst James Lovelock, grüner Vordenker und Mitentwickler der Gaia-Hypothese, als Öko-Guru betitelt, behauptet, die Kernenergie sei die »grüne Lösung« der künftigen Energieversorgung. Um klarzustellen: Ich habe weder bei der Öl-, Atom-, Windkraft- oder Sonnenenergie-Industrie auch nur eine einzige Aktie. Mir geht es um die Versöhnung mit der Erde und der Materie!

Wir stehen ganz am Anfang der wissenschaftlich-technischen Entwicklung, wie auch Zeilinger sagt. Sie ist gerade mal drei- oder vierhundert Jahre alt. Wollen wir unsere feindselige Einstellung einem der größten Wunder der modernen Geschichte gegenüber aufrechterhalten? Das Wunder ist die Entdeckung dessen, was die Materie wirklich ist. Es ist ein spiritueller Durchbruch noch ganz ungeahnten Ausmaßes. Etwas, das weit über die kopernikanische Wende hinausgeht an neuer Weltsicht, wie die Physikerin Evelyn Fox-Keller meint (vgl. hierzu »Lernen, neu zu denken«, Seite 18). Es ist richtig, Prometheus, der Titan aus der griechischen Sagenwelt, wurde bestraft, weil er den Menschen das Feuer gegeben hatte. Würden wir auf das Feuer verzichten wollen?

Vielleicht mögen wir uns zwischendurch erinnern, wie die Menschen früher auf technische Neuheiten reagiert haben. Unvergesslich bleibt mir eine Beschreibung in einem Lesebuch der Grundschule, wonach Menschen mit Gewehren, Sensen und Gabeln zusammengeströmt seien, um die erste Eisenbahn zu bekämpfen, die sie als Werk des Teufels betrachteten. Im Kanton Graubünden herrschte wie in London ein totales Verbot für Autos, die als Hexenkarren und Teufelsfuhrwerke bezeichnet wurden. Erst im Rahmen einer Volksabstimmung im Juni 1925 entschieden sich die Graubündner nach 25 Jahren Verbot schließlich doch zugunsten des Autoverkehrs.

Im 19. Jahrhundert schrieb die Royal Society in einem Bericht an die Britische Regierung, die Elektrifizierung Englands sei viel zu gefährlich für gewöhnliche Leute, man solle sich besser für Gas entscheiden. Natürlich finden heute viele Menschen, unsere Vorfahren seien halt uninformiert gewesen und hätten die Situation nicht richtig einschätzen können. Jene Gefahren würden in keinem Verhältnis zu den heutigen der Kernenergie stehen. Im Nachhinein, wenn man Lösungen gefunden und sich ans Neue gewöhnt hat, sehen die Dinge häufig harmlos aus.

Etwas Ähnliches wie bei der Kernkraft erleben wir bei der Gentechnik. Wie ich bereits erwähnt hatte, war ich ein Grüner der ersten Stunden. In Rachel Carsons Buch »Der stumme Frühling«

heißt es: »Zum ersten Mal in der Geschichte der Welt ist heute jeder Mensch, vom Augenblick der Empfängnis bis zu seinem Tod, gefährlichen Chemikalien ausgesetzt. Der Ausdruck ›Herrschaft über die Natur‹ zeugt von Arroganz und steinzeitlichem Denken, das annimmt, die Natur sei für den Menschen da. Es ist unser Unglück, dass eine derartig primitive Wissenschaft mit den modernsten Waffen ausgerüstet ist und diese gegen die Insekten – und damit gegen die Erde richtet« (Carson 1988). Bei meiner damaligen Neigung zu depressiven Verstimmungen fielen diese Zeilen auf sehr fruchtbaren Boden. Es war auch gut, dass Carson auf die Umweltgefahren aufmerksam machte und dass ihr Buch auch in der Schweiz die Gemüter aufrüttelte. Eine von Rachel Carson beschriebene Szenerie vom Frühling ohne das Singen der Vögel war wirklich gespenstig. Es ist Carsons großes Verdienst, nicht nur die Umweltbewegung gegen alle Anfeindungen angestoßen, sondern im Speziellen auf die Gefahr der Insektizide hingewiesen zu haben. Ich habe gelernt, dass wir bei unseren Fortschritten oft Fehler machen, dass wir aber auch lernfähig sind. Wir hatten oft große Hoffnungen, die sich nicht oder nur zum Teil erfüllten. So können auch die Kritiker der Gentechnik teilweise Recht haben mit ihren Warnungen. Nur habe ich gelernt, dass wir den Gegensatz »hier Natur – dort Mensch« aufgeben sollten. Wir haben die Verantwortung für die weitere Schöpfung. Nicht um sie einfach in einem Urzustand, den es in Wirklichkeit nie gegeben hat, zu belassen, sondern um mit ihr in liebevollem Dialog die Entwicklung weiterzubringen mit der ständigen Bereitschaft, aus früheren Fehlern zu lernen.

Ich will kurz auf die Vor- und Nachteile der Gentechnik eingehen. Ich glaube, dass die Pflanzen mit uns verbunden sind, uns sogar irgendwie verstehen und uns helfen in der gemeinsamen Entwicklung. Einmal ganz abgesehen davon – wer glaubt, die Gentechnik werde wieder verschwinden? Sie wird bleiben wie die Kernenergie, ob es uns passt oder nicht. Wir haben jährlich zweistellige Zuwachsraten. Nicht nur die großen Länder wie USA, Kanada, Brasilien, Argentinien, China, Indien, Australien bauen jedes Jahr mehr an, inzwischen sind es auch fünf EU-Länder, darunter die zwei Nachbarländer Deutschland und Frankreich. Kurz gesagt, ebenso wenig wie bei der Kernkraft wird das Rad bei der Gentechnik zurückgedreht werden können. Je negativer wir uns einstellen, desto negativer werden die Rückwirkungen sein. Um über unsere Grenzen hinaus zu denken: Ist es ökologisch und ökonomisch besser, Mais von Kanada nach Äthiopien zu transportieren und jene Leute in totaler Abhängigkeit zu halten, als dort gentechnisch veränderte Pflanzen anzubauen? Ist der massive Insektizid-Einsatz besser als die Gentechnik? Ich weiß es nicht, aber wir sollten es offen diskutieren dürfen. Und wir sollten auch hier vom Dualismus wegkommen: Natur gut – Technik schlecht.

Ein aktuelles Thema bildet die Mikrowellen-Strahlung der Handys. Obwohl weltweit offenbar über 20 000 Untersuchungen publiziert wurden, gibt es keine klare Meinung über deren Schädlichkeit oder Unschädlichkeit. Von seltenen Ausnahmen abgesehen, wollen wir alle mindestens ein Handy selbst gebrauchen. Es ist daher realistisch, mit der ständigen Anwesenheit dieser Strahlung zu rechnen. Zudem ist es sehr empfehlenswert, sich mit ihr anzufreunden. Ich meine, wir könnten hin und wieder beim Telefonieren uns dankbar an die Strahlung erinnern, die uns diese wunderbare Technik ermöglicht. Vielleicht sogar ein paar freundliche Gedanken für die Mikrowellen reservieren, wenn wir eine SMS nach Südamerika oder Australien senden und gleich darauf die Antwort erhalten. Es ist und bleibt ein Wunder, wir haben es nur vergessen. Ohne Zweifel gibt es elektrosensible Menschen, die mehr beeinträchtigt sind als andere. Gerade für diese Menschen scheint es besonders wichtig zu sein, sich nicht als Opfer der Technik zu fühlen.

Magdalena, eine Frau zwischen vierzig und fünfzig, hat eine lange Leidensgeschichte wegen ihrer Elektrosensibilität hinter sich. Sie ist durch den sogenannten Elektrosmog und eben Handystrahlung vielfach in ihrem Wohlbefinden beeinträchtigt. Zahlreiche Therapien und Umzüge haben die Situation nicht verbessert. »Wir müssen einfach einen Ort finden, wo wirklich keine solche Strahlung hinkommt«, sagten sich Magdalena und ihr Ehemann. Schließlich fanden sie in einer Bodensenke ein sehr altes

Gebäude mit dicken Mauern, wo keine Handystrahlung zu empfangen war. Nach kurzer Zeit an diesem neuen Ort fingen die Beschwerden erneut an. Man fand heraus, dass es sich um negative Energien aus der sehr langen Geschichte des Gebäudes handle. Vermutlich sei da ein Mord oder ein anderes schweres Verbrechen geschehen. Jedenfalls litt Magdalena weiter. »Wir sind vom Regen in die Traufe geraten«, meinte der Ehemann. Sie planen jetzt, in ein Nebengebäude umzuziehen.

Anouk Claes behauptet, sogenannte negative Energien könnte man fast überall auf der Welt finden, da im Laufe der Geschichte nahezu überall Verbrechen vorgekommen seien. Die Materie an sich, also Mauern, Holz, Steine, würden keine sogenannt negativen Energien ausstrahlen, außer man erwarte das von ihnen. Wie immer würde die Materie auf unsere Erwartungen reagieren. Manche Menschen reagieren empört auf solche Aussagen. So einfach sei das doch nicht, dass man sich irgendwelchen Strahlungen aussetzen könne und essen dürfe, wonach einem gerade die Lust stehe, wenn man nur glaube, es schade einem nicht. Vielleicht ist es nicht ganz so einfach. Ich weiß nicht, wo genau die Gefahrengrenze verläuft. Wir können heute noch zu wenig Sicheres wissen. Gewiss könnten wir die Schäden enorm reduzieren, wenn wir uns mehr gefühlsmäßig mit der Materie verbinden und ihr vertrauen.

Für mich eine zentrale Frage ist, wie sich Menschen von ihrer in Jahrzehnten aufgebauten Angst lösen können. Da genügt es nicht, sich einmal zu sagen, die Atomkraft oder die Handystrahlung schaden mir nicht. Die Gefühle haben sich damit noch nicht verändert. Es wagt kaum jemand, wirklich Werbung zu machen für einen angstfreieren Umgang beispielsweise mit Atomstrom oder Handystrahlen. Wagt es jemand, wie der Schweizer Fußball-Nationaltrainer, kommt die Kritik umgehend. Ich habe bereits geschrieben, Vertrauen sei so ansteckend wie Angst. In diesem Fall hat die Angst völlig die Macht, und das Vertrauen kommt kaum dagegen an. Ich möchte einen Ratschlag vorstellen für elektrosensible Menschen: Ich würde bei jeder Gelegenheit, wo ich eine elektrische Maschine bediene oder Licht verwende, kurz Danke sagen und mich darauf besinnen, wie viel mir für mein Leben erleichtert wird durch dieses Element. Es mag für manche esoterisch klingen, aber vermutlich würde es sich ebenso lohnen, bei jeder Fahrt an einem Kernkraft vorbei ein paar Sekunden sich dem Gefühl der Dankbarkeit hinzugeben, dass wir für alle unsere Maschinen, Heizung usw. genug Energie geliefert erhalten. Wir können keine Änderung von einem Tag zum anderen erwarten, weder in uns selbst noch in der breiteren Öffentlichkeit. Immerhin wäre das Leben ein bisschen leichter, und niemand würde Schaden davontragen, ersetzten wir langsam die Angst wieder durch Vertrauen und Dankbarkeit.

Dr. Thomas Domanyi, Professor für Sozialtheologie und Ethik, formuliert in Worten der Theologie eine interessante Sichtweise: »Die radikale Trennung Gottes von der Schöpfung schuf die geistigen Voraussetzungen für den Missbrauch der Natur durch den Menschen. Denn mit dem Rückzug Gottes aus der Welt verlor die Natur ihre Heiligkeit. Sie wurde zum gottverlassenen Ort, zum fremden Objekt, das man zähmen, ausbeuten, ja sich unterwerfen kann (...) Die moderne ökologische Theologie sieht also den Menschen als ein integriertes Glied der Schöpfung und fordert ihn auf, ihr nicht als Herrscher, sondern als Partner zu begegnen« (www.stanet.ch).

Die Standortbestimmung, die Professor Domanyi über die heutige Zeit vornimmt, weicht erheblich von meiner Beurteilung ab, wenn er schreibt: »Die Tatsachen sind bekannt: Unser Ackerboden hat abgenommen, unsere Gewässer sind verschmutzt, unsere Luft ist verseucht, unsere Wälder sind sterbenskrank; und all das, was wir noch vor Jahren als sensationelle Errungenschaften der Wissenschaft und Technik gepriesen haben – man denke an die Ergebnisse der Kernforschung, der Chemie und der Biomedizin –, bedroht die Menschheit an den Wurzeln ihrer Existenz. Im Glauben an die uneingeschränkte Machbarkeit der Dinge und die sittliche Wertneutralität der wissenschaftlichen Forschung haben wir Monstren herangezüchtet, die uns in die Situation des Zauberlehrlings versetzt haben. Der Mensch beherrscht die von ihm heraufbeschworene Technik nicht.«

Je nachdem, wo der Professor hinschaut, mag sein Eindruck stimmen. Ich habe allerdings in meinen jungen Jahren erlebt, wie ich nicht im Zürichsee baden konnte, weil er zu schmutzig war. Der Zustand aller anderen Seen in der Schweiz war entsprechend – die meisten waren mehr oder weniger tot. Kommen aber heute ausländische Gäste in die Schweiz und staunen über unsere sauberen Gewässer, haben sie erhebliche Mühe, mir zu glauben, wenn ich ihnen erläutere, wie verschmutzt unsere Seen vor nicht allzu langer Zeit noch waren. Wie ich bereits anhand der Chemiedeponien ausgeführt habe, stimme ich zu, wir haben manche Fehler gemacht, aber wir zeigen auch, wie sie korrigierbar sind. Vermutlich werden mir jetzt die Klimaveränderungen entgegengehalten. Ich diskutiere diese im nächsten Kapitel. In der Regel sind es theologische Stimmen, die des Menschen Glauben an die Machbarkeit der Dinge kritisieren. Anders sieht es aus, wenn wir uns in dem Sinne als die Schöpfer des Universums sehen, welche die Verantwortung tragen nicht nur für die Bewahrung der Schöpfung, die von anderen gemacht wurde, sondern auch für ihre Weiterentwicklung.

Schwerwiegende Fragen wirft Professor Domanyi auf, wenn er die vielfach vertretene These vorbringt, wir hätten die von Gott gezogenen Grenzen nicht eingehalten: »Damit ist der Mensch den gleichen elementaren Grundsätzen des Seins unterstellt wie die übrige Mitschöpfung. Hätte er die von Gott gezogenen Grenzen respektiert und seinen ›Oikos‹ bewahrt, so lebte er in Übereinstimmung mit dem Willen seines Schöpfers und befände sich in Harmonie mit der Schöpfung.«

Ich habe von diesen Kritikern unserer technischen Evolution bisher keine konkrete Antwort erhalten, wo wir hätten Halt machen sollen. Bei den Pfahlbauern, beim Ötzi oder schon vorher? Bei der Entwicklung der Aborigines in Australien, die offenbar über vierzig bis sechzig Jahrtausende auf ihrem Kulturstand geblieben sind? War es ein entscheidender Fehler, in Afrika und Südamerika christlich zu missionieren, anstatt diese Völker als Vorbild zu nehmen und unsere technische Evolution wieder rückgängig zu machen? Oder hätten uns die alten Chinesen die von

Gott gezogenen Grenzen gezeigt? Hätten wir bei der Dampfmaschine Halt machen müssen oder bei den Satelliten? Wo hat diese Gottperson, die sich mir nie in dieser Art zu erkennen gegeben hat, die Grenzen gezogen, die wir hätten respektieren sollen? Ich gebe Professor Domanyi Recht, das Bewusstsein, das man auch das Göttliche nennen kann, ist ebenso in »der Schöpfung« vorhanden wie in uns selbst. Aber das Denken, das in den zitierten Zeilen durchkommt, ist nichts anderes als der alttestamentliche Sündenfall in moderner Fassung!

Der Theologe Teilhard de Chardin hat die Geistigkeit der Materie früh erkannt. In seinem Lobgesang des Alls finden sich Sätze von großer Schönheit:

»Hymne an die Materie:

Gesegnet seiest du, herbe Materie, gewalttätiges Meer, unzähmbare Leidenschaft, du, die du uns verschlingst, wenn wir dich nicht anketten. Gesegnet seiest du, machtvolle Materie, unwiderstehliche Evolution, immer neugeborene Wirklichkeit, du, die du in jedem Augenblick unsere Rahmen sprengst, uns zwingst, die Wahrheit immer weiter zu verfolgen. Gesegnet seiest du, universelle Materie, grenzenlose Dauer, uferloser Äther – dreifacher Abgrund der Sterne, der Atome und der Generationen – du, die du, unsere engen Maße überflutend und auflösend, uns die Dimension Gottes offenbarst. Gesegnet seiest du, undurchdringliche Materie, du, die du, überall zwischen unsere Seelen und die Welt der Wesenheiten gespannt, uns vor Verlangen schmachten lässt, den nahtlosen Schleier der Phänomene zu durchstoßen. Gesegnet seiest du, tödliche Materie, du, die du uns, eines Tages in uns zerfallend, mit Gewalt in das Herz selbst dessen einführen wirst, was ist. Ohne dich Materie, ohne deine Angriffe, ohne dein Herausreißen würden wir träge, stillstehend, kindisch, unwissend um uns selbst und um Gott dahinleben. Du schlägst und du verbindest – du widerstehst und du beugst dich – du stürzest um und du baust auf – du verkettest und du befreist. Saft unserer Seelen, Hand Gottes, Fleisch Christi, Materie, ich segne dich. Ich grüße dich, nicht so, wie dich die hohen Herren der Wissenschaft und die Tugendprediger verkürzt oder entstellt beschreiben. Eine Zusammenhäufung, so sagen sie, brutaler Kräfte oder niedriger Neigungen – sondern so, wie du uns heute erscheinst, in deiner Totalität und in deiner Wahrheit.

Ich grüße dich, unerschöpfliche Fähigkeit des Seins und der Transformation, in der die erwählte Substanz keimt und wächst. Ich grüße dich, universelle Potenz der Annäherung und Vereinigung, durch die sich die Menge der Monaden verbindet und in der sie alle auf der Straße des Geistes konvergieren. Du herrschest, Materie, in den erhabenen Höhen, wo die Heiligen glauben, dir auszuweichen – so durchsichtiges und so bewegliches Fleisch, dass wir dich nicht mehr von einem Geist unterscheiden. Trage mich dorthin empor, Materie, durch das Bemühen, die Trennung und den Tod – trage mich dorthin, wo es endlich möglich sein wird, das Universum keusch zu umarmen.«

Die Heilung der Erde

Wenn wir Kommunikationsmöglichkeiten mit der Materie annehmen, bedeutet dies auch eine bewusste Verbindung mit der Erde. Die scheint besonders aktuell zu sein, nachdem die Klimaexperten der UNO in ihrem für die Politiker und die Öffentlichkeit gedachten Bericht das von Menschen verursachte Kohlendioxid als hauptverantwortlich für die Klimaveränderungen bezeichnen. Diese Aussagen müssen allerdings in verschiedener Hinsicht hinterfragt werden. Verfolgt man die diversen wissenschaftlichen Stellungnahmen ein wenig über das hinaus, was die Medien im Allgemeinen berichten, wird die Sache immer unklarer. Es fallen nicht nur die sich komplett widersprechenden Beurteilungen der Klimaforscher im engeren Sinne auf. Verwunderlich ist auch die fast völlig fehlende Koordination der Klimaforschung mit den relevanten Nachbarwissenschaften, allen voran der Geophysik und der Astrophysik. So scheint ein Einfluss des Erdmagnetfeldes auf das Klima ziemlich anerkannt zu sein und aktuelle Veränderungen des Erdmagnetismus sind eindeutig nachgewiesen.

Mit jeder Klimakonferenz werden wir eindringlicher darauf aufmerksam gemacht, wir könnten das Wettrennen mit der Erderwärmung verlieren und sehr viel Land werde wegen des Anstieges der Meeresspiegel verschwinden. Eine Mehrheit der Klimaexperten scheint sich heute einig zu sein bezüglich der Ursachen der veränderten Wetterverhältnisse rund um den Globus mit einer

Häufung verschiedenster Naturkatastrophen wie Stürme, Überschwemmungen, Dürren, Schmelzen des Eises an den Polen, Zusammenbruch des Golfstromes usw. Interessanterweise räumen die Forscher ein, niemand hätte diese Schnelligkeit der Klimaveränderungen noch vor ein paar Jahren für möglich gehalten: »Es passiert mit einer Geschwindigkeit, die vor ein paar Jahren nicht für möglich gehalten worden wäre« (Basler Zeitung, 1. November 2004).

Tatsächlich mögen sich die Älteren unter uns erinnern, wie Anfang der 1990er Jahre die ersten möglichen merkbaren Auswirkungen des Treibhauseffektes für die Jahre nach 2015 vorausgesagt wurden – von den damaligen grünen Pessimisten. An so deutliche Häufungen von Wetterkatastrophen schon um die Jahrtausendwende, wie wir sie jetzt erleben, dachten die Wissenschaftler nicht. Professor James E. Hansen, Direktor des Goddard Instituts der NASA, ist vor allem weltberühmt geworden, weil er in den 1980er Jahren, als alle von der Abkühlung der Erde und einer möglichen neuen Eiszeit sprachen, eine Erwärmung voraussagte. Aber auch er rechnete mit einem Zeitraum von fünfzig bis hundert Jahren bis zu merkbaren Auswirkungen. Heute sagt er: »Ich habe mich um Jahrzehnte geirrt« (Das Magazin, September 2005). Auf jeden Fall erleben wir drastisch die Unsicherheit wissenschaftlicher Prognosen.

Unweigerlich drängt sich erneut die Erkenntnis auf, wonach Experten sich genauso stark irren können wie Laien, nur eben wissenschaftlich viel fundierter. Was sind die Gründe für diesen dramatischen Irrtum? Bis über das Jahr 2000 hinaus haben die meisten Wissenschaftler von einer Klimaänderung in absehbarer Zeit gar nichts wissen wollen – und schon gar nicht durch den Treibhauseffekt. Plötzlich, das heißt innerhalb von etwa vier Jahren wird versucht, der einen Meinung zum Durchbruch zu verhelfen, die Klimaveränderungen seien zum größten Teil menschengemacht und durch die Erwärmung der Erdatmosphäre bedingt. Hinter den Kulissen scheint ein echtes Kesseltreiben vonstatten zu gehen. In der »Weltwoche« (Nr. 06/2007) heißt es: »Heidi Cullen ist die Klima-Expertin des amerikanischen *Weather Channel*. Sie machte unlängst mit einer Forderung von sich reden: Meteorologen, die an der Rolle des Menschen bei der globalen Erwärmung zweifeln, solle die berufliche Zulassung entzogen werden.« Weiter schreibt der Autor im gleichen Artikel: »Hoffentlich ist jetzt auch der letzte Zweifler überzeugt‹, ist auch im deutschsprachigen Raum einer der in den Medien am häufigsten formulierten Sätze, wenn es um den jüngsten Klimabericht des UNO-Klimagremiums (IPCC) geht. Es gibt offenbar ein starkes Bedürfnis nach totalem Konsens. Wobei sich zwei Fragen aufdrängen: Warum müssen die letzten Zweifler überhaupt überzeugt werden? Und vor allem: Wovon sollen sie überzeugt werden?«

Die Art, wie plötzlich der Einfluss des Kohlendioxid für die Klimaveränderungen behauptet wird, ist tatsächlich überraschend. Ist wirklich die Erderwärmung von Menschen durch Verbrennung fossiler Brennstoffe gemacht? Gibt es überhaupt sichere Beweise für eine Erwärmung der Erdatmosphäre? Manche Geo- und Astrophysiker können sich dieser Ansicht nicht anschließen, sondern weisen auf die deutlich zunehmende Sonneneinstrahlung und die Veränderung des Erdmagnetfeldes hin, die heute mit neuen Satelliten wie Ørsted und Champ nachgewiesen werden können. Aber auch anerkannte Experten für Klimaforschung zweifeln: »Der renommierte US-Klimatologe Richard S. Lindzen, Professor am ebenso renommierten MIT bezweifelt die Schuld des Menschen am Klimawandel. Al Gore (der für seinen Klimawandel-Film einen Oscar erhalten hat) hält er für einen Hysteriker. Man solle sich doch bitte auf wesentlichere Probleme als die Rettung der Erde konzentrieren«, heißt es in der »Weltwoche« (Nr. 13/2007). Im gleichen Artikel sagt Lindzen im Interview: »Es steht mehr auf dem Spiel, nämlich Firmen wie Generation Investment Management, Lehmann Brothers, Apple, Google, bei allen hat Gore starke finanzielle Interessen.« Weiter sagt er: »Das Problem ist, dass die Medien ein Riesentheater um Temperaturunterschiede machen, die im Bereich der Ungewissheit liegen. Unsere Messmethoden sind zum Beispiel einfach noch zu ungenau. Um es noch mal zu sagen: Es ist wärmer geworden im letzten Jahrhundert, aber das Klima ist ein System, das immer variiert. Und es ist ein turbulentes System, da kann man nicht mit Dogmatismus kommen. Die Hauptfrage bleibt: Sind diese 0,5 Grad eine große oder eine kleine Veränderung, ist es ernst oder nicht? Wir wissen es nicht. Es sollte sich niemand schämen zu sagen, dass noch viel ungewiss ist. Und ein paar Zehntelgrade machen noch keinen ewigen Sommer. Wenn man die Unsicherheiten in den Daten berücksichtigt, hatte man Erwärmung von 1920 bis 1940, Abkühlung bis 1970, Erwärmung wieder bis Anfang der neunziger Jahre. Aber man kann das nicht so genau sagen, wie immer behauptet wird. Es gibt keine wesentlichen Unterschiede zwischen den Temperaturen von heute und jenen in den zwanziger und dreißiger Jahren. Das System ist nie konstant. Und das Ende der Welt auszurufen angesichts von ein paar Zehntelgraden, ist lächerlich.«

Professor Lindzen hat noch einige Dinge gesagt im gleichen Interview, die mir bedenkenswert erscheinen: »Ich arbeite am weltberühmten Massachusetts Institute of Technology (MIT). Ich bin ein Holocaust-Überlebender, meine Eltern flohen 1938 aus Deutschland. Wer mich einen ›Klimaleugner‹ nennt, beleidigt mich – und er beleidigt seine eigene Intelligenz. Mit Hass muss man rechnen, wenn man Fragen stellt in einem solchen Klima. Die Leute werden glauben gemacht, sie seien bessere Menschen, wenn sie mit ihrem ganzen Herzen glauben, die Welt käme an ein Ende, wenn man sie nicht sofort rettete. Dann entwickeln die Menschen religiösen Enthusiasmus, dann werden sie wie Islamisten.

Ich war am weltweiten Treffen der Geophysiker in diesem Winter in San Francisco. Al Gore sprach. Und seine Botschaft lautete: ›Haben Sie den Mut, dem Konsens beizutreten, machen Sie das öffentlich, und nehmen Sie sich die Freiheit, Abtrünnige zu unterdrücken.‹ Viele Interessensgruppen haben den Klimawandel entdeckt. Jeder wird davon profitieren außer den gewöhnlichen Konsumenten. Letztere müssen mit Propaganda zugeballert werden. Der Wissenschaftler profitiert, die Mittel haben sich mehr als verzehnfacht seit den frühen neunziger Jahren. Dann gibt es die Umweltbewegung, eine Multi-Milliarden-Operation, Tausende von Organisationen. Und die Schwierigkeit ist: Mit gewöhnlicher

Luft- und Wasserverschmutzung kommen wir zurecht, das können wir beheben. Man braucht Probleme, die man nicht beheben kann. Der Klimawandel ist also attraktiv.«

Es geht mir hier darum, die wissenschaftlichen Behauptungen mit spirituellen Aussagen zu vergleichen. Aus spiritueller Sicht ist den aktuellen Forschungen über Erd- und Klimaentwicklungen und deren menschliche Beeinflussung auch deshalb mit Vorsicht zu begegnen, weil die Forscher nur die Resultate der Vergangenheit verwenden können. Sie können neue Einflüsse nicht berechnen, weil solche noch gar nicht aufgezeichnet sind. Immerhin wird heute angenommen, während der letzten zehntausend Jahre habe es etwa acht Mal drastische Klimaveränderungen gegeben, die teilweise innerhalb weniger Jahrzehnte eingetreten seien. Wenn heute Wissenschaftler im Fernsehen auftreten, die kühn behaupten, die menschliche Hauptschuld sei klar erwiesen, haben sie grundsätzlich ihre Glaubwürdigkeit eingebüßt.

Es gibt keine solchen Gewissheiten, die man mit wissenschaftlichen Methoden innerhalb weniger Jahre erreichen kann. Die Wissenschaften sind voll von krassen Fehlbeurteilungen, auch bei weitaus weniger komplexen Problemen, als es der Klimawandel ist. Ich will das noch ein bisschen ausführen. Wir sind nicht einmal in der Lage, den Ärztebedarf, etwas eigentlich Überschaubares, auf zehn Jahre hinaus vorauszusagen. Vor zehn Jahren hat man in der Schweiz den Numerus clausus, die Zulassungsbeschränkung, für das Medizinstudium eingeführt, weil alle die drohende Ärzteschwemme befürchteten. Heute haben wir 40 Prozent ausländische Ärzte, weil uns die entsprechende Zahl fehlt. Bereits nach zehn Jahren! Ein anderes Beispiel: 1969 sagte der oberste Arzt der USA vor dem Kongress, alle Infektionskrankheiten seien demnächst besiegt! Man könne dieses Buch bald definitiv schließen. Heute haben wir bis zu einer halben Milliarde Malaria-Kranke mit jährlich einer Million Todesfällen (Schweiz. Ärztezeitung, Mai 2005, www.theglobalfund.org), zwei Milliarden sollen an Tuberkulose infiziert sein mit 5000 Todesfällen pro Tag (Basler Zeitung, 2. November 2006). Viele andere alte Infektionskrankheiten sind im Vormarsch, von den seither neu aufgetretenen wie AIDS usw. gar nicht zu reden. Das sind nur zwei gigantische Fehlprognosen von vielen anderen. Deshalb ist das verschiedensten Autoren zugeschriebene Bonmot so treffend: Prognosen sind immer schwierig, besonders wenn sie die Zukunft betreffen. Wissenschaft ist nie eindeutig. Aus der sogenannten Framingham-Studie, der größten und längsten Untersuchung in der Medizin überhaupt, kann man aus dem genau gleichen Datenmaterial wissenschaftliche Aussagen generieren, die sich diametral widersprechen (Hummler, Krapf 2005)! Es kommt nur darauf an, wie man die Ausgangswerte und die Rahmenbedingungen für die Berechnungen wählt. Die genannten Beispiele betreffen alle viel einfachere Fragestellungen, als dies bei Klimaveränderungen der Fall ist. Kann man etwa bei diesem hochkomplexen Gebiet der Klimaeinflüsse innerhalb der wissenschaftlich gesehen bedeutungslosen Zeitspanne von drei bis fünf Jahren eindeutige Beweise haben? Nachdem zuvor gerade in diesem Bereich laufend Falschaussagen gemacht wurden? Wer von treffsicheren Prognosen ausgeht, kann wissenschaftlich nicht mehr ernst genommen werden!

Verschiedene spirituelle Prognosen sagten für den Anfang des 21. Jahrhunderts einschneidende Veränderungen auf der Erde voraus. Ich beschränke mich der Einfachheit halber erneut auf die Aussagen des Channel-Mediums Silvia Wallimann. Dies auch, weil ihre Informationen nicht verschlüsselt und relativ neu sind. Nach meiner bisherigen Beobachtung sind sie bis jetzt in manchen Punkten stimmig. Sicherlich ist es ungewöhnlich, sich auf gechannelte Prognosen zu beziehen. Man kann seinen Ruf riskieren. Andererseits sind diese Aussagen jetzt mehr und mehr überprüfbar. Eine vortreffliche Gelegenheit für einen Test, sofern man mit der nötigen Vorsicht an die Sache herangeht. Wenn die Erde Teil eines bewussten kosmischen Hintergrundfeldes ist, erscheint es plausibel, dass begabte Medien von dort auch die Erde betreffende Informationen abrufen können. Vor allem zwei Bücher enthalten zahlreiche dieses Thema betreffende Aussagen, nämlich »Die Umpolung« und »Erwache in Gott«. Bei Erscheinen von »Die

Umpolung« 1987 war allerdings dieser Begriff in der Wissenschaft sowie in der Öffentlichkeit kaum gebraucht und bekannt. In diesem Buch heißt es, in den vom damaligen Zeitpunkt nächsten zehn bis fünfzehn Jahren würden die Klimaänderungen für jeden erkennbar. Das wäre also zwischen 1997 und 2002 gewesen, als jedem verändertes Wetter hätte auffallen müssen. Wohl niemand würde bestreiten, dass ziemlich genau in diesen Jahren die Veränderungen des Klimas erkennbar waren. Das ist bei den im Vergleich widersprüchlichen und großteils gegenteiligen Voraussagen der Wissenschaft doch erstaunlich. Erst die um die Jahrtausendwende ins All gesetzten, oben genannten Satelliten weisen auf die von Silvia Wallimann vorausgesagten Veränderungen der Sonneneinstrahlung und des Erdmagnetfeldes hin, die nicht mit dem von uns Menschen gemachten Treibhauseffekt erklärt werden können. Einige der neueren Erkenntnisse, die hauptsächlich von diesen Satelliten gewonnen wurden, sollen aufgelistet werden:

- Das Magnetfeld, das die Erde normalerweise vor dem hoch energetischen Sonnenwind schützt, schwächt sich kontinuierlich ab.
- Die magnetische Feldstärke nimmt je nach Erdregion zehn- bis hundertmal schneller ab, als wenn der Geodynamo (= Eisenkern im Erdinneren, dessen Drehung das Magnetfeld erzeugen soll) abgeschaltet wäre. Nach anderer Forschung hat offenbar die magnetische Feldstärke schon seit Mitte des 19. Jahrhunderts zunehmend stärker abgenommen als in den Epochen davor.
- Teile des Dynamos im Erdinneren scheinen eine Gegenbewegung begonnen zu haben; örtlich hat sich das Erdmagnetfeld bereits heute umgepolt. Dort zeigt die Kompassnadel schon heute in die umgekehrte Richtung. Diese örtliche Umpolung scheint sich zu beschleunigen.
- Gleichzeitig bewegt sich der Nordpol mit hohem Tempo Richtung Süden. Seine Wandergeschwindigkeit hat in den letzten Jahren von zehn auf fünfzig Kilometer pro Jahr zugenommen.
- Diese Daten weisen darauf hin, dass tatsächlich eine Umpolung begonnen hat, nach deren Abschluss der magnetische Nordpol am jetzigen Südpol wäre und umgekehrt.

– Eine Umpolung könne nur mit gravierenden Klimaveränderungen einhergehen, so dass Tornados, Überschwemmungen und Dürreperioden die Regel wären.

Die Umpolung ist als Möglichkeit wissenschaftlich allgemein anerkannt. Allerdings rechnet die Mehrzahl der Forscher mit riesigen Zeiträumen von Tausenden von Jahren. Es gibt aber auch Forschergruppen, die aus Untersuchungen von Tiefsee- und Eisbohrkernen viel kürzere Zeiträume für eine Polverschiebung für möglich halten – bis zu weniger als fünfzig Jahren, also innerhalb eines Menschenlebens. Von anderen Forschern werden auch verstärkte Erdbebentätigkeit und Vulkanausbrüche für wahrscheinlich gehalten, dies ebenfalls in Übereinstimmung mit den medialen Aussagen von Wallimann. Nach Vladimir Kossobokov und Leontina Romashkova vom Internationalen Institut für Erdbebenvorhersage und Mathematische Geophysik in Moskau befindet sich der Erdmantel seit etwa zehn Jahren in einem kritischen labilen Zustand und die Wahrscheinlichkeit ist groß, dass dies weitere Mega-Erdbeben, wie das katastrophale Sumatra-Andamanen-Beben vom 26. Dezember 2004 (Tsunami) verursachen wird.

Wir haben es also aktuell mit drei Phänomenen zu tun, die man mit Klimaveränderungen in Verbindung bringen kann: den von Menschen gemachten Treibhauseffekt, die vom Treibhauseffekt unabhängige verstärkte Sonneneinstrahlung sowie die Magnetfeldveränderungen der Erde.

Glaubt man Silvia Wallimann, dann stehen diese drei Phänomene in einem inneren, geistigen Zusammenhang: »Gewaltige Explosionen und Temperaturveränderungen werden nicht nur auf den Planeten Erde einwirken« (Wallimann 1987: 67). Vergleichen wir diese Aussagen mit den Ereignissen der jüngsten Zeit. So heißt es in der »Neuen Zürcher Zeitung« vom 9. November 2003 auf der Titelseite: »Die Sonne in großem Aufruhr: Auf unserem Zentralgestirn brodelt es wie nie zuvor und niemand weiß warum.« In der NZZ vom 24. Dezember 2003 wurde noch etwas genauer auf die Ereignisse auf der Sonne und die Auswirkungen auf der Erde eingegangen. Wir erfuhren dort von ETH-Wissenschaftlern, dass die am 28. Oktober 2003 von der Sonne herausgeschleuderte Blase von ionisiertem Gas einen Tag später auf der Erde ausgeprägte Störungen im erdmagnetischen Feld und in technischen Systemen wie Stromversorgungen auslöste. Es hätte diesen Forschern zufolge bei diesem Ereignis noch weit schlimmer kommen können mit Lahmlegung fast aller unserer elektrischen und elektronischen Einrichtungen, »wenn das Magnetfeld der Gaswolke dem Magnetfeld der Erde entgegengerichtet gewesen wäre«. Im gleichen Artikel erfuhr man auch, dass die intensive elektromagnetische Strahlung sich vom Radiowellenbereich bis in den Röntgen- und Gammawellenbereich erstreckte und dass die Forscher eine solche Intensität der Strahlung nie zuvor gemessen hätten. Auch hier finden wir eine erstaunliche Übereinstimmung medialer Voraussagen mit wissenschaftlichen Beobachtungen. Anerkannt scheint eine abnehmende Sonnenstrahlung von Mitte des letzten Jahrhunderts bis etwa 1990 zu sein und ab dann eine Umkehr mit zunehmender Einstrahlung von der Sonne.

Nach heutigen Erkenntnissen hat das Channelmedium die nachweisbare Häufung von Naturkatastrophen nicht nur zeitlich wesentlich genauer vorausgesagt als die Wissenschaft, sondern auch die gleichzeitig ablaufenden Veränderungen des Erdmagnetfeldes und der Sonneneinstrahlung erwähnt, als noch niemand davon sprach und man diese vermutlich wissenschaftlich noch gar nicht entdeckt hatte. Das ist für mich Anlass genug, ihre Aussagen ernsthaft zu bedenken und zu prüfen, ohne dabei unkritisch zu werden. Es geht darum, den möglicherweise gemeinsamen Hintergrund der Veränderungen von Klima, Sonneneinstrahlung und Magnetfeld im Bewusstsein zu behalten und mit den weiteren wissenschaftlichen Resultaten zu vergleichen. Nach diesem spirituellen Erklärungsansatz nehmen nicht nur die Klimakatastrophen zu, sondern, wie erwähnt, ebenso Erdbeben und Vulkanausbrüche. Nach Silvia Wallimann und anderen Voraussagen hellsichtiger Art geht es um Folgendes:

Aus spiritueller Sicht stehen wir in einer unstabilen Übergangszeit. Dieser Übergang geht mit größeren Veränderungen auf der Erde einher und hat seinen Ursprung in kosmischen, weit über die Erde hinausgehenden Entwicklungen. Ebenso stark wie die Veränderungen der Umwelt sind die Veränderungen im Bewusstsein der Menschen. Trotz des kosmischen Ursprungs haben die Menschen Einflussmöglichkeiten, einerseits im Umgang mit der Umwelt, wie das jetzt allgemein gefordert wird; viel stärker aber noch durch die »Umpolung« ihres Bewusstseins, das heißt durch ein anderes Denken und Fühlen. Gerade bei Katastrophen kann sich in den Menschen das Bewusstsein in der Art einer Besinnung auf unseren Ursprung und unsere geistige Verbundenheit mit der ganzen Schöpfung entwickeln. Nach meinem Verständnis geht es dabei insbesondere um das Thema auch dieses Buches, nämlich um eine neue Beziehung zur Materie, die wir früher oder später als mit Bewusstsein versehen begreifen können. Das Erkennen, dass die Erde mit Bewusstsein versehen ist und folglich mit unserem Bewusstsein in Wechselwirkung steht, ist eine große Chance für die Zukunft. Bei Silvia Wallimann heißt es: »Wenn dann der vieldiskutierte Bewusstseinssprung stattfindet, werden die Menschen erkennen, dass auch die Materie von Geist beseelt ist« (1987: 67).

Sollten die Klimaforscher des UNO-Klimagremiums mit ihrem Bericht doch stärker Recht haben, als das Professor Lindzen glaubt, müssen wir aus einer realistischen irdischen Sicht aufgrund der Entwicklung der letzten Jahrzehnte uns eingestehen, dass wir aus eigener Kraft eine Kehrtwende bezüglich Kohlendioxid-Produktion kaum schaffen würden. Die vielen Absichtsäußerungen der Politiker kann ich nur mit großer Skepsis zur Kenntnis nehmen. Auch die sehr begrenzten Ziele des Kyoto-Protokolls können nicht erreicht werden. So entsteht die Gefahr der Resignation, wenn wir allein den von uns verantworteten Treibhauseffekt als Ursache für die Veränderungen sehen, wie es ein Interviewzitat des Kunstmäzens und Milliardärs Ernst Beyeler zum Ausdruck bringt: »Ich setze mich gegen den Klimawandel ein. Ich gebe mich allerdings nicht der Illusion hin, dass ich etwas verändern könnte. Es ist alles ein sinnloses Bemühen. Wenn man das ganze Ausmaß der Katastrophe erkennt, könnte man sich gleich erschießen« (Das Magazin, April 2005). Ich glaube, ein solcher Pessimismus, eine solche Verzweiflung sind weder gerechtfertigt noch sinnvoll.

Viel eher kann ich mich der Meinung des Tschechischen Präsidenten Vaclav Klaus anschließen. Er hat in einem Interview mit dem tschechischen Finanzblatt »Hospodárské Noviny« gesagt:

»Zum Beispiel wissen wir, dass eine enge Korrelation besteht zwischen dem Aufwand, den wir auf unsere Umwelt verwenden einerseits und den technologischen und wirtschaftlichen Möglichkeiten auf der anderen Seite. Es ist klar, dass, je ärmer die Länder sind, umso rauer behandeln sie die Natur. Und umgekehrt: Je reicher die Gesellschaften sind, desto mehr tun sie für die Umwelt. Fest steht auch, dass es Gesellschaftssysteme gibt, die die Umwelt schädigen – indem sie das Privateigentum abschaffen und ähnliche Dinge – und zwar weit mehr als die freien Systeme. Dieser Zusammenhang wird auf Dauer entscheidend sein. Er zeigt sich ganz einfach darin, dass die Natur heute am 8. Februar 2007 unvergleichlich besser geschützt ist als am 8. Februar, zehn, fünfzig oder hundert Jahre zuvor« (www.politicallyincorrect.de).

Wer die Erkenntnisse der Quantenphysiker akzeptieren kann, weiß: Wie alles im Kosmos hat auch die Erde ein Bewusstsein und reagiert auf die Anforderungen unserer Zeit auf ihre Weise. Wir Menschen erleben das zwar in mancher Hinsicht als Katastrophen, aber für den Planeten selbst ist es als Hilfe geplant. Diese »Bemühungen« der Erde können durch ein entsprechendes Bewusstsein der Menschen unterstützt werden. Ebenso lehne ich Selbst- und Fremdbeschuldigungen ab. Ein Altpolitiker, der sich als Zeitungskolumnist betätigt, schreibt am 31. August 2007 in der »Basler Zeitung« unter dem Titel »Die Erde rächt sich«, auch andernorts gehörte Beschuldigungen: Nach dem amerikanischen sei jetzt der chinesische Kapitalismus genauso nur von Geldgier kontrolliert. Rücksichtslos würden in China Umwelt und Menschen ausgebeutet.

Werden denn die Millionen Chinesen, die noch in Armut leben, vergessen? Sind sie zu verurteilen, weil sie genauso von

Fernseher, Auto und Computer fasziniert sind wie wir? Worin liegt der Unterschied: Wenn wir in radikalchristlicher Überzeugung mit dem Finger auf die Bewohner von New Orleans oder Thailand zeigen und behaupten, Gott bestrafe die Sünder; oder den Chinesen vorwerfen, die Erde räche sich an ihnen wegen ihrer Geldgier, während wir monatlich unsere sichere Altersrente kassieren? Sind wir geldgierig, wenn wir nicht auf unseren Lohn oder unsere Rente und damit unter anderem auf eine moderne Wohnung mit allen luxuriösen Annehmlichkeiten verzichten? Ob dieser Politiker wohl in Garten oder Wald aus Umweltschutzgründen heimlich ein Plumpsklo betreibt und damit auch gegen den Umweltschutz verstößt? Warum kann er einen Fernsehbericht von ZDF zitieren, wenn er der Geldgier entsagt und damit auf den Fernseher verzichtet? Schreibt er seine Kolumnen mit Feder und Tinte? Ich habe früher nicht gelesen, dieser Politiker sei mit dem Fahrrad nach Bern zu Parlamentssitzungen gefahren. Verzichtet er jetzt, da er alt ist, auf unsere teure und luxuriöse Medizin und bescheidet sich mit Kräutertee? Ich beschuldige diesen Altpolitiker und Kolumnisten überhaupt nicht. Wir alle verhalten uns so. Wir sind fasziniert von dieser materiellen technischen Welt, und ich sehe keinen Grund, uns deswegen anzuklagen. Könnte es sein, dass es auch darum geht, jetzt den Entwicklungs- und Schwellenländern doch nicht die gleichen wirtschaftlichen und technischen Wachstumschancen einzuräumen, wie wir sie hatten und haben? Wenn wir lesen, wie nicht nur vom zitierten Kolumnisten, sondern ständig und überall auf China herumgehackt wird wegen veralteter Fabriken und Kraftwerken kann man sich eines entsprechenden Verdachts nicht erwehren. Ich persönlich bewundere das chinesische Volk samt ihrer Führung, wie sie die fast nicht lösbare Aufgabe anpacken, ihr Riesenland und ihr Riesenvolk ins 21. Jahrhundert zu führen. Deswegen braucht man nicht die Augen zu verschließen vor den technischen und politischen Fehlern, die begangen werden. Wir selbst konnten schon die moderne technische Zivilisation genießen, als sich China noch nicht einmal von den Folgen der Kolonialisierung durch unsere europäischen Nationen erholt hatte.

Ich habe bereits beschrieben, wie wir unsere Fehler beispielsweise mit Chemiedeponien zunehmend korrigieren, dank materieller Ressourcen und technischem Know-how. Wir haben mehrere Jahrzehnte gebraucht für diesen Lernprozess. In China scheint das viel schneller zu gehen. Wir können die Katastrophen und Veränderungen als unvermeidbare Bedingungen der weiteren Entwicklung von Erde und Menschheit begreifen und akzeptieren. Unser Verhältnis zur Materie und zur Erde kann sich dadurch grundlegend ändern. Wenn nur ein Viertel der Menschheit sich täglich klar macht, dass die Erde ähnlich wie wir Bewusstsein hat und wir uns mit ihr bewusst verbinden können, lässt sich sehr viel bewirken. Die Verunsicherung bezüglich unseres Überlebens auf der Erde hat wesentlich auch mit einer Einstellung zu tun, die viel älter ist als die jüngste Krise bezüglich Erderwärmung und Energieressourcen. Die Angst, unsere Verantwortung in der Evolution zu übernehmen und die Angst, ein strafender Gott wolle uns im nackten Urzustand behalten wie einst Adam und Eva, scheint nicht ausrottbar. Diese Angst hält sich unterschwellig ebenso bei Menschen, die sich scheinbar von den religiösen Traditionen gelöst haben. Die Kritik ist oft auch sachlich falsch. In der oben erwähnten Kolumne des Altpolitikers steht, die Liste der Tierarten, die der Mensch nie wieder sehen werde, sei Zeugnis seiner Schießkunst und seiner Dummheit. Die Tierarten, auf welche die Menschen vor allem schießen und geschossen haben, existieren fast alle noch, handle es sich nun um Tiger, Löwen, Elefanten, Adler, Geier, Wölfe oder Bären. Solche Aussagen wie die obige sind Zeugnis unserer Selbst- und Fremdbeschuldigungswut. Wir haben keine andere Wahl, als uns weiterzuentwickeln – sowohl unser Bewusstsein als auch technisch. Mag sein, dass man die ganze Schöpfung auch als einen einzigen Sündenfall sehen kann. Doch helfen uns solche Erklärungen weiter? Was helfen diese Beschuldigungen? Sind sie nicht eine Flucht vor der Übernahme der Verantwortung? Ein spirituelles Verständnis dieser Welt wird uns unterstützen, die Erde und ihre materiellen Güter genauso zu lieben wie uns selbst und jeden Tag für dieses Leben hier dankbar zu sein.

Die Schimpansenforscherin Jane Goodall hat Bücher über die Hoffnung geschrieben. Ihre mündlichen Kommentare sind jedoch weit näher an Verzweiflung und Hoffnungslosigkeit. Ihren Worten zufolge benötigten wir die Ressourcen von vier Erdplaneten, sollten alle jetzt lebenden Menschen unseren westlichen Lebensstandard erreichen. Diese Berechnung mag stimmen oder nicht. Wenn wir annehmen, sie stimme, könnten wir der Erde dankbar sein, wenn sie der Vermehrung von uns Menschen Grenzen setzt, bevor sie selbst zu sehr geschädigt wird. Was wir derzeit erleben, halte ich nicht wirklich für eine Gefährdung der Erde. Sie hat schon ganz andere Veränderungen und Katastrophen durchgestanden und sich neu organisiert, wie uns die Forscher berichten. Gefährdet dürfte allenfalls die im gleichen Rhythmus weitergehende Vermehrung der Menschen sein. Und das entspricht unseren eigenen Zielen. Hier pflegen wir eine seltsame Doppelbödigkeit. Einerseits beklagen wir die Überbevölkerung und die dadurch gefährdeten Ressourcen der Erde. Andererseits sehen wir es als größte Katastrophe und Bestrafung, wenn die Erde versucht, sich selbst zu helfen. Einige Menschen werden diese Aussagen vielleicht für Zynismus halten. Mir geht es aber darum, eine unangenehme Wahrheit nicht einfach zu tabuisieren. Es bestehen ernsthafte Zweifel an unserer gegenwärtigen Fähigkeit, die Vermehrung von uns Menschen weltweit wirksam zu begrenzen. Warum sollte uns nicht die Mutter Erde selbst zu Hilfe kommen? Natürlich wünschen wir alle, wir selbst würden verschont vor Katastrophen. Genauso wie wir bei allen Ausscheidungsverfahren wie Studienzulassung, Stellenabbau, Krankheitsepidemien immer hoffen, wir selbst hätten Glück und würden verschont. Brauchen wir deswegen andauernde Selbstbeschuldigungen? Wir können lernen, die nicht vermeidbaren, global auftretenden Katastrophen zu akzeptieren, ohne in Resignation und Verzweiflung zu verfallen. Auf jeden Fall ist es positiv, wenn jetzt die Alternativenergien stärker gefördert werden.

Wenn mit dem Ørsted-Satelliten eine vermehrte Sonneneinstrahlung auf die Erde festgestellt wird, ist das nur die materielle Seite.

Wenn wir uns aber vergegenwärtigen, dass die Sonne und das Sonnenlicht ebenso Bewusstsein haben wie alle sogenannte Materie im Kosmos, können wir uns fragen, was an Bewusstsein von der Sonne zur Erde wandert. Wahrscheinlich hat der Begründer der Anthroposophie, Rudolf Steiner, schon eine Antwort gegeben, indem er darauf hinwies, es ströme mit dem Sonnenlicht auch göttliche Liebe auf die Erde. Mit diesem Verständnis begreifen wir, wenn es in den Büchern von Silvia Wallimann heißt, die Veränderungen sollten nicht als Gottes Strafe missverstanden, sondern als Ausdruck der göttlichen Liebe begriffen werden: »Wir alle haben die Chance, uns zu besinnen, wenn sich die Natur in den nächsten zehn bis fünfzehn Jahren deutlich regt und für jeden sichtbar das Neue Zeitalter ankündigt. Wenn die unverkennbaren Zeichen der neuen Zeit wie gewaltige Fluten unsere Erde durchströmen und wenn unsere Antwort nicht Angst und Misstrauen, sondern Liebe und Vertrauen ist, so sind wir im entscheidenden Augenblick fähig, uns vom göttlichen Willen lenken zu lassen; furchtlos erkennen wir dann die außerirdischen Hilfen. Unsere wachsende positive Einstellung sowie das innere Wissen um die Notwendigkeit der planetarischen Reinigung werden viele physische Katastrophen überflüssig machen. Wir sollen uns nicht mit den Zweifeln des Verstandesbewusstseins quälen, sondern uns um die Erkenntnis bemühen, dass wir weder unser Verstand noch unser Körper sind (Wallimann 1987: 8)«

»Liebe Erde,
wir haben dich lange als bewusstlosen Lehm- und Felsklumpen gesehen? Es war selbstverständlich, dass du uns die Grundlagen unseres Lebens garantiertest. Wir genossen deine Schätze meist als selbstverständlich und ohne zu danken.
Bei jeder Tankfüllung meines Autos könnte ich eigentlich mit Dankbarkeit an dich denken. Deinem Bewusstsein und deinen Energien könnte ich vertrauen.
Unsere Hoffnung und Zuversicht in deine Selbstheilungskräfte und in deine Fürsorge könnten uns helfen, die Zukunft mit Verantwortung und Lebensfreude zu gestalten.«

Lenken wir unsere Aufmerksamkeit auf die Fülle, nicht auf den Mangel. Da wir die Kraft und Kreativität unseres Geistes erkennen, wissen wir um die Wirkung unseres Bewusstseins und unserer Aufmerksamkeit in aufbauender wie zerstörerischer Richtung. Deshalb hat wohl Mohammed den Rat gegeben, wenn man sich etwas wünsche, solle man dafür danken. So habe ich Heilende erlebt: Sie haben nicht für die gewünschte Heilung gebetet, sondern dafür gedankt. Gehen wir von der Fülle, von der Heilung, von der wohlwollenden Entwicklung aus! Sandra Ingerman, die große Schamanismus-Expertin, hat eindringlich gefragt, wie wir uns denn eine gesunde Erde schaffen könnten, wenn es uns nicht gelänge, uns diese vorzustellen. Wörtlich sagt sie: »Aus alchemistischer Sicht ist die Verschmutzung unserer Welt eine Reflexion unseres inneren Zustandes. Da wissen wir, dass die Harmonie im Inneren die Harmonie im Außen schafft. Die Veränderung der Welt geschieht durch das, was du bist, nicht durch das, was du tust. Unsere Imaginationen sind eine Gabe von Gott und haben eine unglaubliche Macht. Wenn du dir die Möglichkeit einer sauberen Welt nicht vorstellen kannst, wirst du sie nicht schaffen können. In aller spirituellen Arbeit muss man sich auf das konzentrieren, was man tun möchte, und in aller spirituellen Arbeit ist es wichtig, eine Absicht zu haben. Für das Gehirn bedeutet, eine Absicht zu setzen, bereits eine Aktion« (Ingermann 2003; Übersetzung durch J. Bösch).

Spirituell durch Wut und Eifersucht

Lange Zeit lokalisierten die Hirnforscher die Gefühle im Gehirn. Der Körper schien nur mehr als Träger des Kopfes zu dienen. Tatsächlich aber erleben wir die Gefühle im Körper. Candace Pert hat als fünfundzwanzigjährige Studentin die Rezeptoren für das körpereigene Morphin, die sogenannten Endorphine, entdeckt. Rezeptoren sind die Landeplätze an den Zellen für zahllose verschiedene Moleküle. In ihrem Buch »Moleküle der Gefühle« beschreibt sie eindrücklich, wie sich an allen Organen des Körpers millionenfach Rezeptoren nachweisen lassen. Diese Rezeptoren verbinden sich mit den Gefühlsmolekülen, wenn sich zwischen beiden eine Resonanz herstellt, also beide Seiten in Frequenzen schwingen, die zueinander passen. Wir wissen, durch eine Überlagerung von zwei Schwingungen kann sich sowohl eine verstärkende Resonanz, aber auch eine gegenseitige Abschwächung bis zur Auslöschung einstellen. Die an vielen Stellen im Körper vorhandenen Rezeptoren beweisen die Wirkung unserer Gefühle im ganzen Körper, auch wenn wir sie an manchen Stellen oft nicht bewusst wahrnehmen.

Shinzen Young, ein buddhistischer Lehrer amerikanischer Nationalität, hat sich intensiv mit Schmerz und schwierigen Gefühlen befasst. Er lehrt: Abwehr von Schmerz und sogenannt negativen Gefühlen vergrößern nur das Leiden der Menschen. Er schreibt: »Ein Problem ist unsere Tendenz, bei schwierigen Gefühlen über die Umstände nachzustudieren und darüber, was wir machen könnten. Wir verwenden unsere Zeit und Energie nicht, um durch die schwierigen Gefühle zu lernen und Einsicht zu gewinnen für eine Reinigung des Bewusstseins und für radikales spirituelles Wachstum« (www.shinzen.org; Übersetzung durch J. Bösch). Damit trifft er den Kern der Sache. Wir unterdrücken unsere schwierigen Gefühle, verleugnen sie auf mannigfache Art und bekämpfen sie häufig. Auch hier bewahrheitet sich die bekannte Regel, wonach das, was wir bekämpfen, zurückkämpft und uns belastet und verstrickt.

Unzählige Menschen beklagen sich in der Beratung über Stillstand in ihrer Entwicklung. Bei näherer Betrachtung offenbaren sie einen teilweise jahrzehntelangen Kampf gegen Schmerz, Wut, Trauer und Eifersucht. Manchmal sind diese Gefühle komplett vom Bewusstsein abgespalten und eingekapselt. Oftmals haben die religiöse Erziehung oder überhöhte Ideale solche Fehlentwicklungen begünstigt. Eine moderne spirituelle Sichtweise jedoch akzeptiert alle Gefühle als gleichberechtigte Teile unserer irdischen Ausstattung – so wie wir alle unsere Organe gleichberechtigt sehen und nicht die Lunge als gut und die Leber als schlecht beurteilen.

In der zweiten Hälfte des zwanzigsten Jahrhunderts beschäftigte sich die Forschung sehr intensiv mit den Risikofaktoren für Herzinfarkt und Arteriosklerose. Sie entdeckte damals das sogenannte Typ-A-Verhalten, das unter anderem durch häufigen Stress und Ärger gekennzeichnet war. Man schrieb der Wut und dem Ärger vor allem bei chronischem Vorkommen geradezu Killerqualitäten zu. Diese Befunde führten bei vielen Menschen noch zu verstärkter Unterdrückung und Verdrängung solch negativer Gefühle.

Eigentlich wissen wir seit Sigmund Freud um den schädlichen Einfluss unterdrückter Gefühle. Diese Ansicht wird auch durch moderne Forschungsresultate bekräftigt. Betreffend Wut postulierte Freud einen angeborenen Aggressionstrieb, dessen Unterdrückung zu seelischen und körperlichen Störungen führen könne, vor allem weil die Aggression auch gegen sich selbst gerichtet werde. Seither streiten sich die Experten, ob es gesünder sei, manchmal Dampf abzulassen oder die Wut zu beherrschen. Die Psychoanalyse arbeitet sehr stark mit dem Dialog zwischen

Therapierenden und Klienten und hat das Ziel, die Gefühle zu analysieren. Eine emotionale Befreiung geschah trotz vieler Einsichten oft nicht. Die von Fritz Perls begründete Gestalttherapie hilft den Klienten stärker, ihre Wahrnehmung auf die Körperempfindungen zu fokussieren, was ganz neue Einsichten bringen kann. Ich habe Fritz Perls nicht persönlich erlebt, aber verschiedene direkte Schüler von ihm. Als ich Anfang der 1970er Jahre in Europa mit Ruth Cohn und im Esalen Institut in Big Sur, Kalifornien, mit Jim Simkin die Gestalttherapie kennenlernte, war das eine ungeheure Befreiung und eine therapeutische Erweiterung für mich. Zur Daseinsanalyse von Medard Boss war es eine stimmige Ergänzung. Meine spirituelle Seite hatte da Platz. Einzelne große Gestalttherapeuten wie Erving Polster zeigten auch keine Scheu, den Zusammenhang der Gestalttherapie mit religiösen oder spirituellen Erfahrungen herzustellen. In dieser Art Therapie kommen nicht selten Erlebnisse vor, die Polster als Erfahrung der unteilbaren Einheit mit »dem Anderen«, oder auch als das »allgegenwärtige Andere« bezeichnet. Zwischen dieser Art von Gestalttherapie und dem Zugang von Shinzen Young zeigen sich viele Übereinstimmungen. Allerdings geht Shinzen deutlich weiter. Er empfiehlt, allen Gefühlen, insbesondere aber den schwierigen, mit Aufmerksamkeit und Gelassenheit sich zuzuwenden. Man solle versuchen, alle Qualitäten dieser Gefühle, beispielsweise das Aroma, den Ort, die Intensität und die Form des betreffenden Gefühls wahrzunehmen. Man werde meistens Veränderungen dieser Qualitäten bemerken, am meisten hinsichtlich Intensität; und man soll sich diesem Stärker- und Schwächerwerden überlassen. Dies führe zu einer vollständigen Erfahrung, einem Moment spiritueller Perfektion. Er beschreibt eindrücklich, wie beispielsweise die Wut durch alle Körperteile fließen kann mit der Wahrnehmung eines Energieflusses, manchmal bis zu einem Einheitserlebnis mit der »spirituellen Quelle«, wie er das Göttliche nennt. Er schreibt: »Tatsächlich bilden Wut, Angst, Traurigkeit und so weiter die besten Gelegenheiten für eine Reinigung des Bewusstseins mit dem zwanglosen Fluss der Natur« (www.shinzen.org, Übersetzung durch J. Bösch).

Die Herangehensweise der hellsichtigen Anouk Claes hat manche Gemeinsamkeiten mit jener von Shinzen Young. Anouk hat jedoch einen speziellen Zugang, den ich zuvor noch nie erlebt habe: Sie sieht die Gefühle im Körper unmittelbar wie eine Art farbige Flüssigkeit. Das ist in der Beratung sehr hilfreich. Wenn Anouk die Gefühle wie Flüssigkeiten wahrnimmt, denkt man unwillkürlich an die Ausführungen von Candace Pert, die beschreibt, wie Millionen der Gefühlsmoleküle durch den Körper fließen. Die direkte hellsichtige Wahrnehmung kann enorm Zeit sparen und Dinge in einer Sitzung klar machen, wozu man mit traditionellen psychotherapeutischen Methoden wesentlich mehr Zeit benötigt. Dies war ein wesentlicher Grund für die intensivere Zusammenarbeit mit Anouk, nachdem ich 2004 ihre herausragenden Fähigkeiten in den gemeinsamen Sitzungen mit Patienten bald erkennen konnte. Nach Anouks Wahrnehmung haben fünf »Grund-Emotionen« ihren spezifischen Ort im Körper, eine Art Stammplatz, wo sie normalerweise hingehören. Es sind dies Liebe, Trauer, Glücksgefühl, Wut und Eifersucht. Dieser spezifische Stammsitz für jedes dieser Gefühle findet sich nach Anouks Wahrnehmung bei allen Menschen mehr oder weniger am gleichen Ort. Auch in China, wo Anouk drei Jahre lebte, hätte sie trotz kultureller Differenzen die gleichen fünf Gefühle mit gleichem Stammsitz wahrgenommen. Die Verarbeitung einer Emotion kann umfassend am besten an ihrem spezifischen Ort erfolgen. Diese Orte sind in der von Anouk Claes herausgegebenen Zeitschrift »Heilen heute« im Detail dargestellt. Jede negative Wertung und Verurteilung einer Emotion kann zu deren Verschiebung führen und den Zugang einschränken. Wie schnell das gehen kann, mag ein Beispiel illustrieren:

Karl, ein reformierter Pfarrer Mitte vierzig, besuchte einen unserer ersten gemeinsamen Workshops. Die Teilnehmer hatten die Aufgabe, sich einen Gegenstand vorzustellen, den sie besonders schön fanden. Sie sollten dann zu zweit mit Hilfe der Hände überprüfen, ob und wo sie im Körper das entsprechende Gefühl aufgrund einer Wärmedifferenz finden konnten. Karl und sein Übungspartner meldeten sich, das Gefühl sei im Körper nicht zu lokalisieren, es sei wie außerhalb. Anouks Überprüfung bestätigte diesen Befund. Was er sich denn vorgestellt habe, fragte sie. »Einen schönen Garten«, war die Antwort. Ob der Garten das für ihn Schönste sei, was er sich vorstellen könne? »Eigentlich«, meinte Karl nach einigem Zögern, »finde ich mein neues Cabriolet, mit dem ich hergefahren bin, besonders schön.« Karl hatte, wie klar wurde, sich nicht erlaubt, als evangelischer Pfarrer sein Cabrio besonders schön zu finden. »Stell einmal in deiner Vorstellung das Cabrio in den Garten«, riet ihm Anouk. Nachdem Karl diesen Rat befolgt hatte, konnten er und sein Übungspartner mit Überraschung das Gefühl an seinem richtigen Platz finden. In diesem Beispiel war es nur eine kleine Entwertung, ein Nichtanerkennen seines wirklichen Gefühls, das bereits eine Verschiebung verursachte. Bei längerer konsequenter Unterdrückung können diese Gefühle bei sich nicht mehr wahrgenommen und erkannt werden, obwohl sie weiterhin vorhanden sind. Der Tiefenpsychologie ist dies seit Freud als Verdrängung bekannt. Beispielsweise kann ein seelischer Schmerz, den man nicht wahrnehmen und nicht wahrhaben will, sich in die Schultern, die Arme oder Beine verschieben und macht dann dort oft als chronischer, psychosomatischer Schmerz auf sich aufmerksam. Mit Anleitung und gewisser Unterstützung schaffen es die meisten Menschen in unseren Kursen, den Schmerz wieder zurück an die richtige Stelle zu leiten und die entsprechenden Gefühle wahrzunehmen, worauf in gewissen Fällen der »psychosomatische« Schmerz augenblicklich verschwinden kann. In klassischen Psychotherapien kann solch ein Prozess, wie gesagt, Monate oder sogar Jahre dauern.

Ich konnte an mir selbst eine Erfahrung mit der hellsichtigen Diagnose machen. Ich hatte Anouk gebeten, mich darauf aufmerksam zu machen, wenn sie hellsichtigerweise bei meinen Gefühlen Besonderes bemerke. Eines Tages kam sie zu den gemeinsamen Konsultationen und fragte mich gleich, wie es mir gehe. Ich gab eine oberflächliche, ausweichende Antwort: »Die Schulter, die ich früher mal verletzt habe, tut etwas weh.« Aber Anouk blieb hartnäckig: »Ja, geht es dir wirklich gut?« Da wusste ich gleich, dass ich sorgfältiger wahrnehmen und antworten sollte. Ich bekannte daraufhin, einen heftigen Schmerz, also Liebeskummer wegen einer Beziehung mit mir herumzutragen. Dem konnte ich mich jedoch bei der Arbeit nicht überlassen und schob ihn deshalb beiseite. Als ich den Schmerz an seiner typischen Stelle, also an seinem Stammsitz zuließ, machte ich die erstaunlichste Erfahrung meiner mehr als dreißigjährigen Psychiater- und Psychosomatikerkarriere: Der Schmerz in der Schulter verschwand innerhalb Augenblicken! Dieser Schmerz kam ganz selten noch zurück. Ich respektierte ihn nach jenem Erlebnis als das rote Lämpchen, das mich auf ein unterdrücktes Gefühl aufmerksam machen kann. Dieses sofortige Nachlassen oder Verschwinden der Schmerzen beim Zulassen des entsprechenden Gefühls habe ich nicht regelmäßig, aber doch des Öfteren bei Patienten beobachten können. Wichtig ist, den Schmerz nicht abzuwehren, sondern die Aufmerksamkeit auf ihn zu lenken. Vermutlich werden wir meistens zuerst einfachere Wege wie Schmerzmittel, Physiotherapie oder Ähnliches versuchen, wenn wir nicht gerade das Ziel haben, Schmerzhelden zu werden. Bei chronischen Schmerzen würde ich jedem raten, sich aufmerksam den Schmerzen zuzuwenden. Manchmal sind die Erfahrungen sogar amüsant.

Manuel, ein Mann in den Dreißigern mit einem pädagogisch-künstlerischen Beruf, litt seit vielen Jahren an kaum auszuhaltenden Ängsten und Schmerzen. Sie hielten ihn in Abhängigkeit von Therapeutinnen und Freundinnen. Einmal kam er in die Sprechstunde und klagte über heftige Schmerzen auf Herzhöhe, aber auf der rechten Seite. »Können Sie versuchen, diese Schmerzen auf die linke Seite zu verschieben?«, fragte ich ihn. Manuel staunte, wie bald ihm das gelang. Ich riet ihm dann, die Schmerzen nach unten links, von dort nach rechts und wieder nach oben zu verschieben. Etwas erstaunt verließ Manuel die Konsultation mit dem Ratschlag, diese Übung jeden Tag ein paar Mal zu wiederholen. Schon am nächsten Tag erhielt ich eine SMS mit dem Text: »Sie haben mir ein neues Spielzeug gegeben!« Als Manuel sechs Wochen später wieder zur Konsultation erschien, berichtete er, die Schmerzen seien mit den Übungen zunehmend schwächer geworden und schließlich verschwunden. Mit dem Spiel des Verschiebens hat er die Schmerzen nicht mehr abgewehrt, sondern sich ihnen zugewendet.

Die spezifische und eindeutige Wahrnehmung der Gefühle ist nur im Körper möglich. Oft sind unsere Gefühle gemischt; Liebe, Wut und Trauer können gleichzeitig aktiviert werden. Häufig lokalisieren wir sie auch nicht an besonderen Orten im Körper, sondern finden sie – verknüpft mit Gedanken – überwiegend in unserem Kopf. Dies erschwert die klare Wahrnehmung, Auflösung oder Transformation. Nehmen wir die Emotionen im Körper an ihrem angestammten Ort wahr, gelingt die Unterscheidung als Glück, Liebe, Trauer, Wut oder Eifersucht schneller und klarer. Und das freie Zulassen ermöglicht auch das Abklingen. Die getrennte Wahrnehmung der Gefühle ist deshalb bedeutungsvoll, weil diese Gefühle zur Grundausstattung für die Orientierung in unserem irdischen Leben gehören. Sie helfen uns bei allen Entscheidungen, die wir in der Regel mit dem Verstand allein kaum treffen können. Und sie vermitteln uns, wie Shinzen sagt, neue Erkenntnisse.

Der spirituelle Lehrer Ramtha formuliert in seinem »Weißen Buch«: »Dieses ganze Paradies aus Materie wurde nur geschaffen, um Gefühle auszulösen in den Seelen jener, die an diesem Wunderwerk der schöpferischen Form teilnehmen. Warum? Für den größten Lohn des Lebens, nämlich Weisheit. Und Weisheit ist nicht ein intellektuelles Verstehen; es ist, in der Tat, ein emotionales Verstehen, welches durch das Erfahren des Lebens gewonnen wird.« Dies ist eine zentrale Botschaft, die heute vielen Menschen nicht bewusst ist. Die Gefühle, und besonders die schwierigen, sind ein wichtiger Teil unserer Ausstattung für dieses Leben. Sie sind da, um uns zu helfen, im Leben Orientierung zu finden und Erkenntnis zu gewinnen. Silvia Wallimann beziehungsweise die von ihr gechannelten Botschaften werden noch deutlicher: »Jeder Gedanke beinhaltet ja ein Gefühl, und je intensiver das Gefühl in dir zum Ausdruck kommt, um so höher schwingt der Gedanke in seiner Frequenz und um so reiner ist die Lichtausstrahlung, die über die Aura in alle deine Körper schwingt. Das Gefühl in den Gedanken bereitet den Weg ins Universum. Je rationaler, logischer du denkst, umso mehr verschließt du dir diesen Weg. Das Gefühl ist die göttliche Aktivität des Feuerelements in deinem Dasein« (Wallimann 1991:108).

Man kann sich fragen, warum die Lokalisation der Gefühle, wie Anouk sie beschreibt, bisher kaum derart skizziert wurden. Bekannt ist die Lokalisierung der Liebe in der Herzgegend und der Wut in der Gegend des Sonnengeflechts. Viele Hellsichtige reden eher von einem Emotionalleib oder dem Astralleib, der den physischen Körper überrage und umgebe. Wie weit sich diese unterschiedlichen Konzepte schließlich zur Deckung bringen lassen, ist mir nicht bekannt. Ich folge der Sichtweise von Anouk, weil sie sich in der Beratungspraxis als schnelle Methode sehr gut bewährt, um den Menschen zu neuer Einsicht zu verhelfen. Möglicherweise sind einige Leser durch diese Ausführungen irritiert, weil Wut und Eifersucht traditionell geächtet sind und geradezu als Sünde und als wichtige Ursachen für ewige Verdammnis beschrieben werden. Jetzt sollen sie plötzlich zugelassen und aufmerksam akzeptiert werden. Auch Trauer und Schmerz sind oft unwillkommen und werden verdrängt, um das Leiden nicht aushalten zu müssen. Shinzen betont jedoch, dass durch die Verdrängung das Leiden erst recht quälend wird. Es ist immer wieder sehr befriedigend zu erleben, wie in den Kursen die Teilnehmenden erstaunt entdecken, wie angenehm die schwierigen Gefühle sein können, wenn sie akzeptiert werden und man die Aufmerksamkeit auf sie richtet. Sie verlieren ihren unangenehmen Charakter und können ihre positiven Eigenschaften entfalten. In diesem Sinne kann Wut uns zusätzliche Kraft geben und Eifersucht zeigt uns, wo unsere Ziele liegen könnten. Interessanterweise werden auch Liebe und Glück oft verdrängt. Dem Glück trauen wir meistens nicht so recht. Wir haben Angst, es könnte uns wieder abhanden kommen. Darum lassen wir es lieber gar nicht richtig zu. Auch schlechtes Gewissen kann ein Grund für Verdrängen des Glücksgefühls sein, wenn es anderen Menschen nicht so gut geht wie uns selbst. In der Regel passt sich der glückliche Mensch dem Unglücklichen an und verdrängt sein Glücksgefühl eher, als dass der Unglückliche sich vom Glücklichen anstecken lässt. Es kamen schon Menschen zur Beratung, die unklare Symptome hatten, weil sie sich nicht getrauten glücklich zu sein, wenn es ihrer Umgebung nicht gut ging. Verdrängtes Glück kann ebenso heftige Schmerzen verursachen wie verdrängte Wut oder Trauer. Anouk hatte einen Klienten, der nach einer Gürtelrose seinen linken Arm nicht mehr berühren konnte und auch keinen Ärmel von Hemd oder Jacke an diesem Arm ertrug. Er hatte nach langer Leidenszeit mit seiner Firma Konkurs gemacht und war eigentlich sehr glücklich darüber, weil endlich eine große Last von ihm genommen war. Da aber seine Angestellten den Job verloren hatten, trug er ein schrecklich schlechtes Gewissen mit sich herum und verdrängte sein Glücksgefühl. Erst als er dieses zuließ, verschwanden die Schmerzen im Arm.

Wir alle wissen, wie schnell wir auch Liebesgefühle verdrängen. Bei einer Enttäuschung, einer Beziehungskrise, wenn uns jemand verlassen hat, reden wir uns ein, wir würden diesen Menschen nicht mehr lieben, um dem Schmerz zu entgehen. Das funktioniert normalerweise nicht. Wenn wir eine solche Verdrängung vornehmen, können wir oft Liebe überhaupt nicht mehr spüren, auch von anderen Menschen nicht. Ich habe Fälle schwerster Depressionen gesehen mit jahrelanger wirkungsloser Behandlung, wo sich bei entsprechender Überprüfung eine unterdrückte Liebe zeigte. Beispielsweise hatten wir in der Klinik eine Frau Mitte vierzig, die verheiratet war und sich in einen anderen verheirateten Mann verliebte. Die Beziehung hatte aus verschiedenen Gründen keine Chance, und der Mann verschwand mehr oder weniger ohne Abschied. Die Frau entwickelte bald eine sehr schwere Depression und wurde viele Monate erfolglos mit Medikamenten und Psychotherapie behandelt. Erst als sich die Frau ihre immer noch vorhandene Liebe eingestand und auch den dazugehörenden Schmerz akzeptierte, hellte sich die Depression auf

Ich selbst machte mit 28 Jahren eine ähnliche Erfahrung. In unserem Studiensemester gab es eine sehr attraktive Kommilitonin, die auf ihren Wunsch hin in unserer Vierergruppe die Staatsexamensprüfungen vorbereitete. Gerade weil sie so attraktiv war und ich sie etwas besser kannte, versuchte ich mich von ihr fernzuhalten. Nach den Examen attackierte sie mich wegen meiner Distanziertheit. Wir stritten, sie öffnete ihr Herz und ich reagierte darauf mit heftiger Verliebtheit, die ich vorher verleugnet hatte. Sie war meinem Gefühlssturm nicht gewachsen und zog sich zurück. Es war eine meiner schmerzvollsten Erfahrungen, ein kaum zu ertragender Zustand, und ich konnte mir nur helfen, indem ich meine Liebe vollständig unterdrückte und verdrängte. Dadurch glitt ich in einen Zustand schwerster Depression. Alles in mir schien innerlich verkohlt und schwarz zu sein. Ich konnte die Welt um mich herum kaum mehr wahrnehmen, fühlte mich völlig isoliert und von allem abgeschnitten und war konzentrationsunfähig. Glücklicherweise hatte ich noch keine Klinikstelle mit entsprechenden Anforderungen. Ich hätte wohl vollkommen versagt. Und glücklicherweise fiel ich auch keinem Psychiater klassischer Ausrichtung in die Hände. Der hätte mich im Normalfall wegen endogener Depression in die Psychiatrie eingewiesen. Monate später befand ich mich in Therapie beim Daseinsanalytiker Medard Boss, der mich auf dem schmerzvollen Weg zurück zu meinen Gefühlen begleitete. Ich bin ihm als Therapeut und Lehrer noch heute dankbar. Er wagte es, mich nicht nach durchschnittlich psychiatrischer Lehre mit Medikamenten zu behandeln und einzuweisen, obwohl ich auch suizidal war. Zu Recht hat er als einer der ersten den »Great Therapist-Award« durch die American Psychological Association erhalten.

Das Auftreten einer endogenen Depression – oder wie man heute sagt, einer *major depression* – ist häufig nach unterdrückter Liebe. Oft wird die entsprechende Erfahrung den Ärzten nicht berichtet, wenn nicht ganz gezielt danach gefragt wird. Ich begleitete eine Frau Mitte fünfzig, die ein schweres Leben hinter sich hatte. Bevor ich sie kennenlernte, hatte sie ihren schwer kranken Bruder, mit dem sie eine sehr enge Beziehung hatte, bis zu seinem Tode gepflegt. Kurz bevor er starb, sagte er zu seiner Schwester, sie würde bald jemanden an seiner Stelle kennenlernen, der ihm ähnlich sei. Die Frau fand das etwas merkwürdig und hielt nicht viel von dieser Aussage. Tatsächlich lernte sie bald einen anderen Mann kennen und verliebte sich heftig in ihn. Er hatte Ähnlichkeiten mit ihrem verstorbenen Bruder. Sie war entschlossen, mit diesem Mann ihr weiteres Leben zu verbringen. Ihr Ehepartner hatte ihr Bedürfnis nach Nähe nie ertragen. Er hatte stets entweder seinen Computer oder ein Schachspiel bei sich, um jede freie Minute auszufüllen und sich abzulenken. Einfach mit seiner Frau zusammen zu sein, ertrug er nicht. Als seine Frau sich verliebte, fiel er in eine massive Krise. Die Kinder fürchteten um sein Überleben und übten riesigen Druck aus auf ihre Mutter, sie könne doch den Vater und Ehemann nicht seinem Schicksal überlassen. Nach langen und schweren inneren Kämpfen entschied sich die Frau – trotz meiner Bedenken – beim Ehemann zu bleiben. Bald entwickelte sie eine schwerste Depression, die sie neben den verschriebenen Antidepressiva mit ein bis zwei Liter Wein täglich zu ertragen suchte. Schließlich entwickelte sie einen milden Kaufrausch, und eine Klinikeinweisung wurde unumgänglich. Sie verbrachte sechs Monate in der Universitätsklinik – ohne jegliche Besserung. Schließlich wurde sie mit der Diagnose einer manischdepressiven Erkrankung in ungebessertem Zustand mit fünf verschiedenen Medikamenten entlassen. Die wirkliche Arbeit begann erst danach. Die Frau musste lernen, ihre Gefühle zu akzeptieren. Heute ist sie vom Alkohol weg, nimmt nur noch eine kleine Dosis eines Medikaments am Abend und raucht anstatt vierzig und mehr Zigaretten noch etwa zehn pro Tag. Aus welchen Gründen auch immer wir unsere Liebe unterdrücken; es kann uns schwerstes Leiden bringen.

Spirituelles Wachstum heißt Versöhnung mit sich selbst. Ich sehe keinen Weg, ohne unsere Gefühle zuzulassen und zu akzeptieren. Viele spirituelle Lehrer betonen, der Mensch müsse zu seinem wahren Wesen finden. Wie das geschehen kann, bleibt oft etwas abstrakt. Man erhält den Eindruck, es habe etwas mit Rückzug ins Innere zu tun oder könne nur durch Kontemplation und Meditation geschehen. Ich will diese Methoden überhaupt nicht abschätzig bewerten. Einer der direktesten Wege zu unserem Wesen wird meiner Meinung nach jedoch durch das Zulassen unserer Gefühle im unmittelbaren Leben gewählt. Wenn wir uns erlauben, auch die schwierigen Gefühle zu spüren, verlieren sie ihren

Schrecken. Wir haben dann sogar die Freiheit, sie nach außen zu zeigen oder nicht. Die Verurteilung und Verdrängung von Wut, Neid und Eifersucht, wie uns dies religiöse und spirituelle Kreise oft lehren, haben da keinen Platz. Das führt uns vom lebendigen Leben weg. Bei etwa drei Viertel unserer Beratungsfälle mit chronischen therapieresistenten Schmerzen erweisen sich verdrängte Gefühle als Ursache. Solche verdrängten Gefühle können jahrelang gehortet und quasi im Körper aufbewahrt werden. Oft führen sie nicht nur zu Schmerz, sondern auch zu Krankheiten. Oder anders gesagt, verschobene und verdrängte Gefühle können nur noch als Schmerz bis in unser Bewusstsein vordringen und so auf sich aufmerksam machen.

Arthur, ein Bankmanager in den Fünfzigern, erkrankte an einem kleinen bösartigen Tumor im Gesicht, der sich mit Bestrahlung gut behandeln ließ. Aber ab der ersten Bestrahlungssitzung verspürte er Schmerzen im Kreuz mit Ausstrahlung bis in die Füße. Eine Odyssee durch Arzt- und Therapiepraxen und eine Operation durch den Neurochirurgen brachte, wenn überhaupt, höchstens kurzfristig Besserung. Er hatte eine schwierige Situation mit seiner Tochter, die mit ihrer Adoleszenz nicht zurechtkam, und seine Ehefrau, die durch die Pflege seiner eigenen alzheimerkranken Mutter ausgebrannt war und die weitere Fürsorge für ihre Schwiegermutter verweigerte. Zusätzlich war er überzeugt, er dürfe sich in der Bank nichts anmerken lassen, sonst wäre er gleich »weg vom Fenster«. Die hellsichtige Diagnose zeigte verdrängte Wut, aber auch Trauer vom Rücken bis in die Füße. Er übte zuverlässig das »Annehmen und Herholen der Gefühle« und nach etwa zwei Monaten waren die Schmerzen zu 90 Prozent verschwunden.

Es ist eine bekannte menschliche Tendenz, die Gründe für unsere unangenehmen Gefühle außerhalb von uns zu suchen. Wir schieben unseren Mitmenschen und der Umwelt die Ursache zu für unsere Schmerzen, Trauer, Wut oder Eifersucht. »Du hast mich verletzt«, »Du hast …«, »Du bist …« sind unsere Reaktionen. Mit dieser gedanklichen Zuschreibung werden die unangenehmen Gefühle erst richtig fixiert und können sich schlimmstenfalls über Jahrzehnte unverändert halten. Es hilft, sich vorzustellen, dass Gefühle zu uns gehören wie unsere Körperorgane. Erst die Übernahme der vollen Verantwortung für alles, was wir fühlen sowie volles Akzeptieren ermöglichen das Abklingen. Der Weg der Versöhnung führt über das Akzeptieren auch derjenigen Wesenszüge von uns, die uns Schmerzen und Leid bereiten. Nichts bei sich selbst zu verurteilen, führt zu Entlastung und Leichtigkeit, Zufriedenheit und Zuversicht.

Gelungene Selbstversöhnung heißt, in unserer Mitte zu sein und unsere Kraft wieder zur Verfügung zu haben. Der hellsichtige Zugang von Anouk Claes, bei dem die Gefühle unmittelbar gesehen werden, ermöglicht das Erkennen solcher Emotionen, die überdeckt oder in Schmerzen »verwandelt« sind, meist innerhalb einer Konsultation. Ein ähnliches Ergebnis kann man, wie gesagt, oft auch in klassischer Psychotherapie nach einiger Zeit erreichen. Den eigenen Weg der Versöhnung allerdings kann jeder nur selbst gehen – idealerweise als Weg des geistigen Wachstums angenommen und begrüßt. Diese Bewusstseinsarbeit kann weder eine heilbegabte noch hellsichtige Person für einen Menschen übernehmen.

Die scheinbaren Verletzungen durch andere Menschen können wir erkennen als Spiegel für unsere eigene Seele. Es ist ein Hinweis, eine Hilfe für das, was wir bei uns nicht erkannt haben, nicht zur Kenntnis nehmen wollten. Eine therapeutische Begleitung unterscheidet sich nicht grundsätzlich von irgendeiner anderen zwischenmenschlichen Begegnung, in der immer Gefühle gespiegelt werden. Freud benutzte für die Verdrängung unter anderem das Modell der Projektion. Wir ziehen das Modell der Resonanz vor. Meine Gefühle sind wie ein Ton, der sich ausbreitet und die entsprechenden Gefühle bei den Mitmenschen aktivieren und zum Schwingen bringen kann. Meine verdrängten Gefühle kommen dabei besonders leicht in Resonanz mit den verdrängten Gefühlen des Gegenübers. Und mein Gegenüber bringt oft die verdrängten und unerlösten Anteile bei mir an die Oberfläche des Bewusstseins und schafft die Möglichkeit zur Befreiung.

Dieser Erkenntnis folgend wird man die anderen Menschen nicht verurteilen wegen sogenannter Verletzungen. Damit bleibt man frei und bindet sich nicht unnötig. Jede innere Verurteilung schafft eine Bindung zwischen dem Verurteilten und dem, der richtet. Der soeben beschriebene Prozess der Erkenntnis und Vergegenwärtigung mag schnell geschehen oder auch viel Zeit und wiederholte Anläufe benötigen. Es geht darum, immer wieder zu prüfen, ob die Gefühle noch vorhanden sind; und sich ihnen immer wieder zu öffnen, bis man sie abklingen lassen kann. Damit vollzieht man einen Versöhnungsschritt mit sich selbst. Dieser Versöhnungsschritt beinhaltet vor allem das Aufgeben der Opferrolle, die man wahrscheinlich über Jahre oder Jahrzehnte innegehabt hat. Neu formuliert ist es nicht mehr eine Opfer-Geschichte, sondern die Geschichte von der Vollkommenheit des eigenen Lebens.

Manche Therapierende wundern sich, wenn ich ihnen sage, dass sie zuerst dafür sorgen müssen, dass es ihnen selbst in der Therapie gut geht. Dies bleibt die allerwichtigste Aufgabe für alle, die in irgendeiner Art therapeutisch tätig sind. Es geht uns gut, wenn wir mit uns selbst im Reinen sind. Dazu gehört die versöhnliche Akzeptanz auch der schwierigeren Anteile unserer Persönlichkeit, wie Ego und schwierige Gefühle. In dem Zustand der Zentrierung haben wir die beste therapeutische Wirkung. Alles, was wir in der Therapie sagen und tun, kann wichtig und heilend sein. Aber was wir sind und denken, wird eine unmittelbare, noch stärkere, wenn auch oft unbewusste Wirkung entfachen. Eindrücklich sind in diesem Zusammenhang die Experimente des Hirnforschers Günter Haffelder, der auch mit Anouk Forschungen gemacht hat, wie im Film »Hellsichtig« gezeigt wurde (Schweizer Fernsehen). Er hat nachgewiesen, dass man bei Versuchen mit Kindern bereits Lernblockaden in den Hirnströmen sehen kann, wenn ein Lehrer mit der Überzeugung den Raum betritt, es handle sich um ein lernbehindertes Kind – noch bevor dieser Lehrer auch nur ein Wort gesprochen hat.

Es geht uns gut, wenn wir mit der Kraft, die wir Liebe nennen, in unserem Herzen verbunden sind. Sobald wir uns einem Klienten gegenüber hilflos fühlen, weil wir seinen Schmerz nicht ertragen oder wenn wir Ärger in uns abwehren, nimmt die therapeutische Wirkung ab. Dasselbe gilt, wenn wir eine Hilfe suchende Person halb bewusst verurteilen, oder sie uns unsympathisch ist und wir uns das aber nicht eingestehen. Wir dürfen uns ärgern, wir dürfen uns hilflos fühlen, wir dürfen jemanden unsympathisch finden oder verurteilen, solange wir mit uns ehrlich sind und auch diese Gefühle akzeptieren. Wenn wir uns unsere Tendenz, gewisses Verhalten zu verurteilen, eingestehen und akzeptieren, sind wir mit uns ehrlich. Alles, was uns bewusst wird, kann zu heilen anfangen. Verlangen wir von uns unmenschliche Perfektion und wollen nie jemanden verurteilen, werden wir unsere Kraft großteils in einem wenig aussichtsreichen Kampf verbrauchen. Akzeptieren wir uns voll, fließt die Kraft in uns am stärksten und kann auch am stärksten auf andere wirken. Wir können auch akzeptieren, dass wir uns nicht in jeder Hinsicht akzeptieren können. Mit anderen Worten: Wir können die Liebe auch auf uns selbst anwenden. Als Therapierende in erster Linie für das eigene emotionale Wohlergehen zu sorgen, ist das Beste, was wir für unsere Klienten und alle anderen Menschen tun können. Wir können uns immer der heilenden Natur unseres akzeptierenden Bewusstseins eingedenk sein. Dieses göttlich zu nennende Bewusstsein ist mit umfassendem Mitgefühl verbunden, hat aber nichts mit Mitleid zu tun. Der Weg zum Mitgefühl geht über das gründliche Kennenlernen aller unserer eigenen Gefühle, insbesondere der sogenannt schwierigen Emotionen. Therapierende, die Liebe, Wut, Angst, Neid oder Eifersucht abwehren, vermindern ihre therapeutische Ausstrahlung.

Körperliche Fitness ist heute hoch im Kurs. Ebenso wichtig ist die emotionale Fitness. Emotionale Fitness heißt, die Gefühle voll erleben zu können, als Hilfe, sich in unserem Leben zurechtzufinden und Einsichten zu gewinnen. Nochmals sei wiederholt: Damit ist beispielsweise nicht gemeint, Wutausbrüche blind auszuagieren, sondern Wut im Körper zuzulassen. Je weniger die Wut abgewehrt und stattdessen wahrgenommen wird, umso weniger neigt sie dazu, die Kontrolle zu übernehmen. Sie ist dann auch nicht unangenehm, sondern wird eher wie ein warmer Kraftstrom gespürt. Manche Menschen staunen, wenn wir ihnen raten, Soap-Serien im Fernsehen zu schauen. Diese Soaps sind wahrscheinlich deshalb so beliebt, bei Intellektuellen jedoch oft verachtet, weil sie häufig in einer einzigen Sendung das ganze menschliche Gefühlsrepertoire durchspielen. Meine Kinder haben mich immer ausgelacht, wenn ich Serien wie »Gute Zeiten, schlechte Zeiten« geschaut habe. Ich war etwas erstaunt, Anouk Claes zu treffen (sie ist wenig älter als meine Kinder), die sich mit dem gleichen Genuss solche Serien anschaut. Auch die Serienkrimis, wie sie uns das Fernsehen fast täglich bietet, spielen mitunter gekonnt auf der Klaviatur der Gefühle. Ebenso viele von der Kritik als emotionalen Kitsch verachtete Liebes- und Beziehungsgeschichten.

Menschen, deren Gefühle allzu sehr verschüttet sind, finden vielleicht wieder Zugang dazu durch Lieder aus ihrer Kindheit. Selbst in der Klinik habe ich ab und zu mit Patientinnen zusammen Lieder aus ihrer Kindheit gesungen. Für junge Menschen sind aus den gleichen Gründen manche Computerspiele hilfreich. Dieselbe Funktion haben Sportveranstaltungen. Sie bieten uns regelmäßige Gelegenheiten für Freude und Trauer, manchmal auch Wut. Wenn immer möglich, schaue ich die Wettkämpfe unseres Tennisstars Roger Federer an, ebenso die Spiele des FC Basel oder der schweizerischen Fußballnationalmannschaft. Natürlich möchte ich, dass meine Favoriten gewinnen; aber das Erlebnis von Trauer und Enttäuschung ist ebenso wichtig. Die Interviews, die an die Wettkämpfe anschließen, sind oft von einer etwas peinlichen Banalität. Sie sind bedeutungsvoll, weil sie uns ermöglichen, die Gefühle nochmals mit zu erleben oder das Erlebnis zu verlängern. Und wenn das Fernsehen beim Tennis aus Zeitgründen nur das Spiel, nicht aber die Siegesfeier zeigt, beraubt es uns nicht nur eines zusätzlichen Glücksgefühls, sondern ebenso einer Gelegenheit, unsere emotionale Fitness zu trainieren. Die Gefühle, die mit eigenen Erlebnissen verbunden sind, sind uns oft nicht zugänglich. Wir haben in unserer Psyche eine Schutzvorrichtung, die zum Ziel hat, uns vor Schmerzen zu schützen. Oft kann dieser Schmerzschutzwall bei eigenen Erlebnissen nicht überwunden werden. Es gibt eine ganze Reihe von Übungen, die Anouk Claes entwickelt hat zur Wiedergewinnung seiner Gefühle (siehe hierzu auch: Heilen heute, hrsg. von Anouk Claes).

Ich komme nochmals auf die von vielen Experten ausgesprochenen Warnungen zu den sogenannt negativen Emotionen zurück sowie den diesen Emotionen zugeschriebenen Killerqualitäten. In allen Gesundheitsratgebern, seien sie gedruckt oder online abrufbar, werden entsprechende Warnungen verbreitet. Zur Illustration führe ich zwei Beispiele an:

– Zorn, aber auch Traurigkeit, wie etwa Liebeskummer, können ansonsten kerngesunde Menschen herzkrank machen, so eine aktuelle amerikanische Studie. US-Forscher haben jetzt herausgefunden, wie gesunde Menschen allein durch Ärger, Feindseligkeit und leichte Depressionen herzkrank werden können.

– Ärger bringt den frühen Tod: Amerikanische Langzeitstudien haben gezeigt, dass bei Menschen, die sich schnell ärgern, die Sterblichkeit um das Siebenfache höher liegt als bei Menschen, die »ärgerarm« leben. Permanenter Ärger ist für die Gesundheit gefährlicher als die klassischen Risikofaktoren Rauchen oder Bluthochdruck. Dabei spielte es, so die Untersuchungen, für die Gefährdung des Herzens keine Rolle, ob jemand den Ärger hineinfrisst oder aus der Haut fährt.

Ich habe in den mir bekannten Studien keine Angaben gefunden darüber, ob die Einstellung der Betroffenen zu Zorn, Kummer und Ärger untersucht wurde. Man muss annehmen, dies sei nicht geschehen. Die Einstellung der Betroffenen zu diesen Gefühlen ist aber der entscheidende Faktor. Die nachteilige Wirkung tritt ein, wenn wir diese Gefühle ablehnen und verdrängen. Es ist wiederum das »Kämpfen gegen etwas«, das dann zurückkämpft. Die Berichte mit den oben angeführten Zitaten führen genauso wie die moralischen Verurteilungen der Religionen zu einem noch intensiveren Kampf der meisten Menschen gegen sich selbst, das heißt gegen diese Gefühle. Aufgrund der praktischen Erfahrung in der Beratung kommt es auf die Akzeptanz oder Ablehnung an und nicht auf die Gefühle an sich. Ängstigende und verurteilende Berichte, ob sie aus wissenschaftlicher oder religiöser Quelle stammen, führen in der Regel zu mehr Selbstverurteilung und zu mehr innerem Kampf. Wer gegen sich selbst kämpft, gegen Sünde, Schwäche, Ego, Gier usw., wird in einen fast immer erfolglosen

Kampf verwickelt. Streit, Krieg und Ärger im Kleinen und im Großen sind fast immer Spiegelungen des eigenen inneren Zustandes. Die Ratschläge, den Ärger gar nicht erst zuzulassen oder aktiv dagegen anzugehen, mit und ohne professionelle Hilfe, halte ich nicht für sehr Erfolg versprechend. Nicht umsonst heißt es immer wieder, die Versöhnung fange bei sich selbst an. Sobald man sich selbst mit allem, was man ist und hat, akzeptiert, beginnt die Heilung. Und wie gesagt, manchmal bleibt einem nur zu akzeptieren, dass man gewisse Anteile von sich selbst momentan nicht akzeptieren kann. Versöhnung ist Heilung, auch wenn die Versöhnung die eigene Unversöhnlichkeit mit sich selbst betrifft. Das ist das Tröstliche und Beruhigende: Es gibt immer einen Anfang der Selbstversöhnung, die nichts anderes als Selbstheilung bedeutet. Natürlich ist diese Akzeptanz von sich selbst, diese Selbstversöhnung besonders leicht, wenn wir die Verbindung von allem mit allem spüren, in die wir eingebunden sind. Dieses Vertrauen, das Wissen, dass nichts und niemand im Kosmos verloren gehen kann. Akzeptanz ist nur ein anderes Wort für Liebe.

Die poetischen Sätze von Ramtha fassen die Kernaussagen noch einmal zusammen:

»Es gibt keine andere Erlösung für die Menschen, als sich ihrer Göttlichkeit bewusst zu werden. In dem Maße, wie jeder von euch seine eigene Kostbarkeit und seinen Wert und die Ewigkeit seines Lebens erkennt, werdet ihr, einer nach dem andern, beitragen zum Bewusstsein grenzenlosen Denkens, grenzenloser Freiheit und grenzenloser Liebe. Nur ihr selbst könnt für euch euer größter Liebender sein. Nur ihr selbst könnt für euch euer größter Freund und Lehrer sein. Es gibt keine Stimme, die euch jemals bedeutender lehren kann, als eure eigene. Die wirkliche Welt ist die, die in eurem Innern liegt: Sie ist die Begegnung mit Gefühlen in jedem Moment, in dem ihr denkt. Die wirkliche Welt existiert nur vom Standpunkt des Gefühls, nicht beherrscht von Logik, sondern von sich bewegender Liebe.«

Das Gute und das Böse segnen

Vor kurzem meldete sich eine mir nicht bekannte Frau, um mir zu meinem früheren Buch zu gratulieren und dafür zu danken. Dann schrieb sie: »In einem allerdings bin ich mit Ihnen nicht einer Meinung – in den Denkmodellen der Demut und des Versöhnens. Jahrzehntelang habe ich versucht, mich mit meiner Familie zu versöhnen. Meine Depression und Selbstaggression erreichte einen immer höheren Pegel. Schließlich machte ich endlich das Naheliegendste: Ich habe den Kontakt zu meiner Familie endlich abgebrochen, getobt, mir alle Wutausbrüche erlaubt, die mir so in den Sinn kamen – natürlich nicht öffentlich – und ganz allmählich wurde ich vom Opfer der Versöhnungstheorie zu einer selbstbestimmten Person. Es ist mir inzwischen völlig unverständlich, wie ich meine Lebenskraft in die Versöhnungsversuche mit Menschen stecken konnte, die überhaupt kein Interesse an Gegenseitigkeit hatten. Diese Unterordnung unter den modischen Versöhnungsgestus scheint mir aufgrund meiner Erfahrungen eher kranheitsverlängernd zu sein.«

Glücklicherweise hat die Schreiberin dieser Zeilen einen Ausweg gefunden aus ihrem jahrelangen vergeblichen Kampf um Versöhnung mit ihren Verwandten. Indem sie die erfolglosen Versuche aufgegeben hat, hat sie einen eigenständigen Schritt der Versöhnung mit sich selbst gemacht. Allerdings gilt es, gleich ein Missverständnis auszuräumen. Die Versöhnung betrifft in erster Linie uns selbst. Unsere Versöhnung mit anderen Menschen machen wir besser nicht von deren Versöhnungsbereitschaft abhängig. Es geht darum, uns von alten Bindungen, die uns Energie kosten und unsere Freiheit einschränken, frei zu machen. In dem Moment, wo wir glauben, wir bräuchten dazu das Einverständnis von anderen, machen wir uns wieder abhängig. Natürlich brauchen wir unsere Zeit, bis die Versöhnung auch mit anderen möglich ist. Solange wir darauf warten, dass andere den ersten Schritt machen, haben wir das Wesentliche noch nicht erkannt. Irgendwann können wir erkennen, dass die Versöhnung letztlich nur uns betrifft. Uns ganz allein. Und ebenso ist es unsere Freiheit, den Groll und den Schmerz mit uns zu tragen, vielleicht ein Leben lang.

Es gibt Leute, die beispielsweise sagen, nach Auschwitz könne es keine Versöhnung geben. In diesem Fall sollten wir uns wieder an die Einheit von allem Geschaffenen erinnern. Wenn es keine Trennung gibt im umfassenden Bewusstsein, sind wir an dem Bewusstsein beteiligt, das auch Auschwitz hervorgebracht hat. Hinter der Welt des Sichtbaren erkennen wir eine tiefere Basis unseres Seins, in dem alle Polarität ausgeglichen und alles Getrennte verbunden ist. In unserem alltäglichen Leben identifizieren wir uns häufig mit einem Ich, das die Welt der Gegensätze und des Getrennten für die einzige Wirklichkeit nimmt. Damit verbunden ist ein urteilendes, polarisierendes und begrenztes Denken, das uns besonders anfällig macht für sogenannt negative Erfahrungen und Gedanken. Dieses Denken ist verstandesbetont. Wir haben aber stets eine Instanz in uns, die uns selbst und unsere Existenz von einer höheren Ebene aus betrachten kann. Immer wenn wir unser Herz offen halten und uns dadurch mit unserem ganzen Dasein auf der Erde verbinden, erleben wir diese tiefere Verbundenheit und Einheit. Unser Bewusstsein bewegt sich dann auf einer anderen Ebene. Im ersten Kapitel habe ich es das ICH BIN genannt. Plötzlich sehen wir die Möglichkeit, die scheinbaren Gegensätze des alltäglichen Lebens auszugleichen. Im glücklichen Falle können wir erkennen, dass alles, was wir erleben, mit uns zu tun hat. Damit nehmen wir Abschied vom Gefühl, nur Opfer von Menschen oder Umständen zu sein, aber auch nicht nur Täter. Beides ist in uns. Mit dieser Erkenntnis beginnt die Befreiung.

Spirituelle Quellen sagen, man solle das sogenannte Gute wie das sogenannte Böse segnen, um sich mit keinem zu verbinden und stattdessen seiner Wege gehen. Das Böse unabhängig von uns gibt es nicht. Es ist an unser materiell-irdisches Leben in Zeit und Raum und in der Polarität gebunden, in dem wir das Ego entwickeln konnten. Nur auf dieser materiellen Ebene mit dem für diese Ebene besonders geschaffenen Ego-Instrument gibt es die Trennung in Gut und Böse. Das Böse wird von uns scheinbar erschaffen durch unsere Verurteilung und unser Werten als gut oder böse. In dem Moment, wo wir nicht mehr (ver-)urteilen würden, gäbe es das Böse nicht mehr und damit auch nicht sein Gegenteil, das sogenannte Gute. Zunächst ist dies sehr schwer zu denken. Der Verstand wehrt sich einmal mehr. Doch wir können uns an die Behauptung der Physiker erinnern, Zeit gebe es auf einer höheren Ebene so wenig wie Raum. Also ist alles gleichzeitig. Dann gibt es auch keine Abfolge von Ursache und Wirkung. Damit keine Schuld und weder Gutes noch Böses, weder Opfer noch Täter. Wenn wir beides, das Gute wie das Böse, segnen, verbinden wir uns stärker mit der zeitlosen Instanz in uns, zu der wir durch unser Herz immer Zugang haben. Als tauchten wir mit unserem Bewusstsein ein wenig auf.

Wir könnten uns als Analogie vorstellen, auf einer Bühne Theater zu spielen. Wenn wir gut spielen und uns mit unserer Rolle voll identifizieren, erscheint uns das Spiel wie die Wirklichkeit. Zwischendurch aber können wir hinter der Bühne auf eine Leiter steigen und das Ganze von oben überblicken. Wir erkennen wieder das Spiel. Das Spiel wird keine Folgen haben, sobald wir damit fertig sind und der Vorhang fällt. Auf der Bühne waren wir vielleicht ein Mörder. Nach dem Spiel sind wir es nicht mehr. Oder wir wurden ermordet. Nach dem Spiel gehen wir mit dem Mörder ein Bier trinken und diskutieren vielleicht, ob wir unsere Rollen gut gespielt haben. Auf der Bühne, die wir Erde und irdisches Leben nennen, gelten die Regeln von Raum und Zeit. Sobald wir sie verlassen haben, zählen nur noch die Erfahrungen, die wir dort gemacht haben. So wenig wie die Abläufe und Resultate aus der Theateraufführung nach dem Spiel noch Wirkung haben, so wenig können wir die Wirkungen aus der Arena von Zeit und Raum in die zeitlose und raumlose Dimension mitnehmen. Das Bewusstsein aber bleibt. Es heißt, vor der Liebe des ewigen Geistes würden nicht die Taten zählen, sondern das, was an Erkenntnis aus ihnen gewonnen wurde. Eigentlich ist es logisch. Das Bewusstsein ist nicht an die materielle Welt gebunden. Geboren werden, sterben, ermordet werden oder jemanden umbringen aber können nicht von dieser materiellen Ebene abgelöst werden.

Dass Gutes und Böses von unserem Urteil abhängt, ist für manche trotzdem befremdlich. Verurteilen gehört zu unserer Freiheit. Die materielle Welt bietet uns die Möglichkeit, diese Erfahrung zu machen. Wir bauen mit dem, was wir verurteilen, eine Resonanz auf. Wir verbinden uns damit und stärken es. Es wird nicht zu unserem Frieden beitragen, wenn wir verurteilen, auch nicht, wenn wir Krankheiten als heimtückisch bezeichnen. Das ist vermutlich gemeint mit dem biblischen Ratschlag: »Richtet nicht, damit ihr nicht gerichtet werdet.« Wir möchten alle gesund sein und wollen Krankheit nicht haben. Deshalb kommt es uns in den Sinn, von bösen oder heimtückischen Krankheiten zu sprechen. Es ist Ausdruck von unserer Weigerung, das Leben so, wie es sich uns darbietet, zu akzeptieren und einfach zu leben und vorwärts zu gehen. Eine Unversöhnlichkeit dem Leben gegenüber. Wir können entscheiden, ob wir uns noch zusätzlich verbinden möchten, indem wir verurteilen und dadurch eine besondere Resonanz schaffen. In der Regel vermindern wir dadurch unsere eigene Freiheit und laden ein Gewicht auf unsere Schultern. Wenn wir das sogenannte Gute lieben, verbinden wir uns intensiver damit und stärken es. Aber durch jedes unserer Urteile verstärken wir die Aufteilung in Gut und Böse. In dem Maße, wie wir das Gute stärken, wird auch das Böse gestärkt – das wir allerdings üblicherweise außerhalb von uns sehen, beispielsweise bei den Mitmenschen. Wir verstärken damit auch die Trennung zwischen uns und den anderen und erzeugen gleichzeitig ein unfreies verhaftetes Sein. Wir bleiben auf der Ebene der Polaritäten, eines Dualismus, wo das eine nicht ohne das andere existieren kann; wir bleiben damit verflochten.

Der Heiler Joel Goldsmith sagt, sobald wir in Versuchung kämen, eine Person, eine Krankheit oder Sünde zu bekämpfen, verwickelten wir uns in einen nie endenden Kampf. Wir haben aber die Freiheit zu handeln und trotzdem innerlich frei zu bleiben. Wir nehmen eine höhere Sichtweise ein – und in dem Moment wird unser Bedürfnis zu verurteilen abnehmen. Wir spüren die wohltätige Wirkung auf uns, wenn wir innerlich frei und liebevoll dem begegnen, was wir in der Welt vorfinden. Praktisches Handeln kann trotzdem notwendig sein, indem wir uns schützen, indem wir heilen, indem die Gesetze angewendet werden, indem gegen Gewalt und Missbrauch vorgegangen wird und vieles andere mehr. Ein Richter kann die Gesetze des Staates zur Anwendung bringen. Trotzdem kann er innerlich frei bleiben, indem er in seinem Herzen neutral ist, ohne innerliche Verurteilung des Delinquenten.

Für manche Religionen ist die Existenz des Bösen eine zentrale Größe. Die Verneinung des Bösen wird selbst als böse angesehen. So heißt es auf der Internetseite »Zeugen der Wahrheit«: »Man lehrt die Menschen, dass sie nicht in die Hölle oder in das Fegefeuer kommen, wie auch immer sie ihren Gott beleidigen, weil ihr Gott ein allliebender Gott sei. Ja, er ist ein allliebender Gott, aber Er hat dem Menschen einen freien Willen gegeben. Er hat die Menschen auf die Erde gesetzt als Seine Streiter, auf dass sie ihren Weg zurück ins Königreich fänden. Es ist euer freier Wille, Luzifer oder das Königreich des Himmels zu wählen« (http://web246m.dynamic-kunden.ch).

Auf der gleichen Internetseite sagt ein Pater Gabriele Amorth, der als Exorzist der Diözese Rom arbeitet: »Satan ist ein wirkliches, persönlichgeistiges Wesen. Er gehört zu den Abertausenden von Gott geschaffenen Engeln. Wie alle Engel war der Teufel einst glücklich und gut, erlag dann aber einer Versuchung. Es steht fest, dass sich Satan und seine Anhänger aus eigener Schuld in Dämonen verwandelten, weil sie sich nicht in den Dienst Christi stellen wollten. Die Dämonen sind persönliche Wesen, weil sie Freiheit und Willen besitzen. Sie sind geistige

Wesen, reine Geister, weil sie keine Seele und keinen Leib haben wie der Mensch. Darum benutzen sie manchmal den Körper der Menschen.« Pater Amorth zieht die Schlussfolgerung: »In Europa gibt es einen großen spirituellen Niedergang. Der Glaube schwindet. Die Zahl der Kirchgänger fällt ins Bodenlose. Ich betrachte die Europäer als ein Volk von getauften Heiden. Scheidung, Abtreibung, Auflösung der Familie: eine Katastrophe.« Damit ist gleichzeitig ausgedrückt, dass die Heiden nicht spirituell sind!

Auf der gleichen Website wird auch gesagt, der Glaube vieler an eine Höherentwicklung der Menschen und der Erde im Sinne der New-Age-Bewegung sei selbst ein Plan des Teufels. Wenn man derart denkt, müsste man auch Teilhard de Chardin, der die Evolution mit dem christlichen Glauben verbinden wollte, als Teil des teuflischen Planes sehen. Ein Internet-Kommentator hat die Problematik auf den Punkt gebracht: »Ewige Wahrheiten werden auf den Kopf gestellt oder für veraltet erklärt. Wunder hat es nicht gegeben, Hölle und Teufel sind mittelalterliche Schreckgebilde, die man einem modernen, aufgeklärten Menschen nicht mehr zumuten kann. Es wäre sicher schön, wenn es keine Hölle und keine Teufel gäbe, aber dann muss man sich doch fragen, warum Jesus Mensch wurde und sich kreuzigen ließ? Denn wenn es keine Hölle gibt, dann kann auch niemand hineinkommen, und die ganze Sache mit unserer Erlösung wäre dann wohl recht überflüssig. Wozu brauchten wir dann Kirche, Papst, Bischöfe und Priester, wozu Sakramente, wozu Gottesdienste?«

Ich glaube, dieser Kommentator hat den Kern des Problems getroffen. Jesus hat uns einen Weg gezeigt und nicht uns erlöst. Wenn Jesus den Durchblick hatte, hat er uns kaum als Untertanen gesehen, denen man ihre ureigenen Aufgaben aus den Händen nimmt. Diese Respektlosigkeit seinen Mitmenschen gegenüber würde ich ihm nicht zutrauen. Er kann uns aber Wege aufzeigen. Das können wir Menschen auch gegenseitig für uns tun. Viele Menschen, die sich von den tradierten Religionen abgewandt haben, glauben, es gehe um die Macht der Oberen über die Gläubigen. Das mag wohl eine Rolle spielen. Aber auch in den Kirchen, wo es keine Oberen gibt und wo die Macht keine so große

Rolle spielt, sind die gleichen Ängste vorhanden: Was, wenn man den Teufel nicht mehr anerkennen würde und nach dem Tod strafte Gott einen dafür, dass man die Opfertat Christi nicht anerkannte? Für viele ist das eine Schreckensvorstellung. Dann doch lieber sich in die andere Richtung täuschen. Man glaubt an den Teufel, und wenn man sich getäuscht hat, ist der liebende Gott da, der wird einem dank seiner Liebe verzeihen. Die Angst ist so groß, dass man Verbündete sucht. Warum müsste man sonst missionieren, wenn die Zahl der Tickets für den Himmel sowieso sehr beschränkt ist? Oder lässt man wieder das Gesetz des Marktes spielen mit der künstlichen Verknappung der angebotenen Himmelsplätze? Seit meiner Kindheit habe ich mit diesen Fragen gerungen. Schlussendlich, wie anderenorts beschrieben, habe ich meiner Erfahrung vertraut und vertraue ihr heute noch, nach welcher der Kosmos letztlich aus Licht und Liebe aufgebaut ist. In diesem liebenden, bewussten Kosmos gibt es zahlreiche Bewusstsein, die uns als Engel, Meister, Gott oder Götter, Verstorbene und Dämonen erscheinen können. Dahinter ist die unendliche Stille; die erscheint in meiner Vorstellung als Kraft und Geborgenheit. Wahrscheinlich ist da NICHTS, aber das kann mein Verstand sich nicht wirklich vorstellen. Das Herz jedoch kann jederzeit so einen Zustand erfahren. Auch die Physik meint, das Vakuum sei eigentlich ein Plenum, eine Fülle von Kraft.

Die Schlussfolgerungen aus der Quantenphysik, nach der alles Bewusstsein und alles mit allem verbunden ist, kannte ich in meiner Jugend noch nicht. Angst wegen Teufel und Hölle hatte ich meines Erinnerns als Kind und Jugendlicher aber kaum. Ich wollte einfach gut und fromm sein. Das erschien mir als Kind als das höchste aller Ziele. Ich dachte viel über die Natur der Liebe nach, und es wurde mir immer klarer, dass Liebe in ihrer tiefsten strahlenden, für mich erfassbaren Natur bedingungslos ist und die Freiheit, den freien Willen und die freie Entscheidung voraussetzt. Diese Einsicht, wie Liebe und Freiheit zusammengehören, war das stärkste und nicht widerlegbare Argument gegen einen fordernden und strafenden Gott. Für mich war wohl das mystische Erlebnis als Dreijähriger entscheidend. Ich glaube, eine solche Erfahrung, in der man sich bedingungslos geliebt fühlt, kann man nie wieder vergessen. Bedingungslose Liebe, dieses unglaubliche Gefühl. Vermag man dieses Gefühl weiter zu geben, ist das an sich schon ein Geschenk. Dieses Wissen aus dem Herzen, wonach nichts und niemand im Kosmos verloren gehen kann.

Wahrscheinlich kommen wir im Laufe unserer weiteren Menschheitsgeschichte zur Einsicht, wonach der letzte erfahrbare Grund der Welt die Liebe ist. Manchmal frage ich mich, warum ich keinen anderen Urgrund für die Welt denken kann. Ich versuche anders zu denken ... aber mein Denken blockt. Ich kann nicht ausbrechen. Es denkt einfach stur, der Urgrund sei grenzenlose und bedingungslose Liebe. Weder ist alles Geist, noch alles Materie, nein, Liebe als Kraft ist am Anfang aller Schöpfung. Geist und Materie bringen die Liebe zum Ausdruck als grenzenloses, liebendes Bewusstsein. Kann man die Erfahrung von bedingungsloser Liebe machen und trotzdem das Konzept eines zornigen und richtenden Gottes aufrechterhalten? Ich stoße auch hier an Grenzen; ich kann es für mich nicht denken. Vermutlich müsste ich zuerst das Vertrauen in meinem Herzen auflösen, um es denken zu können. Oft frage ich mich, ob Menschen, die in die Welt des Göttlichen ebenso eine Welt des ursprünglich Teuflischen integriert sehen, auch aus ihrem Denken nicht ausbrechen können. Blockt ihr Denken auch, wenn sie die Welt beispielsweise nur noch als gegründet auf Liebe und Freiheit sehen möchten?

Zurück zum sogenannten Bösen. Wir können auf die Suche nach dem Bösen gehen und beispielsweise bei Präsident Bush nachfragen; er wird uns die Länder auf seiner sogenannten Achse des Bösen benennen. Gehen wir in die von ihm genannten Länder und zu deren Regierungen, werden wir das Böse dort ebenso wenig finden, und die Repräsentanten dieser Länder werden uns wiederum an Präsident Bush verweisen, wo wir das Böse ihrer Ansicht nach finden. Das Böse kann also nur durch unser Urteil und unsere Parteinahme lokalisiert werden und überhaupt erst entstehen. Häufiger wird es bei anderen Menschen lokalisiert, manchmal auch bei einem selbst, oder beides. Und wenn wir im Außen dagegen ankämpfen, verwickeln wir uns hoffnungslos mit diesem System und stärken es. Durch unseren Kampf anerkennen wir, es sei ein wirkliches und gültiges System, dem wir nicht entrinnen können. Es lässt uns nicht mehr los, weil es etwas ist, was von uns geschaffen wurde und ständig geschaffen wird und unabhängig von uns nicht existieren kann. Versöhnung bedeutet damit die Einsicht in unser Einssein mit allen und mit allem. Einer meiner Söhne hatte vor ein paar Jahren ein interessantes Erlebnis. Bei einem Aufenthalt in Amsterdam offerierte man ihm einen halluzinogenen Pilz, und er konnte dem Angebot nicht widerstehen. Nach Hause zurückgekehrt, fasste er seine Erfahrung mit den Worten zusammen: »Ich habe ganz klar gesehen, wie wir allein uns alle Probleme selbst machen –« Trotz seines jungen Alters von einundzwanzig Jahren konnte er sein Bewusstsein mit der Droge für kurze Zeit derart erweitern, dass er vollen Durchblick erhielt. Diesen Durchblick können wir aber auch Schritt für Schritt ohne Drogen erreichen, wenn wir uns immer wieder auf die Natur des Bewusstseins besinnen.

Dieses Bewusstsein hat mit innerem Frieden zu tun. Betrachten wir das Aufgeteilte und Polarisierte mit diesem inneren Frieden, tragen wir zur Vereinigung bei. Gut und Böse nähern sich, lösen sich möglicherweise auf. Hoch und tief verlieren von ihrer Spannung. Täter und Opfer werden zu relativen, auswechselbaren Positionen. Wenn wir realisieren, wie Gutes nur zum Vorschein kommen kann, wenn das entsprechende Gegenteil den Hintergrund bildet, hilft uns das zur Einsicht, wie illusionär das sogenannte Böse ist und wie wir eben nie die eine Seite anstreben können, ohne uns auch mit der anderen zu verbinden.

Je stärker diese innere Einheit wird, umso mehr Freiheit werde ich auf der Handlungsebene haben. Es lenkt uns von unserem Inneren ab, wenn wir andere Menschen wegen irgendwelcher böser Taten verurteilen. Unser Inneres wird im Außen gespiegelt. Wir können den Menschen dankbar sein, die bereit sind, das sogenannte Böse auf dieser Erde zu verkörpern, solange wir an dieser Einteilung in zwei gegensätzliche Pole festhalten. Ich werde das im letzten Kapitel konkret und ausführlich schildern. Die in unserem Urteil »bösen« Menschen helfen uns, gut zu sein beziehungsweise uns als gut zu sehen innerhalb eines dualistischen Konzeptes. Gäbe es keine »bösen« Menschen, könnten wir uns nicht als »gut« oder »besser« sehen. Wenn wir solche Polarisierungen hinter uns lassen und alles als eins und miteinander verbunden sehen, gibt es diese Abgrenzungen nicht mehr. Dann können wir konsequenterweise nicht plötzlich diese Einsicht über Bord werfen und gewisse Dinge doch objektiv böse finden, weil sie aus unserer Sicht derart schrecklich sind. Daher erscheint es mir auch wichtig, Religionen und Staat gänzlich voneinander zu trennen. Der Staat garantiert den Schutz seiner Bürger. Er verhindert und verfolgt Gesetzesübertretungen. Er sollte nie in moralischen Kategorien denken, wie dies die Religionen grundsätzlich tun. Sonst vermischt der Staat sich in diffuser Weise mit den Religionen.

Wenn wir die Einheit sehen und den Weg der Versöhnung suchen, können wir nicht vor Hitler oder Stalin Halt machen, ebenso wenig vor dem Mörder unseres Kindes, wie dies bei Silvia Wallimann betont wird. Wenn ich solches in meinen Vorträgen erwähne, kommt meistens in der Diskussion Protest auf. Die einen sagen, es sei grausam und zynisch, von einer Mutter zu fordern, sie soll sich mit dem Mörder ihres Kindes versöhnen. Andere haben mir gesagt, sie würden allen meinen Aussagen zustimmen, nur nicht der Ungeheuerlichkeit, sich mit Hitler oder Stalin zu versöhnen. Oder sie fragen mich, ob ich wirklich glaube, man könne von Holocaust-Opfern erwarten, sie würden sich mit den Folterern und den Mördern ihrer ganzen Familie versöhnen. Folgendes möchte ich hierzu sagen: Man kann und soll solches von anderen Menschen niemals erwarten noch fordern. Und auch bei sich selbst soll man realistisch bleiben und seine eigenen Grenzen erkennen. Man soll sich nicht auf einen Kampf mit sich selbst einlassen. Man kann die tieferen Zusammenhänge der Versöhnung erkennen und sich bewusst werden, dass wir alle am gleichen Bewusstsein teilhaben. Man kann sich zum Ziel setzen, solche Versöhnung zu erreichen. Schon dieses Ziel oder diese Bereitschaft in das Bewusstsein aufzunehmen, ist ein Beginn. Aber es darf nie ein

Kampf mit sich selbst werden. Die Einsicht in die gegenseitige Bedingtheit von Gut und Böse, Opfer und Täter bedeutet noch nicht, dass uns die Versöhnung gelingt. Vielleicht sind der Schmerz oder die Wut einfach zu groß. Möglicherweise geht es darum, zuerst wieder Zugang zu seinen Gefühlen zu finden oder zu seinem Ego, und Schmerz und Wut überhaupt zu akzeptieren. Und vor allem, wie mehrfach erwähnt, geht es darum, auch seine Unversöhnlichkeit zu akzeptieren.

Viele wundern sich über Menschen, welche die oben skizzierte Versöhnung ganz konkret praktizieren. Diese zeigen, dass es nicht unmöglich ist. Nach dem blutigen Amoklauf in einer Amish-Schule im Bundesstaat Pennsylvania im Herbst 2006, bei dem fünf Kinder getötet und mehrere verletzt wurden, haben die Angehörigen dieser Glaubensgemeinschaft offenbar wie selbstverständlich Vergebung und Nächstenliebe demonstriert. Der Täter war ein Familienvater, der sich bei dem Attentat selbst auch umbrachte. Die Amish, deren eigene Kinder getötet worden waren, kümmerten sich aufopferungsvoll um die Ehefrau und die Kinder des Mörders und nahmen an seiner Beerdigung teil. Als Spenden für die Heilung der verletzten Kinder eintrafen, gaben sie einen Teil an die Familie des Attentäters weiter und brachten der Familie jeden Tag Essen. Für die Amish steht Vergebung im Mittelpunkt ihres Glaubens, der Begriff »Rache« soll in ihrem Sprachschatz nicht vorkommen. Andererseits sehen die Amish viele Dinge als nicht göttlich und sündhaft an und dementsprechend sind diese in ihrer Gemeinschaft verboten. Interessanterweise unterhalten sie eine Website, obwohl sie Elektrizität, Fernsehen und Computer in der Gemeinschaft ablehnen.

Was die großen Verbrechen der Menschheitsgeschichte betrifft, kann es in der Praxis unserem Seelenfrieden helfen, wenn wir ganz konkret uns vergegenwärtigen, dass beispielsweise Adolf Hitler auch ein Mensch war, mit dem wir durch das umfassende einheitliche Bewusstsein ebenso verbunden sind wie beispielsweise mit Mutter Teresa, Gandhi, Jesus oder Mohammed. Auch wenn es noch so erschreckend klingen mag: Alle sind unsere Menschenbrüder und -schwestern, die offenbar ganz verschiedene Wege gegangen sind. Durch das Bewusstsein haben wir an diesem Guten und an diesem Bösen teil. Die Erfahrung zeigt uns genügend, wozu die meisten von uns fähig sind. Im Zweiten Weltkrieg war nicht nur Hitler der »Bösewicht«. Es geschahen an vielen Orten grausamste Taten, nicht nur in den Vernichtungslagern, ebenso in besetzten Ländern und Dörfern. Menschen wurden zuhauf lebendig aufgeschlitzt, die Eingeweide herausgerissen, den noch Lebenden mit den Därmen die Köpfe umwickelt. Babies waren von solchem Vorgehen nicht ausgenommen, und mit dem Stiefel wurden ihre Köpfe zerquetscht oder an die Wand geschmissen. Wir wissen, dass Ähnliches im Krieg in Ex-Jugoslawien, in Tschetschenien, im Irak geschah und geschieht. Gefährlich ist die Einbildung, das seien die anderen und wir wären ganz anders. Noch gefährlicher ist die Behauptung, dies seien einmalige Ereignisse, die nie wieder vorkommen würden und nie wieder vorkommen dürfen. Ich rate jedem, sich einmal ganz konkret Hitler, Stalin oder Mao als Bruder vorzustellen. Auch für sie gibt es auf höherer Ebene keine Zeit und keinen Raum und damit gibt es auch keine Ursache und Wirkung, keine Vergangenheit und Zukunft, keine Opfer und Täter und deshalb auch keine Schuld und keinerlei Trennung von uns. So kann in der Liebe des zeitlos Geistigen nur die zeitlose Erkenntnis und Erfahrung zählen, nicht aber, was in der linearen Vergangenheit geschehen ist. Und wenn auf höherer Bewusstseinsebene keine Schuld existiert, gibt es erst recht keine Verurteilung, die der Versöhnung im Wege stehen müsste.

Wie gesagt, unser Ego wird weiterhin an seiner eigenen Version von Gut und Böse festhalten, und das ist sein Recht. Auf dieser irdischen Ordnung beruhen schließlich unsere Staaten mit ihren Verfassungen und Gesetzgebungen. Was vielleicht auch helfen kann, sich die Relativität des Bösen im Bewusstsein zu halten, ist die historische Bedingtheit. Moses gilt für uns als großer Prophet und Menschheitsführer. Wäre die Geschichte anders verlaufen, wäre er nichts anderes als ein gescheiterter Terrorist. Ich komme in einem späteren Kapitel nochmals darauf zurück. Das gleiche gilt für manche Kriegsverbrecher, die natürlich von den Siegern dazu gemacht wurden. Hätte die andere Seite gesiegt, wären sie Helden. Bereits Jeanne d' Arc ist dies widerfahren. Das Gefährliche ist, dass wir meistens überzeugt sind, wir hätten die wirklich gültige Wahrheit erkannt, und die anderen wären im Irrtum. Wahrheit und Irrtum wurden ebenso wie Gut und Böse von uns geschaffen. Unabhängig von uns existieren sie nicht, auch wenn wir dies gerne mit Berufung auf Gott so behaupten.

In meinem Leben habe ich oft darüber nachgedacht, wie und warum diese polarisierten Kategorien von Gut und Böse, die aus unserer räumlich-zeitlichen Welt stammen, auf den zeitlosen Urgrund allen Seins, oft Gott genannt, projiziert werden konnten. Wie viele Meinungen ich auch studierte, ich konnte nur die eine Erkenntnis gewinnen: Wir verurteilen uns selbst, wir sind mit uns selbst lieblos. Wir unterdrücken vieles in unserem materiellen Sein und sehen es als böse, weil wir eine Erinnerung haben an einen Zustand, in dem wir das überall vorhandene Licht unmittelbar wahrnehmen konnten. Der Sinn unseres Erdenlebens kann nicht sein, kaum sind wir hier, uns wieder abzuwenden, weil wir das Licht nicht immer sehen können und es anderswo vermuten. Solange die Menschen die materielle Welt als dunkel und böse begriffen haben, war ein Streben weg von der materiellen Welt verständlich. Erkennen wir aber jetzt das Licht und das Bewusstsein in allem, gibt es keinen Grund mehr für diese irrtümliche Abwendung unserer Erde und von unserem Kosmos. Wenn immer wir das Licht und die Liebe in uns spüren können, wissen wir, wie jede Kreatur, jedes Wesen und überhaupt alles Geschaffene in dieser Liebe aufgehoben sind. Diese Erkenntnis kann uns durchaus als Gnadenakt vorkommen. Eine Aufteilung in spirituelle und nicht spirituelle Bereiche gibt es, streng genommen, nicht mehr. Es gibt keine spirituellen und nicht spirituellen Wege, keine spirituellen und nicht spirituellen Menschen.

Sich selbst als göttlich zu begreifen mit der damit verbundenen Freiheit, ist wohl für sehr viele Menschen zu erschreckend, obwohl solche Aussagen von Jesus mehrfach zitiert sind; beispielsweise im

Johannes-Evangelium (Kapitel 14, Vers 20), wo es heißt: »An dem Tag werdet ihr erkennen, dass ich in meinem Vater bin und ihr in mir und ich in euch.« Fürchten wir nicht sofort, wegen Hochmuts auf schlimme Weise bestraft zu werden, wenn wir uns Göttlichkeit anmaßen? Dazu kommt die Angst, wir Menschen würden allerlei Greueltaten begehen, wenn wir keine Strafe zu befürchten hätten. Viele spirituelle Lehrer der Neuzeit bekräftigen die Aussagen von Jesus, wir hätten das Göttliche in uns. Wir sind die Gotter, die jetzt in ihrer eigenen Schöpfung leben und diese weiterführen. Gibt es ein anderes Verständnis, das weder unser Herz noch unseren Verstand verletzt? Die Menschen werden umso liebender sein, je mehr sie ihre eigene Göttlichkeit erkennen und darin leben. Es bedeutet jedoch, immer mehr Verantwortung zu übernehmen, wie wir dies in den letzten fünfzig Jahren besonders drastisch erleben. Wir können und müssen immer weitergehend nicht nur über unsere Fruchtbarkeit und Fortpflanzung entscheiden, sondern auch darüber, ob ein missgebildetes Kind geboren werden soll, welches Geschlecht unsere Kinder haben dürfen und welche genetische Ausstattung sie mitbringen sollen, aber auch wann wir sterben sollen. Wir akzeptieren die Entscheidungsgewalt darüber, welche Energie wir erzeugen wollen und welche Pflanzen auf unserer Erde neu entstehen sollen. Aber auch da befürchten wir die Rache Gottes, wenn wir unsere Freiheit und Verantwortung übernehmen.

Wie nur lässt sich eine göttliche Instanz denken, die sich NICHT nach der absolut freien Entscheidung aller Wesen sehnt? Welche Herabwürdigung des göttlichen Bewusstseins, wenn man ihm die Forderung nach Gehorsam und Unterwerfung unter irgendwelche für die Ewigkeit irrelevanten Gebote und Verbote zuschreibt! Wie könnte ein göttliches Bewusstsein Nicht-Freiheit haben wollen? Es ist ein Widerspruch in sich: Gott und Unfreiheit! Und wenn Jesus gemäß Zitat uns auffordert, vollkommen zu sein wie sein himmlischer Vater, könnte er etwas anderes meinen, als dass wir unsere Freiheit und damit unsere Liebesfähigkeit erkennen sollen, insbesondere auch uns selbst gegenüber? Mit Ewigkeit meine ich das zeitlose Jetzt, die Gegenwart ohne Anfang und Ende. Mit der Akzeptanz der Zeitlosigkeit eröffnet sich die ganze grenzenlose Freiheit für uns Menschen auf einen Schlag. Darum liebe ich die ICH BIN-Gebete so sehr, die diese zeitlose Freiheit zum Ausdruck bringen. Das ICH BIN, das sich nach dem Bericht des Alten Testamentes schon Moses eines Tages offenbarte und das ihn zu einem anderen Menschen machte. Mit der Erkenntnis der Zeitlosigkeit fallen auch all diese religionsgebundenen Ängste weg; natürlich nicht die biologische Angst, die uns vor den Gefahren für unsere körperliche Existenz schützt. Diese biologische Angst soll uns bitte auch erhalten bleiben. Wir haben unsere physische Existenz nicht gewählt, um sie aus Unachtsamkeit oder Unerfahrenheit zur Unzeit wieder zu verlieren. Warum wohl fällt es vielen Exponenten der Religionen derart schwer, auf diese Linie einzuschwenken? Die göttliche, zeitlose Jetzt-Existenz nicht mehr in das Gefängnis unseres alltäglichen Verständnisses über die Gesetze der Materie einzusperren. Ich spreche mit Absicht von unserem alltäglichen Verständnis der Materie und nicht über die Materie, wie wir sie hoffentlich bald verstehen werden, nämlich als ebenso geistig, gemeinhin Bewusstsein genannt.

Versöhnung kann nicht geschehen, wenn sie als eine Art Opfer oder Geschenk an andere gedacht ist. Die hellsichtige Theologin Caroline Myss hat einmal gesagt, Versöhnung sei eigentlich ein sehr egoistischer Akt, denn er tue niemandem so gut wie einem selbst (www.myss.com). Sie hat damit eine zentrale Wahrheit erkannt. Die Amish People haben uns gezeigt, dass Versöhnung auch möglich ist für Mütter und Väter gegenüber dem Mörder ihrer Kinder. Eva Mozes Kor hat uns in gleicher Art vorgeführt, dass auch Auschwitz-Überlebende solches vermögen. Eva Mozes Kor wurde Anfang 1944 nach Auschwitz gebracht. Während die übrige Familie umkam, wurde sie zusammen mit ihrer Zwillingsschwester für die Menschenversuche von Dr. Mengele ausgesondert und überlebte dabei. Sie hat 1993 einen Arzt aus Auschwitz getroffen und damit den Anfang ihrer Versöhnung gemacht. 1995 hat sie mit ihm, mit ihren und seinen Kindern in Auschwitz an einer Gedenkfeier teilgenommen. Beide haben ein Dokument geschrieben und niedergelegt. Eva Mozes Kor hat mit der Zeit realisiert, dass sie auch ihrem direkten Peiniger Dr. Mengele verzeihen konnte. Und sie hat realisiert, dass Versöhnung vor allem für uns selbst Heilung bedeutet. Sie hat im Jahr 2000 in einer Rede in Berlin gesagt: »Ich fühlte, wie eine Bürde des Schmerzes von meinen Schultern genommen wurde. Ich war nicht länger ein Opfer von Auschwitz. Ich war nicht länger eine Gefangene meiner tragischen Vergangenheit. Ich war endlich frei. Deshalb sage ich allen: ›Vergebt Eurem ärgsten Feind. Das wird Eure Seele heilen und Euch die Freiheit schenken.‹

Meine Vorstellungen, wie man die Schmerzen der Vergangenheit heilen kann, sind anders als die der meisten Opfer. Meiner Ansicht nach tragen die meisten Regierungen und Staatschefs der Welt schwer an dem Versuch, der Welt den Frieden zu bewahren. Meiner Meinung nach ist ihnen das jämmerlich missglückt, weil sie die Überlebenden von Tragödien wie dem Holocaust nicht aufgefordert, nicht ermutigt und es ihnen nicht erleichtert haben, ihren Feinden zu vergeben, was einen Akt der Selbstheilung darstellen würde. Die meisten Regierungen und Staatschefs der Welt empfehlen und unterstützen nur eine Sache: Gerechtigkeit. Gerechtigkeit existiert nicht, und durch ihre Forderung nach Gerechtigkeit verdammen sie die Opfer zu lebenslänglichem Leiden« (www.connection.de/cms/content/view/726/181).

Das Wesentliche ist damit gesagt. Ich selbst wähle die Worte Vergeben oder Verzeihen normalerweise nicht. Diese Worte können das Verständnis beinhalten, jemand stehe in unserer Schuld, dem wir durch Vergeben die Schuld erlassen. Versöhnung hat diese Bedeutung weniger. Versöhnung bedeutet Befreiung; bedeutet Frieden mit sich selbst. Uns selbst und die anderen akzeptieren mit allem, was wir sind. Es ist das Erkennen des göttlichen Lichtes der Liebe in uns und allen anderen mit allem, was wir sind. Dann gibt es niemandem mehr irgendetwas zu vergeben. Ob und wie wir dahin kommen, kann nur jeder für sich selbst herausfinden. Wir können vielleicht Unterstützung geben, wenn wir darum gebeten werden. Das ist auch schon alles, was uns die Versöhnung anderer angeht.

Es gibt Tausende von Formeln und Gebeten, die uns helfen können, den Frieden und das Licht in unser Herz einzuladen. Eine Sammlung meiner Favoriten sind auf meiner Homepage zu finden (www.jakobboesch.ch). Viele der ICH BIN-Gebete sind von Silvia Wallimann. Sie sind für jene gedacht, die das Göttliche in sich sehen oder fühlen möchten oder können, gemäß dem Zitat aus dem Neuen Testament: »An dem Tag werdet ihr erkennen, dass ich in meinem Vater bin und ihr in mir und ich in euch.«

Mein Favorit ist:
ICH BIN das Licht der Welt
ICH BIN die strahlende Sonne meines Lebens
ICH BIN die grenzenlose Kraft in allem Tun
ICH BIN die unversiegbare Quelle ewiger Liebe.
ICH BIN DIE Auferstehung und das Leben
ICH BIN der ICH BIN

Manche Menschen können sich das Göttliche nicht in sich selbst vorstellen. Ihnen ist die Vorstellung des Gottes im Himmel oder im Außen vertraut und gibt ihnen Geborgenheit. Das bekannte Gebet von Franziskus, das dieser Vorstellung entspricht, berührt mein Herz am stärksten. Ich habe meine eigene Fassung kreiert und bewege es so immer wieder in meinem Herzen:

Herr, mache mich zum Werkzeug Deines Friedens, dass ich
bei Hass Liebe bringe
bei Verletzungen Versöhnung
bei Streit Frieden
bei Verzweiflung Hoffnung
bei Finsternis Licht
bei Kummer Freude
Herr hilf mir, dass ich eher wünsche
zu trösten, als getröstet zu werden
zu verstehen, als verstanden zu werden

zu lieben, als geliebt zu werden.
Denn wer gibt, der empfängt
wer verzeiht, dem wird verziehen
wer sein Leben hingibt, erwacht zum ewigen Leben.

Rassismus und Gewalt

Zum psychotherapeutischen Metier gehört eine akzeptierende, nicht verurteilende Haltung gegenüber allem, was die Klienten an Gedanken, Gefühlen, Wünschen und Impulsen in sich wahrnehmen und zu äußern wagen. In diesem Sinne habe ich bereits diese Haltung als zentral für jede Liebesfähigkeit skizziert. Das generelle Akzeptieren und nicht Urteilen oder Verurteilen ermöglicht den Klienten, auch gegenüber sich selbst eine entsprechende Haltung einzunehmen. Offenheit und Ehrlichkeit entstehen. Wenn sie sich öffnen, kann man Männer und Frauen erleben, die sich nie rassistische Übergriffe und Kontrollverluste erlauben würden und auch keinerlei Gewalt, weder im privaten Kreis noch in der Öffentlichkeit. Sie können aber dann vor sich selbst eingestehen, dass sie manchmal spontan ein islamisches Kopftuch, ein jüdisches Käppchen oder andere religiöse Symbole absurd und lächerlich finden oder gar Verachtung spüren. Manchmal fühlen sie sich von Menschen anderer Hautfarbe abgestoßen und möchten sie nicht in der Nähe haben. Die zeitweise Fantasie, eine bestimmte Person am liebsten umbringen zu wollen, ist fast allgegenwärtig. Das können Einzelpersonen sein oder ganze Gesellschaften. Eine Frau berichtete mir, sie wünschte, alle diejenigen umzubringen, die in Kanada Seehundbabies erschlagen. Wenn diese Impulse und Gedanken weder verdrängt noch verurteilt werden, ist man davon nicht mehr getrieben. Alles, was wir in unserem Bewusstsein zulassen, fängt in dem Moment an, geheilt zu werden. Mit Gewalt und Rassismus verhält es sich ähnlich wie mit der Sexualität. Es herrscht ein umfassender kollektiver Unterdrückungs- und Verleugnungszustand. Dann verurteilt man sich selbst und gibt sich nicht mehr Rechenschaft über das, was in einem vorgeht. Können wir uns mit solchen Impulsen in uns versöhnen, müssen wir sie weder bei uns selbst noch bei anderen bekämpfen, und sie verlieren ihre Kraft. Die zu rigide Verurteilung in der Öffentlichkeit fördert die eigene Verurteilung und Verdrängung enorm. Oft ist man sich der eigenen Impulse gar nicht mehr bewusst und sieht diese nur noch bei den anderen, eben bei den Gegnern, die man entsprechend bekämpft.

In der »Weltwoche« (Nr. 41/2007) berichtet David Signer von einem Atheistenkongress in Washington. Ziel der Zusammenkunft war, alles Religiöse zu bekämpfen. Diese Menschen verwenden großen Eifer darauf, all die Grausamkeiten und Kriege aufzuzählen, die im Namen von Religionen stattfanden. Den Teilnehmern dieses Kongresses wurde offenbar geraten, allfällige in den Hotelzimmern auffindbare Bibeln in den Müll zu werfen. Immerhin haben diese Organisatoren nicht ein gemeinsames Kongressritual mit Verbrennung dieser »verbotenen« Bücher durchgeführt. Wahrscheinlich wäre ihnen selbst die allzu große Nähe mit den vielen Bücherverbrennungen in der Geschichte des Christentums und des Islam, die noch heute nicht allzu selten vorkommen, unheimlich gewesen. Im Prinzip spielt es keine Rolle, ob man Bücher öffentlich verbrennt, oder – obwohl Eigentum von anderen – sie aus ideologischen Gründen kollektiv im Müll entsorgt. Ich habe schon früher auf die bedrohliche Entwicklung hingewiesen, die mit Büchervernichtung beginnt und mit dem Einsatz von Gewehren endet. Einer der Stars jenes Atheistenkongresses, der bereits mehrfach genannte Richard Dawkins, hat in »Der Gotteswahn« vielfache Beispiele von Grausamkeiten im Alten und im Neuen Testament beschrieben. Auch ohne seine eleganten Ausführungen ist den meisten von uns die gewalttätige Geschichte des Christentums bewusst. Ketzerverfolgungen, Inquisition, Hexenverbrennungen oder, um sich auch der protestantischen Seite anzunehmen, die Verbrennung, Enthauptung und Verbannung von Andersgläubigen beispielsweise durch Calvin. Auch die Atheisten oder *Brights*, »die Hellen«, wie sie sich nennen, beweisen mit der Bibelvernichtung, dass sie eigene gewalttätige Impulse offenbar bei sich selbst übersehen und bei anderen verurteilen. Könnten sie sich eingestehen, dass sie diese Impulse genauso haben wie alle Menschen und dass sie diese besser nicht bei anderen bekämpfen, sondern bei sich selbst wahrnehmen und bewusst machen, wäre die ganze Sache wohl entschärft. Es handelt sich um tief in unserer Veranlagung wurzelnde, feindliche Impulse gegen alles, was fremd und von uns verschieden ist.

Offiziell ist niemand Rassist, das würde unserem Ideal widersprechen. Selbst Menschen, die offen gegen Ausländer Stimmung machen, sehen sich nicht als Rassisten. Ich behaupte, wir alle spüren Abwehr und Abschätzung gegenüber dem kulturell, rassisch und religiös Unvertrauten, sobald uns dies zu nahe kommt. So lange es exotisch ist und wir das auf unseren Reisen in ferne Länder bestaunen können, ist es attraktiv und befriedigt unser Interesse und unsere gesunde Neugier. Ebenso wenn fremde Kulturen uns im Showbusiness im eigenen Land gezeigt werden. Sobald dieses Fremde in unseren Alltag eindringt, wird unsere Angst und Abwehr stimuliert. Je stärker diese Impulse unterdrückt werden, desto mehr wird das kollektive Bewusstsein – wie man das immer wieder genannte Informationsfeld im Hintergrund auch nennen kann – quasi aufgeladen. Diese Impulse und Gedanken sind vorhanden und suchen sich einen Ort, wo sie wirken können. Diesen Ort finden sie bei den »Tätern«, welche eigentlich »Opfer« sind, da sie über die schwächste Kontrolle verfügen und die verbotenen Impulse ausleben.

Diese unterdrückten Impulse können in einem kleineren oder größeren Umgebungsfeld vorhanden sein und zum Durchbruch gelangen. Beispielsweise kommen oft Eltern zur Beratung, die sich mit den unkontrollierten Aggressionen ihrer Kinder nicht zurechtfinden und sie vor allem auch nicht verstehen können. »Wir beide Eltern sind eigentlich ruhige und überhaupt nicht aggressive Menschen«, erzählen sie und sie können überhaupt nicht begreifen, wie das mit ihrem Kind so kommen konnte. Tatsächlich handelt es sich meistens um besonders sensible Kinder, die überdurchschnittlich viel von ihrer Umgebung wahrnehmen können. Vermutlich haben diese Kinder besonders viele der von der Hirnforschung nachgewiesenen Spiegelneurone, die keine andere Aufgabe haben, als uns die Gefühle und Stimmungen der Menschen in unserer Nähe zu melden (Bauer 2004). Diese Kinder nehmen die unterdrückten Gefühle in ihrer Umgebung leicht wahr und bringen sie zum Ausdruck, da sie noch keine Kontrolle wie die Erwachsenen aufgebaut haben. So findet man bei der Beratung dieser Eltern mit aggressiven Kindern meistens eine massive Unterdrückung von Wut und oft auch Eifersucht bei ihnen selbst. Das sind Gefühle, die zu unserer natürlichen Ausstattung gehören. Kürzere Zeit arbeitete ich mit einer hellsichtigen, jungen Frau zusammen, die sich noch sehr gut an ihre Kindheit erinnern konnte. Ihre Mutter war früh gestorben und ihr Vater hatte öfter Streit mir ihrer Stiefmutter. Der Vater versuchte seine Wut vor seiner Tochter zu verbergen. »Aber je mehr er seine Wut verdrängte, umso heftiger sah und fühlte ich diese wie eine Welle über mich schwappen«, erzählte die hellsichtige junge Frau. Ein anderes Medium erzählte mir, wie sie als kleines Mädchen ihre Eltern mehr als einmal in Verlegenheit brachte, weil sie geheim gehaltene Gefühle von Gästen ausplauderte. Einmal hätte sie einem Gast gesagt: »Du bist verliebt, aber nicht in deine Frau.« Verschiedene ähnliche Beispiele beschreibt die hellsichtige Psychiaterin Judith Orloff in ihrem ersten Buch »Jenseits der Angst«.

Um jedes Missverständnis auszuräumen: Ich halte den Schutz vor Rassismus, wie er in den Menschenrechts-Erklärungen formuliert ist, für sehr wichtig. Wir sollten uns aber nicht der Illusion hingeben, der Rassismus könne durch Strafgesetze allein zum Verschwinden gebracht werden. Wir können vielleicht auf einen allmählichen Rückgang der rassistischen Impulse hoffen, wenn die Globalisierung und damit die Zusammenarbeit und Durchmischung der Völker und Kulturen noch fortschreitet. Allerdings ist mit häufigen Rassismus-Durchbrüchen vorderhand zu rechnen, wenn die Verleugnung und Unterdrückung in der Bevölkerung zu stark ist. Rassistische Vorfälle sind umso wahrscheinlicher, je rigider die Gesetzgebung ist. In der Schweiz hat man mit der Antirassismus-Strafnorm das Maximum an Ahndung und Strafverfolgung angestrebt und damit wahrscheinlich das Optimum überschritten. Es ist fraglich, ob eine Mehrheit wirklich mit ehrlichem Herzen hinter dieser Gesetzgebung steht. Wer sich in seiner Meinungsäußerung zu sehr unterdrückt fühlt, wird die feindlichen Impulse anstauen lassen und sie werden dadurch leichter durchbrechen. Es ist noch viel fraglicher, ob diejenigen, die überzeugt die strengste Strafverfolgung begrüßen, mit sich selbst ehrlich sind. Etwas mehr Spielraum für Ängste und rassistische Gedanken (die jeder in sich trägt) und damit mehr Ehrlichkeit vor uns selbst und gegenüber anderen würde vermutlich den Rassismus nicht verschärfen, sondern mildern.

Ist dieser Freiraum bedroht, wird untergründiger Widerstand entstehen, und mögliche Rassismustäter werden sehr schnell spüren, dass sie bei gewissen Bevölkerungsgruppen heimliche Unterstützung genießen. Sie werden sich Übergriffe umso schneller zuschulden kommen lassen, wie dies jüngst im Osten Deutschlands offenbar geworden ist. Es ist notwendig, alle Menschen vor rassistischer Gewalt und alltäglicher rassistischer Diskriminierung in Beruf und Privatleben zu schützen. Es ist aber kontraproduktiv, wenn die Einschränkung der Meinungsfreiheit und die moralische Verurteilung so weit gehen, dass die Menschen mit sich selbst noch unehrlicher sind und vorhandene gewalttätige und rassistische Gedanken und Gefühle nur noch zu unterdrücken versuchen. Alle Gedanken, Gefühle und Wesenszüge, die wir bekämpfen, kommen wie ein Bumerang zurück.

Interessant ist in diesem Zusammenhang eine Beobachtung von Anouk Claes. Gewisse Menschen kamen in Beratung wegen völligem Versagen der Immunabwehr, und es zeigte sich bei ihnen eine radikale Ablehnung jeder Art Krieg. Es geht nicht darum, den Krieg zu befürworten, sondern sich der eigenen »kriegerischen« Impulse bewusst zu werden. Wir haben nun mal »Killerzellen« in unserem Immunsystem, die fremdartige Zellen fressen müssen, um unseren Organismus gesund zu erhalten. Es geht nicht darum, die Impulse auszuleben, sondern sie innerlich zu akzeptieren. Dann wird der Körper kaum derart reagieren und jede Abwehr aufgeben. Der Körper ist ein Spiegel der Seele, der das Seelische mit seinen Reaktionen sichtbar macht.

Erschwerend für eine Toleranzentwicklung gegenüber dem Fremden sind unter uns lebende Menschen, die sich eine uns fremde und mit unseren Wertsystemen und unserer Verfassung in Widerspruch stehende kulturelle und religiöse Tradition bewahrt haben. Am 5. Oktober 2007 stand in »20 Minuten« ein Bericht aus dem Münchner Schwurgericht. Ein Iraker hatte vor den Augen seines fünfjährigen Sohnes seine geschiedene Frau niedergestochen, mit Benzin überschüttet und bei lebendigem Leibe verbrannt. Es wurde berichtet, er hätte mit Stolz erzählt: »Ich bereue nicht, dass ich sie getötet habe. Es war meine Pflicht.« Er meinte, die deutschen Gesetze seien schuld, »dass nur die Frauen Rechte haben. So werden sie hochnäsig und meinen, sie könnten alles tun.« Seine Frau habe ihn verraten. »Weder mein Stamm noch der Stamm meiner Frau lässt so etwas zu. Das verbietet meine Kultur und meine Religion.« Der Vater seiner geschiedenen Frau habe zu ihm gesagt: »Wenn du sie nicht tötest, bringe ich dich um, wenn du nach Kurdistan zurückkehrst.«

In Deutschland gab es von 1996 bis 2005 insgesamt 55 Ehrenmorde mit 70 Opfern, wobei Eifersuchtsdelikte und Blutrache ausdrücklich nicht mitgezählt wurden. Darüber wurde keine Statistik erhoben. Weltweit sollen laut UNO-Berichten mindestens 5000 Frauen und Mädchen Opfer von Ehrenmorden sein. Da viele dieser Morde als Unfälle oder Suizide getarnt sind oder im Ausland stattfinden, rechnet man mit einer um ein Vielfaches höheren Dunkelziffer. In Deutschland sollen angeblich mehr als ein Drittel der jungen Türken Ehrenmorde bejahen (de.wikipedia.org/wiki/Ehrenmord). Für die Schweiz scheinen keine Zahlen vorzuliegen. Es gibt aber erste Erhebungen zu Zwangsheiraten. Man rechnet mit jährlich mehreren Tausend. Es sind nicht nur die Morde und die vielfachen Verletzungen der Menschenrechte, die ins Gewicht fallen. Viel schwerer wiegt die Wirkung auf uns selbst, auf unsere einheimische Bevölkerung. Fremdenhass und

Fremdenangst nehmen durch solche Fälle zu. Ein zusätzliches Problem sind erhebliche Kosten, die dem Gesundheitswesen entstehen. Ich illustriere dies an zwei Beispielen aus meiner Tätigkeit als Chefarzt einer staatlichen psychiatrischen Ambulanz:

Eine Frau Anfang dreißig aus Ex-Jugoslawien kommt wegen Depressionen unklarer Ursache viele Monate in ambulante Behandlung. Sie ist verheiratet mit einem Ingenieur, selbst in einem pädagogischen Beruf ausgebildet und hat vier Kinder. Die Familie kam infolge der Kriegswirren in die Schweiz. Trotz Psychotherapie und diverser Antidepressiva bleibt der Zustand unverändert. Die Frau war am Rande vom jugoslawischen Bürgerkrieg betroffen gewesen, und man erwog trotz fehlender unmittelbarer Kriegsereignisse in ihrer Geschichte eine Kriegstraumatisierung. Die Traumatisierung wurde schließlich bestätigt, allerdings nicht so, wie wir uns das vorgestellt hatten. Nach vielen Monaten wagte die Frau sich allmählich zu öffnen und erzählte, sie sei von einem anderen Manne aus ihrem Dorfe vergewaltigt worden. Ihr Ehemann wolle jetzt zurück in dieses Dorf, wo der Vergewaltiger immer noch lebe. Sie könne das Geheimnis der Vergewaltigung ihrem Ehemann aber niemals preisgeben, da sie dort als Hure gelten würde, wenn niemand die Vergewaltigung, das heißt ihre Unfreiwilligkeit, bezeugen könne. Ihr Ehemann wäre aus Gründen der Ehre letztlich verpflichtet, sie selbst und den anderen Mann umzubringen, was dann von der anderen Seite wieder zu Blutrache führen würde. Kenner bestätigten die Plausibilität dieser Schilderung.

Dieses Ehepaar hatte beste Sprachkenntnisse und war auch nach gängigen Begriffen gut integriert. Trotzdem war offenbar die religiös-kulturelle Prägung so tief, dass die Frau nicht gewagt hätte, sich ihrem Ehemann anzuvertrauen. Und hätte sie es getan, wäre möglicherweise grenzenloses Unglück über diese Familie hereingebrochen.

Eine andere Erfahrung machte mich ebenso nachdenklich: Eine etwa achtzehnjährige Frau türkischer Herkunft wurde wegen zahlreicher körperlicher Symptome und diffuser Bewusstseinsstörungen zur Behandlung angemeldet. Die medizinische Abklärung hatte keine plausiblen Gründe für die Störung ergeben. Trotzdem verschlechterte sich die Situation akut. Schließlich kam heraus, dass die hier aufgewachsene junge Frau sich in einen Schweizer Mann verliebt hatte und diesen auch treffen wollte. Weil ihr das von den Eltern unterbunden wurde, reagierte sie mit den genannten Symptomen. Sie war schon als junges Mädchen einem Cousin ihrer Familie versprochen worden, den sie aber auf keinen Fall heiraten wollte. Wegen der akuten Verschlimmerung ihres Zustandes sahen wir nur die Möglichkeit, die Patientin zur weiteren Abklärung und zum vorübergehenden Schutz in die Klinik einzuweisen. Am folgenden Sonntag erhielt unser Dienstarzt einen Alarmanruf, das Klinikteam fühle sich bedroht, da verschiedene Männer, offensichtlich aus der Familie der Patientin, inner- und außerhalb der Klinik »herumschleichen« würden.

Handeln war angesagt. Schon für den Montagabend organisierten wir eine Konferenz. Von der Familie waren neben der Patientin deren Eltern sowie zwei Onkel, einer davon Oberhaupt der erweiterten Familie, anwesend und von ärztlicher Seite zwei Chefärzte, zwei Oberärzte, eine Assistenzärztin und eine Dolmetscherin. Die Patientin fühlte sich offensichtlich bedroht. Nach langer Zeit, als wir klar machten, wir würden die Patientin nicht einfach nach Hause lassen, wenn deren Sicherheit nicht garantiert sei, erklärte sich die Familie bereit, die Sicherheit der Tochter auch ohne deren Einwilligung zur Heirat zu garantieren. Wir waren befriedigt über den erzielten Erfolg. Die Familie wollte aufbrechen, die Tochter sollte noch in der Klinik übernachten. Beim Aufbruch sagte die Mutter auf Türkisch etwas zur Tochter, offenbar vergessend, dass noch eine Dolmetscherin da war. Auf meine Frage sagte mir die Dolmetscherin, die Mutter habe zur Tochter gesagt: »Ich selbst werde dich umbringen.« Die ganze Konferenz begann von Neuem. Eine Meldung an die Polizei kam zur Sprache. Wir legten dem Familienklan dar, dass wir jetzt klare Kenntnis über alle Verantwortlichen hätten, sollte der Patientin etwas zustoßen. Wir würden aber schon vorher uns vom Arztgeheimnis entbinden lassen und die Polizei einschalten, wenn wir bemerkten, dass die Tochter weiterhin bedroht sei. Gegen Mitternacht glaubten wir, der Familie schließlich bezüglich Sicherheit für die Tochter vertrauen zu können, da der Sippenboss sich dafür verbürgte. Beim Abschied sagte dieses Oberhaupt der Familie zu uns: »Ich bin entehrt!« Etwa drei Wochen später traf ich diesen Chef-Onkel zufällig auf der Straße. Der große und kräftige Mann bot ein Bild des Elends. Er wirkte total geknickt.

Diese Erfahrung hat mich immer wieder beschäftigt. Auch die geballte ärztliche Kompetenz war bei unserer Besprechung offensichtlich überfordert. Was wissen wir schon von dieser Kultur und Religion? Haben wir richtig gehandelt? Diese Leute lebten schon viele Jahre in der Schweiz und schienen lange Zeit nach gängigen Kriterien gut integriert. Erst als die Kinder, also die zweite Generation, erwachsen wurde, kamen die Probleme richtig zum Vorschein. Die erste Generation hat sich äußerlich so sehr angepasst, dass keine Probleme sichtbar wurden, obwohl sie ihr Denken, Fühlen und Werten keineswegs angepasst hatte. Was soll und kann man an Integration erwarten? Welche Abklärungen sollten gemacht werden und durch wen? Wann ist der richtige Zeitpunkt für eine Einbürgerung? Was heißt das für uns, wenn Menschen bei uns leben und Bürger unseres Landes sein wollen, bei denen eine unserer Bundesverfassung klar zuwiderlaufende religiös-kulturelle Prägung sich derart stark erhalten hat? Das sind besonders eindrückliche Beispiele neben vielen anderen, die oft nicht weniger Aufwand erfordern. Bei uns wird teilweise heftig gestritten, man dürfe nicht wieder die Sippenhaft bei der Strafverfolgung einführen. Das ist richtig. Nur stellt sich die Frage, wie wir mit dieser importierten sehr viel rigideren und tief verwurzelten Sippenhaft umgehen können. Die Forderung, Einzubürgernde müssten Deutsch verstehen, erscheint mir sinnvoll. Nur ändert sich dadurch an den Integrationsschwierigkeiten solcher Immigranten nicht sehr viel. Ausweisungen mögen vielleicht etwas mehr Sicherheit bringen. Doch diese tief verwurzelten und mit unserer Verfassung in Widerspruch stehenden Wertsysteme verschwinden nicht einfach.

Die Integration erfordert bei diesen Menschen eine viel tiefer gehende und langfristige Auseinandersetzung mit den beiden aufeinanderprallenden Auffassungen über das, was notwendig ist, um ein gutes Mitglied in der staatlichen Gemeinschaft zu sein. Die relevanten Prägungen, seien sie nun kulturell oder religiös, sind zäh und sitzen fest. Das kennen wir aus unserer eigenen Erfahrung. Es gibt viele verschiedene Wege zur Verbesserung der Situation. Doch bevor wir uns für Lösungswege entscheiden, müssten wir uns gründlich mit der Problemsituation vertraut machen. Und da kommen wir ohne die Hilfe von erfolgreich integrierten Immigranten nicht aus. Die Frage ist, ob wir diese überhaupt genügend als Experten anerkennen und wertschätzen. Bei politischen Diskussionen unter den Parteien im Fernsehen erhält man doch den Eindruck, dass die Schweizer überzeugt sind, allein die richtigen Rezepte schon in der Tasche zu haben.

Immigranten dürfen zwar reden, aber große Wirkung hinterlassen ihre Voten nicht. Die Diskussionen über etwas mehr oder weniger Ausweisung oder darüber, ob die Vorschläge fremdenfeindlich seien oder nicht, wirken wie Ausweichmanöver vor den tatsächlichen Problemen. Ich habe bisher noch nie einen wirklichen Pflichtenkatalog zur erfolgreichen Integration gelesen, der klar die Aufgaben der Immigranten, aber auch von uns auflistet. Weder das gesicherte Einkommen noch die deutsche Sprache genügen als Erfolg versprechende Kriterien. Wenn wir solchen Menschen, wie in den obigen Beispielen beschrieben, dauerhaften Aufenthalt gewähren wollen, sollten wir ernsthafter fördern und ernsthafter fordern. Die Aktivierung von Angst einerseits und von Schuld- oder Solidaritätsgefühlen andererseits taugt für die Parteien im Wahlkampf, nicht für die Praxis. Wir verharren hier im Mangel- oder Defizitbewusstsein. Wir könnten die tatsächlich Integrierten zur Aufklärung hier und in den Ursprungsländern motivieren und vor allem auch darin unterstützen. Das ist ein riesiges, von den Medien kaum beackertes Feld. Das Thema könnte vom Fernsehen durchaus attraktiv präsentiert werden, beispielsweise mit einer »Super Nanny« für Integration. Offensichtlich haben hauptsächlich jene Immigranten hier Erfolg, die sich zu einem guten Stück von den alten Traditionen gelöst haben. Sie schaffen die schwierige Gratwanderung beziehungsweise den Spagat zwischen den Kulturen und haben den Willen zum Erfolg. Ich habe beste Erfahrungen gemacht mit einem kosovoalbanischen Oberarzt und manchen Dolmetscherinnen und Dolmetschern, die wir schließlich als Mediatoren, also Vermittler, zwischen den Kulturen eingesetzt haben. Sie sind oft viel nüchterner in den Beurteilungen, weil sie die Mentalitäten kennen und weil sie keine Angst vor dem Rassismusvorwurf haben müssen. Allerdings sollten religiöse Symbole bei diesen Mediatorinnen verschwinden. Es wird ein falsches Signal gesetzt. Integration hieße auch ein klares Bekenntnis zum säkularen, demokratischen Staat. Die Religion verschwindet dann in den Privatbereich.

»Super Nannys« müssten obligatorisch von Anfang an zum Einsatz kommen, wenn beispielsweise der Staat den »Import« junger Frauen ohne Sprachkenntnisse und mit minimalster Schulbildung erlaubt oder erlauben muss. Diese Frauen werden im Ursprungsland verheiratet und dann als Familiennachzug in die Schweiz geholt und hier oft nahezu wie Gefangene gehalten. Viele solcher Frauen haben wir ebenfalls später in der Psychiatrie mit multiplen psychosomatischen Beschwerden, Depressionen und körperlichen Erkrankungen. Manche dieser Frauen wurden geschlagen, psychisch terrorisiert und von der Außenwelt isoliert. Deren Kinder haben sehr oft das System der alten Heimat verinnerlicht. Anstatt religiöser Erziehung sollen in der Schule die Menschenrechte in den Lehrplan aufgenommen werden. Ich kenne Beispiele, da schon in der zweiten Grundschulklasse solcher Unterricht begonnen wurde. Da könnten junge Mädchen und Jungen erste Aufklärung über die schweizerische Praxis beziehungsweise Verfassung bezüglich Menschenrechte erhalten. Die Eltern könnten diese Aufklärung durch die aus dem gleichen Land stammenden, integrierten »Super Nannys«, sprich Mediatorinnen erhalten. Die Arbeit kann durchaus spaßvoll sein. Eine unserer türkischen Mediatorinnen lehrte eine Gruppe von Landsfrauen das Schwimmen und bot ein Forum für Aufklärung und gegenseitige emanzipatorische Unterstützung. Sind die chronischen Schmerzen und die Depressionen schon da und die Kinder bereits auffällig geworden, ist es in vielen Fällen sehr spät für Verbesserungen.

Dawkins macht hauptsächlich die Religionen verantwortlich für die Legitimierung der Gewalt. In den geschilderten konkreten Beispielen aus der Praxis ist die Unterscheidung zwischen Religion und Kultur kaum zu machen. Das Gefühl der Volkszugehörigkeit umfasst beides. Ein eindrückliches Beispiel, das diese Ansicht stärkt, zitiert Dawkins (2007:355ff): Ein israelischer Psychologe legte acht bis vierzehn Jahre alten Kindern den alttestamentlichen Bericht von Josua vor, der bei der Eroberung der Stadt Jericho von Gott den Befehl erhielt, alle Menschen und alle Haustiere zu töten und nur Gold und Silber zu behalten. Die Kinder wurden dann gefragt, ob Josua und die Israeliten richtig gehandelt hätten. 66 Prozent stimmten vorbehaltlos zu, 8 Prozent teilweise und nur 26 Prozent fanden das Vorgehen nicht richtig. Die Begründungen für die Zustimmungen waren, die Israeliten hätten sich sonst vielleicht assimiliert, hätten schlechte Sitten gelernt und es sei gut, eine andere Religion von der Erde zu tilgen. Bei den nicht Zustimmenden kamen Aussagen wie: Josua hätte auch das Vieh als Beute behalten sollen. Auf die Frage, wie die israelische Armee in einem arabischen Dorf verfahren sollte, waren die Beurteilungen etwa gleich.

Der Psychologe machte ein paralleles Experiment mit einer anderen Gruppe von 168 Kindern in Israel. Den Namen Josua ersetzte er durch Lin, der vor 3000 Jahren in einem chinesischen Königreich General war, aber das gleiche Vorgehen wählte wie Josua in Jericho. In diesem Fall fanden nur sieben Prozent der Kinder das Vorgehen gut. Dawkins nimmt diese Experimente als Beweis, dass die eigene religiöse Sichtweise jede Barbarei rechtfertige. Es kann sein, dass er Recht hat. Ich glaube eher, dass die Volkszugehörigkeit und die Bedrohungslage die größere Rolle spielen als die Religion. Dawkins unterschlägt nämlich, dass diese Untersuchung in den 1960er Jahren gemacht wurde. Das war eine Zeit, als die Israeli sich extrem bedroht fühlen mussten. Trotzdem wäre es spannend zu wissen, was den israelischen Kindern heute über die Eroberung von Jericho und andere Genozide im Alten Testament beigebracht wird. Den Kindern, die doch zu einem großen Teil direkt oder indirekt Nachfahren von Holocaust-Opfern sind.

Um auf Moses zurückzukommen (siehe auch Seite 210). Das Erlebnis mit dem plötzlichen Licht vor ihm muss ein Schock gewesen sein. Und eine verstörende Erfahrung, als die von ihm gehörte Stimme sich identifizierte mit: »Ich bin, der ich bin.« War das die göttliche Stimme, die Stimme des höheren Selbst, wie es oft genannt wird? Jedenfalls muss eine ganz neu erlebte Kraft in ihm gewirkt haben, die einen völlig anderen Teil seiner Persönlichkeit aktivierte. Er beendete auf der Stelle seine Tätigkeit als Schafhirte, hörte auf, sich zu verstecken und erschien im Palast des Pharao, um kühn die Freilassung seines Volkes zu fordern. Er ließ sich von seinem Vorhaben auch nicht abbringen, als der Pharao mit zahlreichen Repressalien reagierte. Die Geschichte hat Moses in unseren Augen zu einem Mann Gottes gemacht. Er wurde gemäß heutigen Maßstäben zu einem gewalttätigen Terroristen, der die herrschende Ordnung nicht mehr akzeptierte und die ägyptische Zivilbevölkerung mit zahllosen Anschlägen bis hin zu Serienmorden an ägyptischen jungen Männern attackierte. Die Taten wurden allerdings Gott zugeschrieben. Hätten er und Josua im letzten Jahrhundert in einem europäischen Land in gleicher Art gewirkt, sie gälten für uns als Monster und Menschenschlächter, wie die ex-jugoslawischen Kriegsverbrecher.

Die politischen Parteien streiten heftig über die Art, wie mit den Gefahren anderer Wertsysteme und mangelnder Integration umgegangen werden soll. Die einen werfen der Gegenseite Blauäugigkeit und Gutmenschentum vor und fordern mehr Repression. Die anderen kritisieren die Ausländerfeindlichkeit, betonen, dass es mit Repression nicht getan sei. Gemeinsam ist beiden Seiten das Operieren mit der Angst der umworbenen Wähler. Das Aktivieren unterschwelliger Emotionen ist fast immer erfolgreich. Die Außenparteien haben jedoch auf ihre Art beide Recht. Sie fokussieren auf die besonders verdrängten Anteile der Gegenseite, ohne sich Rechenschaft zu geben, dass diese bei ihnen selbst auch vorhanden sind. Vor kurzem strahlte das Schweizer Fernsehen im Hinblick auf die Wahlen eine öffentliche Diskussion mit Vertretern aller Parteien aus. Ein Experte bestätigte, die rassistischen

Äußerungen und Übergriffe hätten in den letzten zehn Jahren deutlich zugenommen. Es kam gar nicht zur Sprache, dass rassistische und gewalttätige Regungen mehr oder weniger bei allen Menschen vorhanden sind.

Ein Bereich in unserer Religion und Kultur wird üblicherweise kaum mit Gewalt in Verbindung gebracht, obwohl viel Gewalt im Spiel ist. Es geht um die Sterbehilfe. Hugo Stamm, Redakteur des Zürcher »Tages-Anzeigers« und Sektenexperte, hat im Oktober 2007 einen Blogbeitrag zur Sterbehilfe geschrieben und damit eine heftige Diskussion ausgelöst (www.hugostamm. kaywa. ch). Der Anlass war das Medienrauschen wegen der Sterbehilfeorganisation Dignitas, die große Schwierigkeiten hatte, eine Wohnung für das Sterben ihrer Klienten zu finden. In den Diskussionsbeiträgen zum Blog kamen die Argumente gegen die Sterbehilfe, wie sie weit verbreitet sind und immer wieder gehört werden:

»Die Natur ist nicht gnadenlos, gnadenlos ist nur der Mensch, der in die Natur pfuscht und sie verändert. Irgendwann schlägt die Natur dann zurück.«

»Außerdem gibt es noch eine übergeordnete Sicht der Dinge, nämlich diejenige, dass wir dieses Leben als Geschenk annehmen mussten, kein anderes haben, und es nicht nur eine Sünde ist, es uns selbst zu nehmen, sondern Zeichen einer zutiefst materialistischen Sicht über das eigene Leben, wenn man keine geistige Sicht der Dinge für das eigene Leben mehr zulässt.«

Das Denken, die Natur oder Gott hätten eine ewige und unveränderbare Ordnung eingerichtet, scheint mir fast immer religiösen Ursprungs zu sein. Gerade in der Natur erleben wir aber eine ständige Anpassung. Aus religiöser Sicht besteht die permanente Gefahr, ohne Drohungen und Verbote werde das Handeln des Menschen immer schlecht und böse sein. Doch diese Angst, dem Menschen wirklich Autonomie als höchsten Ausdruck von Liebe zuzugestehen, führt zu sehr viel Leid und wirkt gewalttätig und entwürdigend. Ich habe in meinem Berufsleben viele tragische Fälle erlebt, die für mich in ihrer Konsequenz Gewalttätigkeit bedeuten: Gegen diese sogenannte ethische Haltung musste meine achtzigjährige Mutter hart ankämpfen. Sie wurde mit ihrer fortgeschrittenen Krebserkrankung entgegen ihrem Wunsch umfassend auf Therapiemöglichkeiten abgeklärt, und sie brauchte ihre ganze Kraft, um eine nutzlose Operation zu verhindern. Sie hatte sich schon so auf den Tod eingestellt, dass sie ihren geliebten Hund hatte einschläfern lassen. Erst kurz vor ihrem Tod räumten die Ärzte ein, sie selbst habe wohl die richtige Entscheidung getroffen.

Viele Fälle verlaufen noch weit tragischer. Ein neunundsechzigjähriger, früher hart arbeitender Bauer litt seit Langem an Diabetes und Nierenversagen. Seit Jahren musste er dreimal die Woche zur Hämodialyse, also zur maschinellen Blutreinigung in die Klinik. Sein Herz arbeitete nicht mehr richtig, er hatte Bluthochdruck, chronische Magen- und Darmentzündung, ein Prostataleiden, chronische Blutungen im Gehirn, seine Nebenschilddrüsen mussten wegoperiert werden. Er konnte kaum noch sich betätigen und fiel bei seinen Gehversuchen öfter um. Er äußerte konstant, aufgrund seiner vielen Erkrankungen hätte sein Leben keinen Sinn mehr; er habe alle Freude und Interessen verloren und mit dem Leben abgeschlossen. Für ihn sei es Zeit zu sterben. Seit Längerem gab man ihm Antidepressiva und Beruhigungsmittel. Insgesamt erhielt er täglich sieben verschiedene Medikamente. Als er erneut seinen Sterbewunsch zum Thema machte, alarmierte man die Psychiatrie, um seine Depressivität und Suizidalität abklären zu lassen. Der Versuch des Mannes, seine verzweifelte Lage zwischendurch mit etwas Humor zu überspielen, interpretierte man als Witzelsucht. Als der Psychiater auftauchte, wurde die Ehefrau wütend und war gottlob stark genug, ihren Mann gegen ärztlichen Willen aus der Klinik zu nehmen.

Glücklicherweise ändert sich die Einstellung in den Kliniken von Jahr zu Jahr in Richtung größerer Freiheit, die Wünsche der Menschen, sterben zu dürfen, eher ernst zu nehmen. Ich habe sehr tragische Fälle erlebt. Ein körperlich vielfach kranker Mann, in ähnlicher Situation wie der oben geschilderte Bauer, schnitt sich mit dem Taschenmesser seine Genitalien ab, weil ein Mitpatient ihm gesagt hatte, die Medizin könne ihn so nicht am Verbluten hindern. Die zuständigen Ärzte fühlten sich verpflichtet, ihn mit allen Mitteln zurückzuholen und »retteten« ihn. Die Menschen, die mutig und noch körperlich beweglich waren, fanden selbst Wege, ihr Leben zu beenden, indem sie sich unter einen Zug warfen oder sich aus oberen Klinikstockwerken in den Tod stürzten. Heute hat man überall Sicherheitsnetze. Zu Recht natürlich, um die Teams vor der psychischen Belastung zu schützen. Für mich grausam und nicht menschlich ist, dass die meisten dieser Menschen einsam sterben müssen und im Wissen, welche Belastung sie beispielsweise für Zugführer werden durch ihren Tod. Für katholische Menschen kommt noch das Wissen dazu, dass ihrer Familie eine Beerdigung im katholischen Friedhof mit den tröstlichen Ritualen nicht selten verweigert wird. Wir kennen den Fall des jahrelang gelähmten, italienischen Patienten, dem ein Arzt auf seine unablässige Bitte hin schließlich das Atemgerät abstellte und dem der Vatikan ein kirchliches Begräbnis verweigerte.

Ein weiterer Diskussionsbeitrag in Hugo Stamms Blog war: »Es darf kein Gesetz geben, welches dies zulässt. Sobald man es zulässt, wird es auch Missbrauch geben. Das ist so sicher wie das Amen in der Kirche. Dann werden alte Leute getötet, weil die Jungen erben wollen, und weil sich die Alten nicht mehr wehren können.« Natürlich gibt es immer Missbrauch, das gehört auch zu uns Menschen. Dieser Missbrauch kann aber ebenso in die genau entgegengesetzte Seite gehen, wie das folgende Beispiel zeigt:

Ein achtzigjähriger Mann spricht schon lange von seinem Wunsch zu sterben; manchmal etwas trotzig während Auseinandersetzungen. Die Angehörigen nehmen jedoch den Sterbewunsch des Mannes nicht ernst; es kommt zu keinen Gesprächen. Er wird ernsthaft krank und in die Klinik gebracht, wo eine Verengung von Herzkranzgefäßen festgestellt wird. Seine Organe sind offensichtlich barmherziger als die Angehörigen und die Medizin. Der Mann hat zwei Söhne und hat dem einen für Geschäftsgründung und Hausbau einen größeren Geldbetrag geliehen. Das

Geschäft war ein Misserfolg und musste liquidiert werden, und das Haus war aktuell nicht zu verkaufen. Da der alte Mann massiv übergewichtig und Diabetiker war und als Kettenraucher noch weitere Leiden hatte, war die Indikation für eine Bypass-Operation fraglich. Der Sohn mit dem geliehenen Geld drängte darauf. Er hatte ein schlechtes Verhältnis zu seinem Bruder und das vom Vater geliehene Geld hätte beim Tod zurückbezahlt werden müssen, wozu er nicht in der Lage war. Nach der Bypass-Operation war der alte Mann verwirrt und aggressiv, wollte weder essen noch trinken und riss sich die Infusionsschläuche heraus. Die Verlegung in eine Rehabilitationsklinik war nicht möglich. Der Patient musste weiter im teuren Akutspital versorgt werden. Nach Monaten wurde er nach Hause entlassen, als er sich mit fremder Unterstützung wieder halbwegs ernährte. Er war Kettenraucher geworden und ließ Stuhl und Urin oft einfach unter sich. Wegen Angstgefühlen versuchte er fast pausenlos, seine Angehörigen anzurufen. Er lebte zwar betreut und doch einsam als körperliche, seelische und finanzielle Bürde für sich und die Umwelt weiter. Eine massive Beruhigung mit Psychopharmaka war unumgänglich.

Die Psychopharmaka-Verschreibung für alte Menschen wächst unaufhaltsam. Ein Mann in den siebziger Jahren erhielt täglich sechzehn Medikamente, davon fünf Antidepressiva, ein Antipsychosemittel (Neuroleptikum), einen Tranquilizer (leichteres Beruhigungsmittel), ein Schlafmittel, einen sogenannten Stimmungsstabilisator, dazu Schmerzmittel sowie die Medikamente, um ihn körperlich am Leben zu erhalten. Die Dosierung des einen Antidepressivums betrug das Zwei- bis Dreifache wie für einen jungen Mann. Im Alter werden die Medikamente viel langsamer abgebaut und sollten wesentlich geringer dosiert werden. Eine neunzigjährige Frau erhielt neben zwei Schmerzmitteln zwei Antipsychosemittel, einen Tranquilizer, ein Schlafmittel, Baldrian und zahlreiche Mittel, um sie körperlich am Leben zu erhalten. Innerhalb von fünf Jahren haben sich die Kosten für Antidepressiva mehr als verdoppelt, diejenigen für Antipsychosemittel sind um über 60 Prozent gestiegen. Im Kanton Baselland erhalten über die

Hälfte der Bewohner von Alters- und Pflegeheimen Psychopharmaka. Als ich diese Situation mit einem benachbarten Apotheker besprach, bestätigte er mir den problematischen Sachverhalt und erwähnte, er hätte einen Kunden, der vierundzwanzig Medikamente verschrieben bekommen habe. Natürlich kann kein Fachmann noch irgendetwas darüber aussagen, wie diese vielen Medikamente untereinander wirken.

Eine neue Sichtweise wünsche ich mir auch in Bezug auf psychisch Kranke. Die Situation ist sicherlich für niemanden einfach. Trotzdem führt die traditionelle Sichtweise zu unglaublich viel Tragik und Leiden. Viele Patienten wollten von mir das Versprechen, sie wegen Suizidalität nicht in eine Klinik einzuweisen. Meistens konnte ich sie teilweise beruhigen, aber eben nur teilweise. Ich sagte ihnen, wenn sie mit dem festen Entschluss, sich umzubringen und unmittelbar vor der Ausführung zu mir kämen, müsste ich sie zu meinem eigenen Schutze einweisen. Diese Vorsicht war aus beruflicher Sicht berechtigt. Im Sommer 2007 wurde ein psychiatrischer Kollege zu einer unbedingten Gefängnisstrafe verurteilt, weil er psychisch Kranken geholfen hatte zu sterben. Ein Kollege, den ich viele Jahre in seiner manisch-depressiven Erkrankung begleitet hatte, wollte eines Tages in eine psychiatrische Klinik. Ich war überrascht, da wir durch ein gutes Sicherheitsnetz eine Klinikeinweisung immer hatten vermeiden können. Ich widersetzte mich seinem Wunsch aber nicht. Etwa zehn Tage später erhielt er in Begleitung eines Angehörigen Ausgang, um dringende Angelegenheiten zu erledigen. Mit seiner Intelligenz und indem er auch alle in der Klinik täuschen konnte, gelang es ihm, zu entwischen und sich unter den Zug zu werfen, wo er früher selbst oft zu Selbstmördern gerufen worden war. Aufgrund eines Abschiedsbriefes wurde klar, dass er alles vor seinem Klinikeintritt schon sorgfältig vorbereitet hatte. Er musste einsam sterben und sowohl seine Angehörigen wie Freunde täuschen. Ein begleiteter Suizid wäre nie abgesegnet worden.

Eine etwa dreißigjährige Frau wurde auch von mir begleitet. Sie war als Bankerin schon in jungen Jahren sehr erfolgreich gewesen. Durch die Erkrankung an multipler Sklerose verlor sie Einkommen, Gesundheit und Selbstständigkeit. Sie war entschlossen, sich umzubringen und hatte bereits misslungene Versuche hinter sich; deswegen war sie schon hospitalisiert gewesen. Ich hatte ihr ebenfalls gesagt, ich könne sie nicht bis zur Ausführung des Suizides begleiten. Schließlich gelang es ihr, sich zu töten und ich erfuhr, was geschehen war. Sie hatte ihrer Freundin das Versprechen abgenommen, mich nicht über ihre Pläne zu informieren. Die Frau nahm Beruhigungsmittel und band sich einen Plastiksack über den Kopf, um sich zu ersticken. Der erste Versuch misslang, der zweite glückte. Die Frau muss unglaublich gelitten haben. Die Erinnerungen an diese Patienten schmerzen mich heute noch. Was gebietet uns denn da die Nächstenliebe? Müssen all diese Menschen total einsam und unter schlimmsten Qualen sterben? Ist das mit dem Verständnis eines würdigen Sterbens, wie es von christlicher Seite propagiert wird, vereinbar?

Die Sache mit der Urteilsfähigkeit bei psychischen Leiden ist einerseits berechtigt, andererseits total unbefriedigend. Wenn jemand den Wunsch äußert zu sterben, wird oft fast automatisch auf Depression geschlossen, auch bei alten und sehr kranken Menschen. Viele können sich schlicht nicht vorstellen, dass ein psychisch gesunder Mensch den Wunsch hat zu sterben. Aber selbst psychisch wirklich kranke Menschen können in dieser Hinsicht voll urteilsfähig sein. Gewisse schizophrene Menschen beispielsweise leiden in einem für andere kaum vorstellbaren Maße. Sie sind aber längst nicht alle geistig getrübt und können ihre Situation sogar manchmal glasklar sehen. Ich habe einen sehr tröstlichen Fall erlebt. In Zürich habe ich mich lange intensiv für die Förderung von Selbsthilfegruppen und Nachbarschaftshilfe eingesetzt. Eine chronisch schizophrene junge Frau, die kein selbstständiges Leben führte, war Mitglied einer von mir manchmal beratenen Selbsthilfegruppe. Sie teilte der Gruppe ihren Entschluss mit, sich umzubringen. Nach monatelangen Diskussionen konnten die anderen Teilnehmer ihren Wunsch akzeptieren. Die Frau wohnte in einer psychiatrischen Institution und hatte einen berühmten Professor als Therapeuten. An beiden Orten verschwieg sie ihre

Suizidpläne. Und da ich die Patientin nicht persönlich kannte, fühlte ich mich nicht verpflichtet einzugreifen. Ich war zutiefst berührt, als ich erfuhr, wie die Gruppe diese junge Frau begleitet hatte. Auch nach ihrem Sterben sorgten die Teilnehmer dafür, dass ihre letzten Wünsche erfüllt wurden. Welche Liebe würde sich ausbreiten, könnten wir unsere Ängste vor dem Sterben und vor einem bösen Gott überwinden und nach unseren Herzen handeln. Diese Menschen in der Selbsthilfegruppe hatten selbst persönliche Erfahrungen mit schlimmen, seelischen Schmerzen gemacht. Vor allem aber hatten sie die Angst vor dem Tod weitgehend ablegen können. Sie wussten, wie wichtig es ist, schlimmstenfalls selbst einen Ausweg wählen zu können. Bei den Diskussionen um Suizidverhinderung spielt meistens nicht wirklich die Würde der Betroffenen die entscheidende Rolle. Sonst nähme man solche tragischen Geschehnisse, wie oben beschrieben, nicht einfach in Kauf. Die tatsächlichen Gründe, gegen den begleiteten Suizid zu kämpfen, dürften eigene Todesängste und religiöse Motive sein. Die können aber nicht offen eingestanden werden. Deshalb muss scheinbar die Würde der Betroffenen dafür herhalten.

Ein früherer Psychiatrieprofessor kämpfte unablässig für seine Meinung, man dürfe einem sterbewilligen Menschen in seinem Todeswunsch nicht nachgeben, wenn dieser sich unter Druck fühle. Dieser Druck ist aber normal und bei fast allen Menschen vorhanden. Fast alle geistig noch urteilsfähigen Menschen überlegen sich, ob ihr Leben noch Sinn mache, ob sie anderen zur Last fallen und wie sie dem entgehen könnten. Kaum ein Mensch möchte den anderen zur Last fallen, gerade weil man sich dadurch in seiner Würde verletzt fühlt. Diesen Druck kann man kaum von einem Menschen einfach wegnehmen. Diese Forderung ist weltfremd. Hilfe anzunehmen fällt umso schwerer, je umfangreicher diese benötigte Hilfe ist. Es entspricht auch dem, was wir über andere Menschen denken. Wer hat nicht schon gedacht, für einen bestimmten Menschen wäre der Tod die bessere Lösung. Dies sogar bei Menschen, die selbst nicht ans Sterben denken. Auch die Kosten werden in Erwägung gezogen. Das sind ebenso natürliche, in fast jedem Menschen vorkommende Gedanken. Wie die Impulse von Gewalt, von Rassismus oder von sexuell nicht erlaubtem Handeln werden auch diese Gedanken ums Sterben verurteilt, verdrängt und tabuisiert.

Der berühmte Wiener Psychiater und Begründer der Logotherapie, Viktor Frankl (1905–1997), hat vorgeschlagen, man müsste den Suizidalen empfehlen, mit einer geladenen Pistole herumzulaufen. Tatsächlich würden dadurch vermutlich weniger und nicht mehr Selbstmordversuche begangen. Ich hatte einen Patienten, der nach der von seiner Frau erzwungenen Trennung russisches Roulette spielte, während seine beiden kleinen Töchter schliefen. Nach zweimal abdrücken wurde ihm schlagartig das Ungeheuerliche seines Tuns bewusst. Er hatte eine Art Schock, der ihn von jeglicher Suizidalität innerhalb Augenblicken heilte. Mit der ständigen frühzeitigen Verhinderung im Namen der Prävention, verhindern wir in vielen Fällen solche Heilungen und helfen mit, Patienten jahrelang in einem Kreislauf von Klinikeinweisung, Entlassung, erneuter Klinikeinweisung zu halten. Mit dem Schwinden jedes Autonomiegefühls schwinden in gleichem Maße Selbstwertgefühl und Selbstliebe.

Als junger Erwachsener, in den Zeiten meiner schwersten Ängste und Depressionen, hat mich nur der Gedanke über Wasser gehalten, dass ich mich immer noch umbringen könnte, wenn ich die Schmerzen wirklich nicht mehr aushielte. Insbesondere diese Erfahrung macht mich sehr vorsichtig gegenüber gut gemeinten Appellen, die sich auf Nächstenliebe, Menschenwürde und Gottes Gebote stützen. Jetzt werden von einer konfessionell orientierten, politischen Partei Anstrengungen unternommen, zuerst Ausländer von der Suizidbeihilfe auszuschließen. Wie angekündigt wurde, will man schließlich die straffreie Suizidbeihilfe ganz abschaffen. Nachdenklich macht mich, wie die Würde der betroffenen Menschen in keiner Weise mit ihrer Autonomie in Verbindung gebracht wird. Sterben hat nicht für alle Menschen die gleiche Bedeutung. Für die meisten Menschen, die der allumfassenden Liebe vertrauen und für viele andere, ist der Tod nichts Schreckliches. Umso weniger fühlen sie sich gedrängt, anderen vorzuschreiben, was sie zu tun und zu lassen haben. Verständlicherweise sieht die Situation für Menschen, die letztlich doch von einem strafenden Gott und einer Hölle überzeugt sind, anders aus. Möglicherweise sind sie selbst sogar überzeugt, ihre Bevormundungsversuche seien Ausdruck von Liebe.

Können wir das Thema nicht etwas liebevoller und auch leichter angehen? Ein Blogkommentator hat das auf etwas sarkastische, aber doch liebevolle Art ins Heitere gedreht:

»Dass man jetzt Mietwohnungen sucht für dieses Metier, ist schon jämmerlich. Kann man das nicht gleich beim Krematorium oder in der Kirche machen? Zwei Fliegen auf einen Streich. Das beste wäre meiner Meinung nach eine all-in-one-Lösung: Bungalow abgelegen im Grünen, verschiedene bunte Räume, Musik-CDs aller Richtungen, Tiere, Urne oder Sarg nach Wahl, Bibel, Koran, Tao Te King oder Glückspost, Heizofen oder Scheiterhaufen, Krähenkäfig, Morphin, Opium, Erdbestattung, vom Winde verweht usw., Masseuse, Masseur, was immer das Herz begehrt, um friedlich davon zu gleiten, weg von den unerträglichen Schmerzen ohne Aussicht auf Besserung.«

Mehr Leichtigkeit und Humor um das Thema Sterben wären befreiend. Es gibt den bekannten Spruch: Nichts ist gratis im Leben, außer der Tod – und der kostet das Leben. Der Tod kostet aber mehr als das Leben. Auch Bestattung, ärztliches Attest, Untersuchungsrichter inklusive der heute notwendigen Bürokratie haben ihren Preis. Wahrscheinlich entspricht es dem Empfinden der meisten Menschen, den sterbewilligen Klienten die entsprechenden Kosten zu verrechnen. Dem Dignitaschef wird Geschäftemacherei vorgeworfen. Er selbst verneint dies und behauptet sogar, er müsse aus dem eigenen Vermögen drauflegen. Da hat er wahrscheinlich versäumt, die Rechnung rechtzeitig offen zu legen, um Klarheit zu schaffen. Ich sehe allerdings nicht, warum man mit der Sterbehilfe nicht Geld verdienen darf. Zwar werden das Geld wie der Tod mit Tabus belegt. Ich sehe keine grundsätzlichen Unterschiede zu manchen verwandten Arten, Geld zu verdienen. Warum läuft man nicht Sturm gegen Privatkliniken, die mit den

Krankheiten ein ganz gutes Geschäft machen? Warum verteidigt man den Patentschutz auf Medikamente? Da werden bekanntermeise mit dem Leid der Menschen große Gewinne gemacht. Und den Verantwortlichen ist der Tadel der Investoren garantiert, wenn diese Gewinne abnehmen.

Die Suizidbeihilfe sollte nicht zu billig sein, das wäre bereits ein erster Schutz vor voreiligen Entscheiden der Betroffenen. Und warum soll es nicht das Deluxe-Angebot auch geben, das etwas gewinnträchtiger ist, dafür besseren Service bietet? Man soll durchaus gesetzlich eine sorgfältige Abklärung fordern. Und die soll auch ihren Preis haben. Es würde sich wieder die spirituelle Kraft des Geldes stärker in Vordergrund schieben. Gerade beim Tod wäre ein besonders liebevoller und feinfühliger Service besonders wünschenswert. Auch da sollten Angebot und Nachfrage spielen. Das könnte aber nur durch gesunde Konkurrenz gesichert werden. Besitzt die Natur eine göttliche Ordnung? Das wird von vielen bejaht. Dort wird das Gleichgewicht von Geben und Nehmen, aber auch das von Kooperation und Konkurrenz respektiert. Ein Raubtier, das einen kranken Pflanzenfresser von seinem Leider erlöst, erhält als »Bezahlung« die sterblichen Überreste des Getöteten. Wenn es keine Angst vor Mangel hat, wird es die Überreste anderen, schwächeren Tieren überlassen. Die Natur funktioniert besonders ökologisch trotz ihrer Verschwendung, weil Tiere weder den Tod noch die »Bezahlung« tabuisieren. Ich sehe in einer solchen Regelung mit notfalls garantiertem Bestattungsplatz die Würde weit weniger verletzt, als wenn einem Menschen beziehungsweise der Leiche eine Beerdigung im Friedhof seines Glaubens verwehrt wird. Natürlich werden Menschen, welche die Natur als böse sehen, diese Zeilen als schrecklich empfinden. »Vulgärdarwinismus« wäre wohl das passende Schimpfwort. Aber die Natur ist genauso Ausdruck göttlicher Liebe wie der Tod. Könnten wir nur unsere Ängste etwas ablegen.

Der Priester und Meditationslehrer Wolfgang Bruno Abt hat sich nicht umgebracht. Er hat die elegantere Lösung gewählt, in noch relativ jungen Jahren plötzlich an einem Herzanfall zu sterben.

Kurze Zeit nach seinem Tod hat er sich bei Sabine Wagenseil, einer seiner Schülerinnen, gemeldet. Die Durchsagen sind in verschiedenen Broschüren veröffentlicht. Die erste heißt: »Tod ist nicht tödlich.« Dabei erscheint es mir nicht wichtig zu wissen, wie genau die Beziehung der Autorin zu jenem Bewusstsein ist, das sich früher als Wolfgang Bruno Abt in einem irdischen Körper befunden hat. Ob es also derselbe Wolfgang Bruno Abt ist, den Sabine Wagenseil als Menschen gekannt hat. Konzentrieren wir uns auf den Inhalt der Durchsagen und prüfen deren Kraft und Stimmigkeit. Ich habe festgestellt, dass das Büchlein Angehörigen von Verstorbenen viel Trost vermittelt, und dass es nach Lebenssinn Suchenden wichtige Hilfen in ihrer Neuorientierung geben kann. Ich selbst erlebe den Inhalt der Durchsagen als übereinstimmend mit manchen Werken dieser Art aus verschiedenen Jahrhunderten. Möglicherweise könnten diese Botschaften auch Menschen helfen, deren Angehörige sich suizidiert haben oder immer wieder diesen Wunsch umzusetzen versuchen. Einige Sätze aus der geistigen Ebene des Wolfgang Bruno Abt, wie sie Sabine Wagenseil vernommen hat, mögen dieses Kapitel beschließen: »Da alles in dieser Schöpfung schwingt und vibriert, können wir ›Toten‹ durch dichteste Materie hindurch. Alles schwingt in einer Frequenz der Liebe (…) Auch Sterben ist Erneuerung, und Sterben ist immer die Phase und der Prozess vor der Geburt ins Neue hinein, ins Unsichtbare und Unbekannte. Es ist die Liebe selbst. Tod ist Liebe. Es geht im Sterbeprozess sowie im Todeserlebnis selbst um eine gewaltige Wandlung. Sterbebegleitung ist Wandlungs-Begleitung. Den Weg sehen, den Weg gehen, zum Weg werden. Das Licht schauen, zum Licht gehen, zum Licht werden. Im Tod zum Licht werden.«

Gottes- oder Menschenrecht?

Vergegenwärtigen wir uns wieder, wir sind verbunden mit einem riesigen Informationsfeld, das aus unzählbaren Informationspaketen von verschiedenster Größe und Komplexität besteht und keine Zeit und keine Distanzen kennt. Die Zahl dieser Bewusstseinselemente ist wahrscheinlich unendlich viel größer als die Zahl der Sterne, die in den etwa fünfzig Milliarden Galaxien vorhanden sind, welche theoretisch von der Erde aus beobachtet werden können, wobei jede Galaxie Dutzende bis Hunderte Milliarden Sterne enthält. Das soll aber nur der kleinere Teil des Kosmos sein. Den Astrophysikern zufolge ist der größere Teil dunkle Materie, also auch theoretisch nicht beobachtbar. Das ergibt ein Bewusstseins- oder Informationsfeld, das für unseren menschlichen Geist gegenwärtig unermesslich und unvorstellbar erscheint und ebenso unvorstellbar viele Dimensionen aufweisen dürfte. Vergegenwärtigen wir uns diese Zahlen, so kann uns das helfen, die Unermesslichkeit des Bewusstseinsfeldes ein bisschen zu erahnen. Wir können erahnen, wie sehr unsere Vorstellungen von einem Gott immer unfassbar begrenzt bleiben. In einem derart unermesslichen Meer von Bewusstsein mit diesen unzähligen Bewusstseinsformen der verschiedensten Frequenzen und Stärken gibt es sicherlich auch das, was viele Menschen Gott nennen; Wesen oder Bewusstseinselemente, die einen riesigen Informationspool überblicken, die auf viel mehr Informationen zugreifen können, als die hellsichtigsten unter uns Menschen und die sehr wohl als Gott oder Götter wahrgenommen werden können. Sie können vielleicht die Lebens- und Bewusstseinskraft in allem, von uns Liebe genannt, viel besser verstehen als wir. Damit kommen sie den traditionellen Vorstellungen eines Gottes sehr nahe. Nur sollte der heutige Mensch nicht zu solchen Überzeugungen von einem personhaften Gott gedrängt werden. Wer aber eine derartige Erfahrung oder Überzeugung hat, soll damit respektiert und nicht lächerlich gemacht werden. Es soll von ihm jedoch der gleiche Respekt allen Andersdenkenden gegenüber ausgehen. Das ist das Einzige, was wir heute unter dem Gesichtspunkt einer globalen Spiritualität tun sollten und tun können: Die Erfahrungen und Überzeugungen jedes Menschen respektieren, so lange sich sein Denken und Handeln nicht gegen andere Menschen richtet und so lange niemand mit anderen Überzeugungen bedrängt wird. Jede Angsteinflößung und Erzeugung von Schuldgefühlen, jegliche direkte oder indirekte Drohung mit Bestrafung, Verdammung und Hölle ist unerlaubt, so lange jemand nicht um solche Informationen nachfragt. Dies im Wissen um die Vielgestaltigkeit der Wahrheit, besser gesagt, der Wahrheiten, die eine einzige wahre Wahrheit für unsere begrenzte Auffassungsgabe nicht zulassen. Als Wichtigstes gilt es, der in uns allen verborgenen Intoleranz bewusst zu werden. Fast alle Menschen auf der Erde sind letztlich doch überzeugt, dass ihre Wahrheit »wahrer« ist als die aller anderen. Das darf auch so sein, solange es nicht zu verbaler, psychischer oder physischer Gewalt führt.

Das Buch »Der Gotteswahn« von Richard Dawkins führt die Auseinandersetzung zwischen gewissen Gruppen von Religiösen und Wissenschaftlern weiter, indem der Autor jetzt nicht nur die Kreationisten, sondern die Religionen generell angreift. Der gesellschaftliche Hintergrund des Buches ist die Zunahme des religiösen Fundamentalismus in den USA und immer mehr auch in Europa, von den islamischen Ländern gar nicht zu reden. Dawkins sieht darin eine Gefahr für die aufgeklärte Welt der westlichen Zivilisation und die Wissenschaft. Damit hat er wohl Recht. Leider realisiert er nicht, wie gerade er und einige seiner Weggefährten selbst viel zur Stärkung des religiösen Fundamentalismus beitragen. Er hat mit seinen früheren Büchern bereits die Kreationisten direkt angegriffen und wundert sich jetzt, dass diese sich wehren und dadurch stärker geworden sind. Am Ende seines neuen Buches äußert er selbst die Befürchtung, er könnte eine einsame Stimme bleiben. Wohl zu Recht haben verschiedene Kritiker darauf hingewiesen, er sei in einer atheistischen Variante selbst so fundamentalistisch wie die Religiösen, die er angreift. Trotzdem gehe ich mit vielen seiner Aussagen konform. Andere Autoren, die Dawkins nahe stehen, fordern wörtlich und direkt, man müsse mit Hass gegen die Religionen vorgehen. Das ist das Spiegelbild der islamischen Hassprediger. Wir kennen das genügend aus der Geschichte: zuerst kommen die Worte, dann kommen die Prügel und schließlich die Gewehre und die Bomben. Weniger mit Hass gegen die fremden Religionen vorgehen werden wir, wenn wir unsere eigenen Neigungen erkennen, Andersdenkende und -fühlende abzulehnen. Verleugnen wir diese uns selbst unsympathische Seite in uns, wird sie von außen auf uns zukommen. Das geschieht weniger, wenn wir sie akzeptieren und bewusst machen.

Dawkins hat sicher Recht mit der Frage, ob die traditionellen Religionen selbst unter sich zu gegenseitigem Respekt und Brüderlichkeit oder Schwesterlichkeit finden können. Dies könnten die Religionen in ihren Auseinandersetzungen im Zuge einer sich weiter entwickelnden Globalisierung wohl am ehesten selbst klären. Die heftigen Angriffe gegen die Religionen werden wahrscheinlich Millionen von bisher moderaten Gläubigen mobilisieren und radikalisieren. Dawkins ist dazu übergegangen, einzelne Menschen öffentlich anzugreifen, wie den britischen Komiker Peter Kay, 33, Autor von »The Sound of Laughter«. Kay hatte geäußert, er glaube an eine Art höheres Wesen und er finde das tröstlich. Dawkins entsetzte sich, wie man an etwas glauben könne, nur weil man es tröstlich finde. Solche Äußerungen lassen aufhorchen. Wer würde einem Menschen und seinen Äußerungen ernsthaft vertrauen, der das Tröstliche für einen Menschen gering schätzt?

Dawkins bemerkt, Einstein habe nicht an einen persönlichen Gott geglaubt. Er hat jedoch nicht die von Einstein geäußerte Erfahrung des Herzens erwähnt, wie sie aus seiner früher zitierten

Aussage über die kosmische Religiosität deutlich wird. Meine im ersten Kapitel beschriebene mystische Erfahrung ist auf gleicher Ebene anzusiedeln wie die von Einstein genannte kosmische Religiosität. Diese Erfahrung wurde Grundlage meines kritischen Denkens gegenüber der mir vermittelten Religion. Sie hat mich vom Glauben an einen personhaften Gott christlicher Tradition weggeführt. Für mich ist es weniger entscheidend, ob man an einen persönlichen Gott außerhalb von sich glaubt oder mehr den göttlichen Funken in sich wahrnimmt, so lange eine solche Überzeugung sich nicht gegen Andersdenkende richtet. Trotz dieser Abkehr vom alttestamentlichen und auch christlichen Gott habe ich jahrelang das immerwährende Herzensgebet geübt, wie es von den Mönchen der Ostkirche bekannt ist. Die Formeln, die ich gewählt habe, waren: »Herr erbarme dich, Christus erbarme dich«, aber noch häufiger war es: »ICH BIN das Licht der Welt« (siehe hierzu auch »Das Gute und das Böse segnen«, Seite 199, 215). Ebenso das Gebet des Franziskus habe ich oft gewählt: »Herr, mache mich zum Werkzeug deines Friedens.« Alle diese Gebete haben für mich Kraft und eignen sich gut, sie kontinuierlich während anderer Tätigkeiten im Herzen entstehen zu lassen. Die Freude, die Freiheit und die Selbstverantwortung, die wir Menschen uns geschenkt haben, kommen für mich in den ICH BIN-Formeln am klarsten und kraftvollsten zum Ausdruck. Rationalisten wie Dawkins oder Schmidt-Salomon (von der Giordano-Bruno-Stiftung in Deutschland) würden sich natürlich über solche, aus rein rationaler Sicht schreckliche Widersprüche entsetzen.

Eine tiefe Sehnsucht nach spiritueller Verbindung ist in vielen Menschen vorhanden. Ich hätte ohne diese innere Gewissheit einer tiefen Verbundenheit mit Liebe und Licht kaum die Kraft gehabt, mein oft sehr schmerzhaftes Leben durchzuhalten. Wenn ich sehe, wie empfänglich Kinder für elterliche und spirituelle Botschaften sein können, kann ich die starke Verhaftung vieler Menschen in den traditionellen Religionen gut nachvollziehen. Dawkins hat Recht, diese Lehren werden uns in der sensibelsten Prägungsphase unseres Lebens vermittelt. Oft sind sie ein Teil, der hilft, unserem Leben Geborgenheit zu geben. Wahrscheinlich die Mehrheit der Kinder erfährt die Liebe von Mutter und Vater, und die Vorstellung, es gebe noch eine größere umfassendere liebende »Person«, kann gut aufgenommen werden. Jedoch erfahren wir Eltern und andere Erwachsene auch als strenge, richtende Personen, die das eigene Verhalten je nach dem als gut oder böse beurteilen. So kann auch diese Erfahrung als Vorlage dienen für eine Vorstellung eines richtenden Gottes.

Die meisten Kleinkinder haben außerdem eine angeborene und erst später verschwindende Hellsichtigkeit, die ihnen die Möglichkeit gibt, Informationsfelder als geistige Wesen wahrzunehmen. Auf direktem Wege erhalten diese Kinder manchmal Informationen aus anderen Dimensionen. Aber auch die Ängste und die dogmatischen Vorstellungen nehmen sie in ihre Seelen auf. Rituale mit ihren nachhaltigen Verstärkereffekten verknüpfen unsere Seelen zusätzlich mit den Lehren unserer Kindheit und Jugend. Wenn diese uns vermittelte Lehre sagt, die eigene Religion sei die einzig wahre, kann uns dies über viele Jahre, nicht selten ein Leben lang begleiten. Der Kern der Intoleranz steckt in uns allen, seien wir nun christlich, muslimisch, jüdisch oder areligiös. Unsere angeborene Intoleranz ist nicht abhängig von den Inhalten. Das haben die Kirchen, ebenso der Nationalsozialismus, Kommunismus und mancherlei Sekten genügend bewiesen. Durch den säkularen, das heißt weltlichen, demokratischen Staat können wir ziemlich vor Intoleranz geschützt werden – sofern die Gesetze uns nicht zwingen, zu sehr Heuchler zu sein.

Durch die zunehmende Globalisierung sehen sich die einzelnen Religionen einer neuen Herausforderung gegenüber. Die Religionskämpfe haben die Jahrhunderte überdauert und sind heute nach wie vor aktuell. Der Zusammenprall der Religionen ist auch eine Chance. Junge Menschen entwickeln zunehmend ein globales Bewusstsein und können sich besser in Angehörige anderer Religionen und Kulturen einfühlen. Aber auch das Gegenteil ist der Fall bei Menschen, die stark von untergründigen Ängsten geprägt sind. Sie nehmen das Unvertraute noch stärker als feindlich wahr und entwickeln selbst umso mehr Feindseligkeit. Sie werden mit den Alleinseligkeitsansprüchen sowohl der eigenen wie der fremden Glaubenssysteme konfrontiert. Sie können sich abwenden, Fragen stellen oder angreifen. Die Ansprüche, allein die Wahrheit zu besitzen, müssen kritisch überprüft werden, oder sie führen zu gewalttätiger Verteidigung. Unsere Zeit begünstigt die Auflösung der inadäquaten Inhalte der alten Religionen und der religionsähnlichen neueren Ideologien. Sind die Strukturen zu rigide, verlassen die Menschen die entsprechenden Glaubensgemeinschaften. Deshalb versucht vermutlich ein Teil der Betroffenen, die als bedrohlich erlebte Entwicklung zu verhindern, was ein wichtiger Faktor für den Trend zum Fundamentalismus sein dürfte. Die Auseinandersetzung zwischen den Religionen und Konfessionen, der sogenannte Dialog, kann Rückschläge erleiden. Aber er wird sich längerfristig nicht vermeiden lassen, selbst wenn er zeitweise mit Gewalt einhergeht. Der Vereinfachung halber beziehe ich mich auf die drei von Abraham abstammenden Religionen: Judentum, Christentum und Islam, obwohl Anhänger des Hinduismus oder sogar Buddhismus offenbar ebenso intolerant sein können. Wir fokussieren auf das, was wir bekämpfen, und kreieren dadurch eine Resonanz, die zur unwillentlichen Stärkung des von uns Bekämpften führt. Diese Wahrheit wird uns täglich vor Augen geführt; sehr blutig im Nahen und im Mittleren Osten, weniger blutig bei uns. Das Bekämpfen stärkt den Widerstand der Gegenseite und vergrößert auch unsere eigene Angst.

In der Schweiz und in Deutschland erhitzen sich die Gemüter aktuell an der Frage, ob man den Bau von Minaretten (Moscheeturm) erlauben soll. Unsere Angst wird verstärkt auf die Gegenseite überspringen. Wenn jetzt eine Bewegung gegen Minarette entsteht, werden mit größter Wahrscheinlichkeit auch viele vorher wenig engagierte Muslime mobilisiert, und die Gräben werden sich vertiefen. Gruppierungen und Parteien, die für ein Minarettverbot eintreten, berufen sich auf die christlichen Werte, die es zu bewahren gelte. Aber die Schweiz tut gut daran, sich auf die Menschenrechte zu besinnen, seien es die Formulierungen der europäischen Kommission für Menschenrechte oder die der UNO oder die Grundsätze in der Bundesverfassung. Für mich ist die Erklärung der Menschenrechte ein spirituelles Manifest, das wie kein religiöses Bekenntnis globalisierungstauglich ist. Können nicht auch die ideellen Grundlagen der Schweiz besser in den Formulierungen der Menschenrechte gefunden werden, die auf die Aufklärung zurückgehen? Deshalb wäre es weise, von allen religiösen Gruppierungen ein ausdrückliches Bekenntnis zum säkularen (das heißt nicht religiös begründeten), demokratischen Rechtsstaat und dessen Verfassung zu verlangen und die noch bestehenden staatlichen Verbindungen zu den Religionen zu lösen. Das hieße, die Trennung zwischen den Kirchen und dem Staat zu vollenden. Das brächte den traditionellen Kirchen in der Schweiz vielleicht zunächst kleine Nachteile. Insgesamt aber würden sie langfristig sicherlich gewinnen. Von allen Religionen würde die Garantie gefordert, innerhalb ihrer Gruppierung keine mit Verfassung und Menschenrechten in Konflikt stehenden Meinungen zu unterstützen oder zu tolerieren und sich weltweit von jeder Struktur zu distanzieren, die diese Prinzipien in Frage stellt. Minarette wären dann politisch eine Nebenerscheinung, psychologisch würden sie uns an unsere antiislamischen Reflexe gemahnen. Ich spreche von Reflexen, da diese feindlichen Impulse trotz unserer Aufgeklärtheit reflexartig aufblitzen, wenn wir sie nicht gänzlich verdrängt haben. Haben wir sie gänzlich verdrängt, werden wir sie bei anderen Menschen bekämpfen. So läuft es zurzeit zwischen Rassisten und Antirassisten. Beide sehen in der Gegenseite die Schuldigen.

Keine Menschenrechtsverletzungen zu tolerieren, hieße für Schweizer Katholiken allerdings auch eine Distanzierung von den päpstlichen Angriffen gegen Homosexuelle und homosexuelle Partnerschaften, ebenso Distanzierung von der Benachteiligung der Frauen und von vielem anderem mehr. Ist es richtig, wenn Parteien zu den nationalen Wahlen zugelassen werden, die sich auf ihrer Website offen dazu bekennen, die Schweiz sei ein Unrechtsstaat und das mit unserer Bundesverfassung begründen, wie dies die Katholische Volkspartei, KVP, tut? »Mit den Abstimmungen vom 2. Juni 2002 ist die Schweiz definitiv zu einem Unrechtsstaat geworden. Begonnen hat diese Entwicklung spätestens im Jahre

1999 mit der Annahme der neuen Verfassung, gefolgt von der Ablehnung der Initiative für eine menschenwürdige Fortpflanzung und dem Beitritt zur UNO, der globalen Abtreibungsorganisation« (www.kvp.ch).

Mit Datum vom 17. September 2007 steht auf der Website dieser kleinen Splitter-Partei: »Die KVP nimmt an den Nationalratswahlen 2007 teil. Mit den drei kantonalen Sektionen Aargau, St. Gallen und Thurgau sowie insgesamt zehn Kandidierenden präsentiert sich die Partei so stark wie nie. Alle Kandidierenden stehen hinter der katholischen Soziallehre und nehmen damit ihre Verantwortung als Bürger und Christ vorbildlich wahr.« Können wir von den islamischen Gemeinschaften ein klares Bekenntnis zu unserer Bundesverfassung und den Menschenrechten verlangen, wenn dies nicht auch für die christlichen Gruppierungen gilt? Gemäß ihrer Website möchte diese Partei einen Staat auf der Grundlage der zehn Gebote. Man findet Sätze wie: »Viele Christen wissen nicht mehr, was sie am 1. August – dem Nationalfeiertag der Schweiz – feiern sollen. Der moderne Rechtsstaat ist bis zur Unkenntlichkeit zu einem Unrechtsstaat degeneriert. Der christliche Staat gründet auf den ehernen Gesetzen Gottes, wie sie uns im Wesentlichen als wertbeständige und soziale Rechte und Pflichten offenbart sind.«

Mit einer klaren Trennung von religiösen Gemeinschaften und Staat wäre die Freiheit der Meinungsäußerung trotzdem für alle einzelnen Staatsbürger garantiert, nicht aber in offizieller Vertretung von Religionen oder Konfessionen, denen im Interesse des größtmöglichen innerstaatlichen Friedens keine Einmischung in politische und staatliche Fragen erlaubt sein sollte. Die Freiheit des Glaubens ist in den Menschenrechten und in der Bundesverfassung jeder Person garantiert, der Schutz des Staates vor der Einmischung von Seiten der Religionen aber ist ungenügend. Im Gegenzug zu diesem lückenhaften Schutz des Staates nehmen sich politische Parteien das Recht heraus, sich in religiöse Fragen einzumischen. Keine politische Partei sollte sich in Namen, Grundlagen und Zielsetzungen auf eine Religion oder Konfession beziehen. Erst dann hätten wir die wirkliche Trennung von Kirche und Staat. Der Sänger Elton John geht weiter als Dawkins und hat gefordert, man müsste generell die Religionen verbieten, weil niemand sonst soviel Hass und Ausgrenzung gegen Homosexuelle verbreite.

Tatsächlich haben die Soziologen in ihren Erhebungen eine tiefere allgemeine Toleranz bei Religiösen als bei Nichtreligiösen festgestellt. In diesen Fragen hat Dawkins Recht. Wir wehren uns gegen die Ideen von religiös begründeten Staaten im Nahen und Mittleren Osten. Bei genauer Betrachtung müssen wir auch bei uns immer wieder Einflussversuche der Religionen auf den Staat konstatieren. Natürlich wäre ein Religionsverbot à la Elton John eine ganz inadäquate Lösung, die wiederum eine Verletzung von Menschenrechten und Verfassung bedeuten würde und unserem Verständnis von Freiheit diametral entgegenstünde, abgesehen von der praktischen Undurchführbarkeit. Aufgrund der Prägung als Kind und aus anderen Gründen bieten Kirchen und Religionen immer noch viel Geborgenheit. Aber vor der den Religionen grundsätzlich innewohnenden Tendenz zur Intoleranz sollte das Staatswesen im Hinblick auf weltweite internationale Beziehungen besser abgegrenzt sein. Dies wäre in der heutigen Zeit, wo ein deutlicher Trend zu konservativen Werten und zu extremeren Positionen weltweit auszumachen ist, besonders wichtig. Diese Tendenz zu konservativen Werten und zum Ruf nach Wiederherstellung der Moral heißt in islamischen Staaten der Ruf nach Verschleierung der Frauen, Einführung des islamischen Rechts und Heiliger Krieg inner- und außerhalb der Nationen. Dieselbe konservative Tendenz heißt bei uns Besinnung auf christliche Werte, Kampf gegen Minarette, Rückkehr der Frauen in alte Rollen, Verbot der Abtreibung, keine rechtliche Anerkennung homosexueller Partnerschaften und vieles mehr. Sogar eine Verschärfung der Rassismusstrafnorm wird gefordert, um den Papst, die Gottesmutter Maria und die Heiligen vor Verspottung zu schützen. Das ist der Karikaturenstreit in der christlichen Variante.

Es scheint fast überall die gleiche Angst vor dem Zerfall von Werten und Gesellschaften zu sein. Solche Ängste gedeihen auf der Überzeugung, der Mensch sei grundsätzlich ein Bösewicht. Die Angst vor dem Verlust der Kontrolle im eigenen Inneren wird dann nach außen auf andere Menschen projiziert. Offenbar ist die Abnahme der Zahl moderater Gläubiger und die Zunahme fundamentalistischer Tendenzen weltweit Tatsache. Damit nimmt die Polarisierung innerstaatlich und zwischen den Staaten zu. Für weltweite Verbindungen und Vernetzungen, wie sie für jeden erfolgreichen Staat heute unumgänglich sind, bietet der säkulare Staat mit konsequenter Trennung von allen Religionen die besten Voraussetzungen. Die Pflege solcher internationaler Beziehungen ist der beste mögliche Beitrag zur Kriegsverhütung. Ein Beitrag, den auch jene Religionen nicht leisten können, die sich selbst aufgrund ihrer Appelle als besondere Friedensförderer sehen.

Im Zentrum der Menschenrechte stehen zwei Prinzipien: erstens Freiheit. Freie Meinungsäußerung und demokratische Rechte, Freiheit in den Überzeugungen, Freiheit auf die volle Entfaltung der menschlichen Persönlichkeit. Davon kann die Freiheit in der sexuellen Ausrichtung und der Partnerwahl nicht ausgenommen werden. Das zweite zentrale Prinzip ist Gleichheit: Gleichheit vor dem Gesetz, gleiches Recht auf Bildung und Arbeit für alle Menschen, Schwesterlichkeit, Brüderlichkeit: Verständnis, Toleranz und Freundschaft zwischen allen Nationen und allen rassischen oder religiösen Gruppen. Selbstverständlich gilt dies vorbehaltlos für Frauen und Männer in gleicher Weise. In weiser Voraussicht wurde die Menschenrechtserklärung mit folgendem Passus abgeschlossen: »Keine Bestimmung dieser Erklärung darf dahin ausgelegt werden, dass sie für einen Staat, eine Gruppe oder eine Person irgendein Recht begründet, eine Tätigkeit auszuüben oder eine Handlung zu begehen, welche die Beseitigung der in dieser Erklärung verkündeten Rechte und Freiheiten zum Ziel hat.« Mit dieser Abschlusspassage wäre eigentlich der Missbrauch der garantierten Glaubensfreiheit ausgeschlossen. Heute wird diese Glaubensfreiheit dazu missbraucht, die beiden oben genannten Prinzipien zu missachten und sich in intimste Persönlichkeitsrechte einzumischen. Warum darf kein Homosexueller andere Menschen wegen ihrer Kirchenzugehörigkeit angreifen, Kirchen dürfen aber Homosexuelle attackieren? Besteht da nicht massive Rechtsungleichheit?

Man hört von muslimischer Seite Stimmen, der Islam sollte vom Staat auch als Kirche anerkannt werden. Können wir uns dieser Forderung auf die Dauer entziehen, wenn wir die Trennung des Staates von den Religionen nicht vollenden? Im Kanton Basel-stadt ist der Anteil von Schülern islamischer Familien gleich groß wie der von römisch-katholischen Eltern und nur wenig kleiner als der von Protestanten. Mit der Anerkennung der muslimischen Gemeinschaft als Kirche würde die Schweiz eine offizielle Aner-kennung einer Gruppierung gewähren, die in ihren Stammlanden in extremer Weise gegen die staatliche Durchsetzung der Men-schenrechte eingestellt ist. Ähnliches gilt leider auch für die ka-tholische Kirche und für evangelikale Gruppierungen. Manche modernen Formen des Christentums, wie sie in den katholischen und den evangelischen Kirchen Europas praktiziert und verbreitet werden, bemühen sich um Toleranz und Öffnung untereinander und gegenüber anderen Religionen. Jetzt hat aber Papst Benedikt XVI. die katholische Kirche zur einzigen wahren Kirche Jesu Christi erklärt und damit Unmut erzeugt. Man sieht die Ökumene in Gefahr. Eigentlich ist ihm aber zu gratulieren für seinen Mut zu einer klaren Sprache. Er argumentiert, man müsse die eigene Wahrheit sagen und damit hat er wohl Recht. Er steht zu seiner Überzeugung und fordert damit auch viele Katholiken heraus, ihre eigene Einstellung und ihre Zugehörigkeit zu überdenken. Sie können sich fügen, sich von den Äußerungen distanzieren oder die Kirche verlassen. Aus Sicht der Menschenrechte sind alle drei Entscheidungen gleichwertig.

Toleranz heißt wörtlich Duldung. Tolerant, das heißt, die anderen duldend, kann man im Grunde nur sein, wenn man im Innersten überzeugt ist, halt doch den einzig richtigen Glauben zu vertreten. Das trifft mehr oder weniger auf uns alle zu. Wenn sich die nicht katholischen Kirchen durch die Äußerungen des Papstes ausge-grenzt fühlen, wäre dies Gelegenheit, sich zu fragen, ob sie auch ausgrenzen, beispielsweise alle nichtchristlichen Religionen und die Areligiösen. Können sie sich die Überzeugung eingestehen, sie besäßen doch einen größeren Anteil an der Wahrheit als die übrigen Religionen? Anderenfalls weiß man einfach, dass alle anderen Menschen bezüglich ihres persönlichen Glaubens genauso richtig liegen wie man selbst und dafür Anspruch auf vorbehaltlosen Respekt haben. Erst kürzlich stand anlässlich eines Kirchen- und Priesterstreits in der regionalen Presse die Aussage des für die Region zuständigen Bischofs, beim Glauben gebe es keine Demokratie und keine Kompromisse. Mit der Negation des Rechts auf seinen persönlichen Glauben und der Forderung, sich diesbezüglich einer Autorität oder Kirche zu unterstellen, sind nach meinem Verständnis die Menschenrechte verletzt. Ein staatsähnliches Gebilde innerhalb des Staates muss früher oder später zu Konflikten führen. Mir scheint, alle religiösen Gemeinschaften müssten vollumfänglich und ausnahmslos staatliches Recht anerkennen. Hauptsächlich die katholische Kirche beansprucht noch teilweise ein eigenes Rechtssystem. Und jeder psychische oder moralische Einschüchterungsversuch müsste einklagbar sein.

Ist es überhaupt möglich, als Gläubige einer definierten Religion wirklich in tieferem Sinne nicht nur tolerant (= duldend) zu sein gegenüber Menschen mit anderer Überzeugung, sondern sie als mit gleich viel Wahrheit ausgestattet zu sehen? So viel ich auch darüber nachdenke, ich komme immer wieder zum Schluss, voller Respekt und Gleichberechtigung habe zumindest zwischen den monotheistischen Religionen keinen Platz. Es hängt nach diesen Überzeugungen das Erreichen des Seelenheils von der Anerkennung der richtigen Details der Lehre und von der Einhaltung der richtigen Rituale ab. Mir scheint, alle Religionsangehörigen wie die Areligiösen können vollen Respekt für die anderen nur aufbringen, wenn sie die Erfahrungen des Herzens stärker gewichten als die ideologischen oder dogmatischen Inhalte. Solange das Tragen oder Nichttragen bestimmter Kleidungstücke, Hüte oder Bärte, das Essen oder Nichtessen bestimmter Speisen zu vorgeschriebenen Zeiten, das Feiern bestimmter Feiertage, das Beten auf bestimmte Weise und zu bestimmten Zeiten und das Einhalten bestimmter Rituale wie Messen oder Abendmahlsfeiern in den Vorschriften der verschiedenen Religionen nicht übereinstimmen, aber als entscheidend für die Erlangung des Seelenheils geglaubt werden, kann es wohl keine wirklich ehrliche Anerkennung der Andersgläubigen geben. Ich frage mich ernsthaft, ob der Staat das Tragen von religiösen Symbolen in Schulen und in allen öffentlichen Gebäuden erlauben darf. Ich kann meine Zweifel an der grundsätzlich respektvollen Einstellung gegenüber Andersgläubigen nicht ausräumen.

So ist es auch nur konsequent, wenn der Vatikan einem jahrelang vollständig Gelähmten, der das Abstellen des Atemgerätes durchgesetzt hat (siehe auch »Rassismus und Gewalt«, Seite 217), eine kirchliche Beerdigung in einem katholischen Friedhof verweigert. Suizid ist für den katholischen Gott ein mehr oder minder unverzeihliches Vergehen und der Friedhof eine Art kirchliches Hoheitsgebiet mit besonderer Heiligkeit. Ebenso konsequent ist es, wenn Muslime nicht in Erde begraben werden wollen, in der möglicherweise schon Christen beerdigt waren, da Christen ja Ungläubige sind, die die Erde für Muslime entweiht und verunreinigt haben. Es sind keine extremistischen Angehörigen dieser Religionen, die getrennte Friedhöfe fordern. Wir haben uns so sehr an die katholischen, evangelischen und jüdischen Friedhöfe gewöhnt, dass uns erst die entsprechende Forderung der Muslime aufschreckt. Ich kann nicht glauben, dass die lebenden Religionsangehörigen sich wirklich gegenseitig als gleich respektieren können, wenn selbst für die toten Leiber solche Abgrenzungen notwendig sind. Ein vollständig von den Religionen getrennter Staat würde keine spezielle Erde für die verschiedenen Glaubensgemeinschaften zur Verfügung stellen, diesen aber erlauben, unter bestimmten Bedingungen ihre privaten Grabstätten zu führen.

Anlässlich einer 2006 in Deutschland veranstalteten Friedenskonferenz sprachen namhafte Vertreter verschiedener Religionen. Bei diesem Anlass sprach Dr. med. Nadeem Elyas, ehemaliger Vorsitzender des Zentralrats der Muslime in Deutschland, Träger des alternativen Friedenpreises: »Man versucht, uns der wichtigsten Einheit zu berauben. Dass wir alle den gleichen Gott haben.

Doch den haben wir. Aber wir haben – bei voller Hochachtung – jedoch auch andere Bilder und Ideen von Gott. Nicht die Religionen sind es, die sich bekriegen. Es ist, was die Menschen daraus machen. Denn die Religionen sind so ähnlich, fast gleich. Es sind Kriege von Institutionen und Interessen. Der Dialog muss den Missbrauch aufzeigen, der im Namen von Religionen ›geführt‹ wird« (www.friedenskongress.org).

Ja, sind es nicht immer die Menschen, welche die Religionen und ihre Institutionen repräsentieren? Wenn der jüdische, der christliche und der muslimische Gott der gleiche ist und entsprechende Gebote erlassen hat und auf deren Einhaltung unter den bekannt drastischen Strafen besteht, erscheint mir tiefer greifende Akzeptanz und Versöhnung mit den je anderen Religionen nicht möglich. Sonst macht sich dieser Gott selbst lächerlich, indem er Gebote erlässt, die den Geboten in den anderen Religionen widersprechen und deren Einhaltung damit nicht wirklich wichtig sein kann.

Möglicherweise ist das Verschleierungsgebot wichtig und das Unterlassen eine Sünde, dann gilt das beim gleichen Gott wohl für alle Frauen als eine Art göttliches Naturgesetz. Wie kann es da bei gläubigen Musliminnen »Toleranz« gegenüber den unverschleierten Christinnen oder Atheistinnen geben? Wenn aber die unverschleierten Christinnen auch in den Himmel kommen können, warum sollten dann die Musliminnen bestraft werden, wenn sie sich nicht verschleiern? Warum sollte man selbst die vielen, logisch nicht einsichtigen und behindernden Vorschriften einhalten, falls das letztlich nicht seligkeitsentscheidend ist? Müssen beim gleichen Gott die Musliminnen in langen Röcken und mit Kopftuch Fußball spielen und damit Demütigungen geradezu provozieren? Und die Nichtmusliminnen dürfen das barhäuptig und in kurzen Hosen und T-Shirts tun? Könnte man so einen Gott wirklich ernst nehmen? Man könnte sich noch einen Ausweg erdenken, wenn man annimmt, es gebe doch nicht einen allmächtigen Gott, der für alle Religionen zuständig ist, sondern es handle sich bei den Juden, Christen und Muslimen je um verschiedene Götter, die je eigene Vorschriften erlassen haben. Warum aber sollte es nicht unzählige andere gleichberechtigte Götter geben einschließlich eines Gottes für die Atheisten? Weder mit der bedrohlichen noch mit der liebenden Allmacht kann es in diesem Fall sehr weit her sein. Warum sollte man da noch furchtvoll versuchen, trotz der durch die Moderne vollständig veränderten Lebensumstände diese Gebote einzuhalten? Handelt es sich wirklich um den einen allmächtigen Gott für alle Religionen, also eine riesige, für unsere Erde zuständige Intelligenz (ein Informationspool), dann erscheint dieser Gott nicht liebevoll, sondern verantwortungslos, ja geradezu sadistisch, der den einzelnen Religionsangehörigen sich widersprechende Gebote gibt, die zu einem endlosen gegenseitigen Unterdrücken und Abschlachten führen.

Zwei hauptsächliche Auswege aus diesem Dilemma scheint es zu geben. Erstens: Ich befolge bestimmte Rituale und Gebote, weil ich sie liebe, ohne zu befürchten, ihre Nichtbefolgung hätte Konsequenzen bezüglich Seelenheil. Das hätte natürlich einen rigorosen Machtzerfall aller definierten Religionsvertreter zur Folge. Von daher kann man die Auseinandersetzungen zwischen Bischöfen und unbotmäßigen Priestern oder Kirchengemeinden gut verstehen. Zweiter Ausweg: Ich verlasse meine traditionelle Religion und suche meine spirituelle Identifikation an anderen Orten. Sowohl innerhalb wie außerhalb der Religionen wird Liebe, Vertrauen und Geborgenheit nicht über Dogmen, sondern durch das Herz erfahren. Darum heißt es wohl zu Recht: »Eigentlich ist der Glaube an Gott kein sinnvolles Konzept. Denn Gott kann man nur erfahren.« Und in diese Erfahrung dürfte sich kein Bischof, kein Rabbi und kein Imam einmischen. Bei den vielen Menschen, die heute in spirituellen und esoterischen Angeboten Heimat suchen, sehe ich vor allem den Wunsch nach Freiheit und Selbstverantwortung. Wohl nicht zu Unrecht wird gewissen Gruppen Weltfremdheit vorgeworfen, und sie werden der Esoterik im negativen Sinne bezichtigt. Immerhin befreien sie sich meistens aus polarisierenden Glaubenssystemen. Möglicherweise suchen und finden sie Identifikation in einer Struktur, die sich nicht gegen andere richtet.

Zwar noch unvollständig, doch weitgehend ist in den meisten europäischen Ländern die Trennung von Staat und Kirchen umgesetzt, und die Fundamentalisten, welche die heutige Rechtsstaatlichkeit in Frage stellen, haben kaum politische Macht. Gemäß Umfragen scheinen die Europäer generell weniger religiös und geistig freier zu sein als beispielsweise die US-Amerikaner, wo die fundamentalistischen Kräfte das Spiegelbild der Islamisten und der orthodoxen Juden im Osten sind. Nach vielen Berichten scheinen in den USA fundamentalistische Gruppen weit mehr Einfluss zu haben auf die Politik und damit wesentlich zu den Problemen im Nahen und im Mittleren Osten beizutragen. Auf der anderen Seite wird der islamische Gottesstaat gefordert und bei uns gefürchtet. Erneut zeigt sich, wie genau sich in den sogenannten Feinden die eigene Situation spiegelt. Ob die Religionen informell wie in den USA auf den Staat Einfluss nehmen oder in religiösen Nationen wie im Nahen und im Mittleren Osten, ist nicht grundsätzlich verschieden. Die Menschenrechte werden in der Regel verletzt. Offenbar haben viele Fundamentalisten in den USA den Feldzug gegen den Irak durchaus als eine Art Feldzug der Christen gegen die Heiden aufgefasst und darum unterstützt.

Extreme Positionierungen können uns helfen, die Situation klarer zu erkennen: Das Erste Deutsche Fernsehen ARD zeigte am 24. Juni 2007 einen Dokumentarfilm über »Abrahams zerstrittene Kinder«. In der Stadt Hebron soll nach traditionellem Glauben Abraham, der Urvater von Juden, Christen und Muslimen, begraben sein. Dort leben Extremisten zweier Seiten nahe und in erbitterter Feindschaft nebeneinander. Der zur Hamas gehörende Scheich Shafiq Kawasme zeigt dem Kamerateam das zerstörte Haus seines Sohnes, der bei der Explosion eines Sprengstoffgürtels starb, als er einen Selbstmordattentäter nach Israel schicken wollte. Der Scheich kommentiert den Tod seines Sohnes wie folgt: »Mein Sohn starb, als er gegenüber seinem Volk und seiner Religion eine Pflicht erfüllte. Und das ist die beste Art zu sterben.« Die jüdische Siedlerin Dalia Daniel lebt ebenfalls in Hebron, am anderen Ende der Stadt. Familie und Verwandte mussten im Zuge der Siedlungsräumung den Gazastreifen verlassen. Wie die meisten Siedler sehen sie sich als Werkzeuge Gottes. Durch sie werde dessen Verheißung verwirklicht, das Heilige Land auf immer und ewig den Juden zu geben. Islamische Palästinenser wie jüdische Siedler sehen sich als die wahren Erben Abrahams, und an eine Versöhnung der zerstrittenen Nachkommen ist nicht zu denken. Beide Lager haben ironischerweise dieselbe Vision: Sie wollen beide einen religiösen Staat.

Nach »NZZ-Online« vom 1. Februar 2007 lebte in Hebron vom 15. bis ins 20. Jahrhundert die jüdische Minderheit gut integriert in die muslimische Mehrheit. Der Kampf habe erst begonnen, als die ersten Zionisten ankamen und einen religiösen, jüdischen Staat gründen wollten. Jeder kann nachvollziehen, wie wichtig in der Mitte des zwanzigsten Jahrhunderts für die Juden nach dem Holocaust, im Angesicht der möglichen vollständigen Vernichtung die Aussicht auf einen eigenen Staat war. Was uns heute Hoffnung gibt, sind die zahlenmäßig offenbar zunehmenden Israelis, die wie der frühere Herausgeber und Chefredakteur des israelischen Magazins »Haolam Hazeh« auch für Israel eine klare Trennung von Religion und Staat und die Abschaffung diskriminierender Gesetze fordern. Es ist gut, wenn wir Europäer unsere Betroffenheit wegen des Holocaust nicht verdrängen. Können wir gleichzeitig unsere Betroffenheit gegenüber den Palästinensern aushalten und aufrechterhalten, ohne wieder parteiisch zu werden? Hätten wir Land für einen anderen Staat bei uns, in Großbritannien oder Mitteleuropa hergegeben, beispielsweise Teile der Nordwestschweiz, des Elsass und von Baden-Württemberg? Hätten wir uns inzwischen mit der zwangsweisen Enteignung abgefunden und würden zudem einen muslimischen oder jüdischen Staat in unserer Mitte tolerieren? Die Anti-Minarettinitiative zeigt das Gegenteil. Diese Initiative zeigt die dünne Schicht Toleranz gegenüber der kräftigeren Grundlage von Intoleranz und Angst.

In Europa sind wir irritiert und entsetzt über die islamischen Gotteskrieger. Nicht zu Unrecht wird manchmal auf die mittelalterlichen Kreuzzüge der Christen gegen die Muslime verwiesen. Wir müssten nicht so weit zurückgehen. Ich war ein Vorschulkind, als der Eiserne Vorhang niederrasselte und, kurz nach dem Ende der nationalsozialistischen Bedrohung, sich in unserem Bewusstsein die kommunistische, antireligiöse Bedrohung verbunden mit der Angst vor einem Atomkrieg zunehmend breit machte. Und ich war ein Kind mit leidenschaftlichem Streben nach Frömmigkeit. Ich erinnere mich gut, mit welcher Inbrunst ich unsere damalige Nationalhymne gesungen habe. Weil sie jetzt von den Rechtsextremisten in unserem Land provokativ eingesetzt wird, hat man Hemmungen, diese überhaupt zu zitieren. Sie ist jedoch in ihren Worten sehr erhellend und kann helfen, uns in die islamischen Gotteskrieger besser einzufühlen:

»Rufst du mein Vaterland, sieh uns mit Herz und Hand
all dir geweiht.
Heil dir Helvetia! Hast noch der Söhne da,
wie sie Sankt Jakob* sah, freudvoll zum Streit.

Da wo der Alpenkreis Dich nicht zu schützen weiß,
wall dir von Gott –
Stehn wir den Felsen gleich, nie vor Gefahren bleich,
froh noch im Todesstreich, Schmerz uns ein Spott!

Frei und auf ewig frei sei unser Feldgeschrei, hall unser Herz!
Frei lebt wer sterben kann, frei wer die Heldenbahn steigt
als ein Tell hinan,
Nie hinterwärts!«

Würde dieser Text in seinen zentralen Aussagen nicht sehr gut für die muslimischen Gotteskrieger passen? Ich wäre damals für Gott und Vaterland bereit gewesen zum Töten, wie Tausende anderer junger Menschen in der Schweiz. Und hätte man mir gesagt, es gebe wegen der Übermacht der anderen nur die Lösung mit Selbstmordattentaten unter der Zivilbevölkerung, hätte ich das vermutlich auch gemacht. Die damalige Landeshymne war der In-

*St. Jakob an der Birs, wo die Schweizer tapfer gegen eine Übermacht kämpfend untergingen.

begriff einer totalen, bedingungslosen Hingabe. Ähnlich wie wir damals sind die muslimischen Gotteskrieger bereit, für Gott und Vaterland ihr Leben hinzugeben. Sie erfüllen ironischerweise sogar ein Zitat von Jesus: »Wer sein Leben verliert um meinetwillen, wird es finden« (Matth.10.39). Und im gleichen Abschnitt sagt Jesus auch von sich, er sei nicht gekommen, Frieden zu bringen, sondern das Schwert, und seinetwegen würden sich sogar die Familien entzweien. Seit meiner eigenen »potenziellen Gotteskriegerschaft« sind wenig mehr als fünfzig Jahre vergangen. Ich frage mich oft, ob ich nicht auch Hitlerjunge geworden wäre, wenn nicht die Gnade eines anderen Landes und einer anderen Zeit mich davor bewahrt hätte. Für »höhere« Ziele die Todesangst zu überwinden, kann auf junge Menschen eine Anziehungskraft stärker als alles andere ausüben. Daher kann ich Scheich Shafiq Kawasme und seinen Sohn wie alle anderen Gotteskrieger verstehen. Das heißt nicht, dass ich mich nicht mit allen Mitteln vor ihnen schützen möchte.

Hier soll nochmals die Verbindung zur Gewaltbereitschaft von jungen Ausländern beleuchtet werden. Die Eltern leben zwar in unserem Land. Sie sind aber häufig identifiziert mit ihrer traditionellen Auffassung von Ehre und Selbstjustiz und geben diese auch an ihre Kinder weiter. Diese Kinder können keine Halt gebende innere Struktur entwickeln. Sollen sie sich mit den Eltern entzweien und ihre Religion verraten oder die neue Kultur ablehnen? Die Orientierungslosigkeit zwischen sich widersprechenden Wertsystemen kombiniert mit den Erfahrungen der Diskriminierung führen zu Spannungen, die zu Gewalt geradezu prädestinieren.

Ich sehe wenige Unterschiede zu den Begriffen von Ehre, Vaterlandsliebe und religiösem Gehorsam, wie er uns noch vor fünfzig Jahren beigebracht wurde. Erst in der Mittelschule wurde ich nachdenklich, wenn unser Lateinlehrer immer wieder über die römischen Tugenden philosophierte und auf unsere damalige politische Situation des Kalten Krieges bezogen mit dem *cetero censeo*, »im Übrigen denke ich«: »Lieber tot als rot!« seine Ausführungen abschloss. Die Zeit ist aber gekommen, zwischen der Verteidigung des Glaubens und der Verteidigung des Staates einen klaren Unterschied zu machen. Wenn unsere heutigen Hoffnungen in Erfüllung gehen, gibt es andere Wege, das Leben von uns selbst und von den Gemeinschaften, in denen wir leben, zu sichern. Dabei sind die Wissenschaften und damit die Erschließung materieller Ressourcen von zentraler Bedeutung für diese Hoffnung. Zurzeit sehe ich den Frieden stärker gefährdet durch die Unverträglichkeit der verschiedenen Gottesvorstellungen als durch den Kampf um Ressourcen.

Sollten wir nicht obige Texte aus unserer eigenen Heiligen Schrift heranziehen zum Verständnis dessen, was jetzt bei anderen Religionen geschieht. Könnte nicht der Dschihad auch deshalb so attraktiv sein für Junge, weil er totale Hingabe bis zum Einsatz des eigenen Lebens fordert? Außer im Sport haben wir wenige Möglichkeiten geschaffen, um von den Jungen volle Hingabe zu fordern. Dieser Mangel an Hingabemöglichkeiten hat meiner Ansicht nach viel mit der sich ausbreitenden Gewaltbereitschaft zu tun.

Richard Dawkins oder Michael Schmidt-Salomon versuchen unter Hinweis auf religiös motivierte Gewalt jegliche Religion zu bekämpfen. Im Zusammenhang mit der religiösen Erziehung wird gar von Missbrauch der Kinder geschrieben und eine atheistische Erziehung gefordert. Dawkins findet sogar, eine religiöse Erziehung, die er als Missbrauch der Kinder bezeichnet, sei schlimmer als sexueller Missbrauch und entsprechend hassenswert. Seit Freud aber erkennen wir hinter Hass verletzte Liebe. Liebe, die verdrängt wurde, um die Trauer und den Schmerz des Verlustes zu vermeiden.

Eine atheistische Erziehung ist in dem riesigen Menschheitsexperiment des realen sowjetischen Sozialismus schon versucht worden. Die Resultate im Sinne von Dawkins sind fraglich. Heute sind in Russland etwa 9000 religiöse Vereinigungen eingetragen, die mehr als 40 Konfessionen vertreten. 1997 bezeichneten sich 51 Prozent der Befragten als christlich-orthodox, 7 Prozent als muslimisch, 11 Prozent glauben an die Existenz einer »übernatürlichen Kraft«, und nur 30 Prozent erklärten sich als Atheisten (www.russische-botschaft.de). Der Prozentsatz der Atheisten oder Religionslosen ist demnach etwa gleich groß wie in der Schweiz und in Deutschland.

Zu den Ansichten über »Religiöse Erziehung – Missbrauch der Kinder« gibt es auch hier die gegenteilige Meinung. Wir vernehmen aus England, die konservative Parlamentsabgeordnete Anne Widdecombe bezeichne Atheismus-Unterricht als einen »Verrat an unseren Kindern«. Ein Sprecher der »Kampagne für echte Erziehung« (CRE) sagte, die Vermittlung nicht religiöser Weltanschauungen würde bedeuten, den Kindern ihr christliches Erbe vorzuenthalten. Wenn an öffentlichen Schulen kein Religionsunterricht erteilt wird, bedeutet dies nicht ein Verbot einer religiösen Erziehung durch die Kirchen und durch die religiösen Gruppen. Eine klare Trennung von Kirche und Staat würde Religionsunterricht an öffentlichen Schulen tatsächlich ausschließen. Einige Lehrer sind schon heute dazu übergegangen, stattdessen einen »Ethik-Unterricht« abzuhalten. Es stellt sich die Frage nach dessen Inhalt. Wieder bieten sich die Menschenrechte oder die grundlegenden Verfassungsrechte eines Landes an. Schon Viertklässlern könnten die zentralen Grundsätze unserer Verfassung verständlich gemacht werden; beispielsweise Menschenwürde, Rechtsgleichheit, persönliche Freiheit, Schutz von Kindern und Jugendlichen, Glaubens- und Gewissensfreiheit, Meinungsfreiheit. Das wären beileibe keine Lückenbüßer-Themen. Nicht nur Migranten, auch Schweizer Jugendliche haben hier dringenden Informations- und Bildungsbedarf, und auch viele Eltern könnten von einem solchen Angebot profitieren.

Auf der Website des schon erwähnten Internationalen Friedenskongresses 2006 in Deutschland habe ich einen Text der Autorin Urmila Devis gefunden, der für mich mit einer globalisierten Spiritualität verträglich wäre, ohne die Religionen und Glaubenssysteme frontal anzugreifen: »Gerade in einer sich globalisierenden Welt sollten wir die Vielfalt von anderen Religionen und Kulturen gemeinsam feiern und uns in der gemeinsamen Weisheit verbunden fühlen. Wenn wir nicht das Göttliche in der Person, der wir begegnen, sehen, finden wir das Göttliche weder in anderen noch in uns selbst. Wir müssen das Göttliche in uns fühlen, unabhängig von der Nationalität, dem Geschlecht, der Hautfarbe oder Religion, um es im anderen sehen zu können. Ohne individuellen, persönlichen Frieden gibt es keinen Weltfrieden« (www.friedenskongress.org).

Ist das Jenseits diesseits?

Vor kurzem haben deutsche Forscher nachgewiesen, dass Vögel offenbar Magnetfelder nicht nur spüren, sondern sehen können. Wir kennen Tiere, die ohne technische Hilfsmittel über unseren Frequenzbereich hinaus elektromagnetische Schwingungen – also das, was wir im sichtbaren Bereich Licht nennen – wahrnehmen können. Fische, Reptilien, Vögel und Insekten und gewisse Fledermäuse sehen im Ultraviolettbereich, Tiefseefische, Schlangen und gewisse Säuger im Infrarotspektrum. Ähnliches wie für elektromagnetische Schwingungen gilt für die Schallwellen. Wir kennen Ultraschall und Infraschall, den wir, im Gegensatz zu Tieren, mit unseren Sinnen nicht bewusst wahrnehmen können. Aus der Jahrzehnte alten parapsychologischen Forschung kennen wir die Wahrnehmung von nichtkörperlichen Wesen und deren Einwirkung auf die Materie, beispielsweise in der instrumentellen Transkommunikation, das ist die Kommunikation mit Verstorbenen über elektronische Apparate. Zwar ist es möglich, dass diese Einwirkung mit Hilfe eines lebenden Menschen beziehungsweise dessen Energiefeld geschieht. Trotzdem muss auch in diesem Falle das vom Körper getrennte Bewusstsein imstande sein, irgendwie auf die Materie einzuwirken. Sobald wir etwas mit unseren normalen Sinnen wahrnehmen können oder mit technischen Apparaten nachweisen, rechnen wir es der diesseitigen materiellen und energetischen Welt zu. Ist dies nicht mehr der Fall, sprechen wir von Erscheinungen aus dem Jenseits. Das entspricht weder den modernen wissenschaftlichen noch den spirituellen Anschauungen. Es gibt eine ungeteilte Welt, also ist alles diesseits, nur ist nicht alles für alle wahrnehmbar.

Es gibt Analogien in der Technik. In einem Glasfaserkabel beispielsweise können die verschiedensten Frequenzen und Wellenlängen im gleichen Material übertragen werden, ohne dass sie sich gegenseitig stören. Wenn sie sich nicht stören, hinterlassen sie gegenseitig keine Wirkung. Man könnte demnach sagen, sie können sich gegenseitig nicht wahrnehmen. Wenn wir in so einem Kabel uns auf eine bestimmte Frequenz einstellen, sind alle anderen für uns außerhalb unseres Wahrnehmungsbereiches und wir könnten sie als dem Jenseits zugehörig bezeichnen. Wie bereits erwähnt, kennt die Hirnforschung inzwischen Neurone im Gehirn, die uns über Stimmungen und Gefühle unserer Umgebung informieren. Für Menschen, die sich mit besonderen sensitiven oder hellsichtigen Begabungen vertraut gemacht haben, ist die Entdeckung dieser sogenannten Spiegelneurone die logische Entwicklung der voranschreitenden Wissenschaft. Schon lange wissen wir um die Fähigkeit mancher Medien, das Energiefeld des Menschen, von vielen als Aura bezeichnet, wahrzunehmen. Die supermaterialistischen Rationalisten leugnen oder ignorieren alle diese Phänomene, die nicht mit den vertrauten Sinnen oder mit technischen Geräten nachweisbar sind. Das ist die größte Schwäche von Leuten wie Daniel Dennett oder Richard Dawkins, dass sie aus ideologischen Gründen einen riesigen Bereich der Wissenschaft ausklammern. Sie sagen nicht: Wir haben es überprüft und nachgewiesen, dass alles nicht wirklich existiert. Sie sagen auch nicht: Wir kennen uns auf diesem Gebiet nicht aus; aber wir glauben den seriösen Forschern, dass diese Phänomene existieren. Nein, sie nehmen die Haltung ein, wie sie Christen gegenüber muslimischen Dogmen oder Muslime gegenüber jüdischen Dogmen einnehmen: Wir glauben nicht daran.

Ich habe den Begriff Jenseits in meinem Buch »Spirituelles Heilen und Schulmedizin« gebraucht, als Kompromiss, weil er für sehr viele Menschen mit bestimmten ihnen wichtigen Vorstellungen verbunden ist. Allerdings haften an dem Begriff unendlich viele alte Bilder wie Himmel und Hölle, Fegefeuer, Geisterwelt – und diese Bilder werden alle in räumliche Rahmen projiziert, meistens vermutlich in eine jenseitige Welt mit drei Raumdimensionen, wie wir sie in unserer irdischen Existenz vorfinden. Oft wird diese dreidimensional vorgestellte Welt des Jenseits auch noch mit einer Zeitachse analog unserer irdischen Zeit versehen. Ich erinnere mich gut, wie wir als Kinder uns über »ewig und die Ewigkeit« unterhalten haben. Es war für uns klar, »ewig« meinte einen nie endenden Ablauf der Zeit und nicht Zeitlosigkeit nach unserem heutigen wissenschaftlichen Verständnis. Immer wieder bin ich als Kind mit dem für mich unfassbaren Begriff »ewig« zusammengestoßen und habe versucht, mir das Unvorstellbare vorzustellen. Mir scheint, viele Erwachsene haben auch heute die entsprechende Vorstellung: ewig als nie endende Zeit. Das schafft große Distanz zu den naturwissenschaftlichen Erkenntnissen.

Viele Naturwissenschaftler scheinen mit Spiritualität deshalb nichts anfangen zu können, weil dieses alte Bild des ewigen Himmels einfach nicht mit den heutigen Ansichten über das Universum unter einen Hut zu bringen ist. Ebenso passen die alten Bilder des Jenseits nicht zu einer modernen spirituellen Sichtweise der Welt. Auch die Religionen mit Ausnahme der Flatearth believers haben gelernt, die Erde als Kugel zu sehen, die um die Sonne kreist und sich inmitten eines riesigen Weltalls befindet mit der Existenz von Milliarden von Galaxien. Himmel und Hölle aber scheinen in der vorkopernikanischen Vorstellungswelt verblieben zu sein. Das Bild des Universums nach naturwissenschaftlicher Sicht schließt außermenschliche Bewusstsein in der diesseitigen Welt keineswegs aus. Wir können heute von einem Weltall bestehend aus Schwingungen ausgehen. Schwingungen treffen wir überall in unserem Alltag gleichermaßen wie in der Wissenschaft. Aus Physik und Biologie wissen wir um das äußerst beschränkte Spektrum, das wir mit unseren Sinnen bewusst wahrnehmen können, gegenüber dem Bereich, der nur technisch nachweisbar ist. Die Größenverhältnisse zwischen dem von uns wahrnehmbaren und dem aus der Technik bekannten Teil ist vergleichbar mit dem

Größenverhältnis zwischen unserer Erde und den Milliarden von Sternen und Galaxien; vom nicht sichtbaren Teil des Universums, der noch viel größer sein soll, gar nicht zu reden. Wir wissen aus der Forschung, dass ein großer Teil des technisch nachweisbaren Schwingungsspektrums auch auf unsere Zellen eine Wirkung hat. Es kann also von den Zellen selbst wahrgenommen werden, obwohl uns dies nicht bewusst ist. Es wird behauptet, unser Organismus verarbeite in der Sekunde 400 Milliarden Bits, davon seien uns nur etwa 2000 bewusst. Also ein Verhältnis von 1 zu 200 Millionen zwischen bewusst und unbewusst verarbeiteten Informationen. Es ist leicht einzusehen, dass sogenannte Medien ihr Bewusstsein nur um einen kleinen Teil erweitern müssen, um Informationen aus ganz anderen Frequenzbereichen bewusst wahrnehmen zu können. Beispielsweise Energiefelder, aber auch Gefühle, Gedanken, Verstorbene und viele andere existierende Bewusstseinsphänomene.

Menschen, die halluzinogene Drogen nehmen oder in eine sogenannte Psychose geraten, berichten über Wahrnehmungen, die sie sonst nicht haben. Sie sehen beispielsweise Farben viel intensiver und viel differenzierter. Sie sehen sonst nicht bekannte Formen. Das Seh- und Hörvermögen insgesamt kann sehr geschärft oder auch getrübt sein. Manche sehen ein Energiefeld um die Menschen oder um alles herum, sehen Engel, Geister, Dämonen, Verstorbene, Kobolde, und sie können oft allerhand Stimmen hören. Aus dem EEG, den Hirnstromableitungen wissen wir, dass verschiedene Frequenzen mit verschiedenen Bewusstseinszuständen einhergehen. Die Ansicht, alles, was Menschen unter Drogeneinfluss oder in einer Psychose sähen, seien Täuschungen, die ein krankhaftes Gehirn produziere, verhindert den Fortschritt der Forschung. Man könnte auch die Farben und alle Gegenstände unserer Welt als Täuschung bezeichnen, weil unser Gehirn für die Wirklichkeitswahrnehmung verantwortlich ist. Es muss die Schwingungen in uns bekannten Qualitäten wie Farbe, Töne usw. umwandeln.

Interessanterweise behaupten östliche Mystiker etwas Ähnliches. Sie sagen, alles, was wir Menschen als Realität sähen, wären bloß Illusionen und Täuschungen, *maya* genannt. Auf eine Art haben sie damit Recht. Unser Bewusstsein zeigt uns beispielsweise den menschlichen Körper sowie andere materielle Dinge unseres Lebens als fest und undurchdringlich. Trotzdem wissen wir modernen Menschen, dass unser Körper zu etwa 70 bis 80 Prozent aus Wasser besteht, und wenn wir noch eine Ebene tiefer gehen, zu mehr als 99,99 Prozent aus leerem Raum. Ebenso wissen wir aus der Atomphysik, dass er ein fast unerschöpfliches Energiereservoir darstellt. In dem Sinne könnten wir sagen, die Art, wie wir unseren Körper als fest und undurchdringlich wahrnehmen, sei eine Illusion. Könnte man allen leeren Raum aus unserem Körper entfernen, wären wir zwar gleich schwer, hätten aber nur noch eine Größe im Millimeterbereich. Glücklicherweise wissen wir dank unserer technischen Möglichkeiten über diese Dinge Bescheid. Anderenfalls erklärten wir jemanden, der durch genetische Besonderheiten oder andere Einflüsse ein Gehör wie Fledermäuse und ein Sehvermögen wie Adler, Bienen oder Fische hätte, wohl als verrückt. Er würde uns dauernd erzählen, was er alles hört und sieht. Wir anderen, und das wäre die große Mehrheit, könnten diese Dinge nicht wahrnehmen und könnten nur den Schluss ziehen, dieser eine hätte Halluzinationen oder er sähe ins »Jenseits«.

Die mir bekannten Medien sagen, alle Menschen hätten die Zellen und Rezeptoren in ihrem Gehirn für diese erweiterte Wahrnehmung, nur benutzten die meisten Menschen sie nicht. Aus vielerlei Gründen sind sie ausgeschaltet beziehungsweise ihre Funktion vom Bewusstsein ferngehalten. Wir kennen auch Veränderungen in die andere Richtung, wo Menschen das, was für alle offensichtlich ist, selbst nicht wahrnehmen können. Im Ersten Weltkrieg trat beispielsweise bei deutschen Wehrmännern verbreitet die sogenannte »hysterische Blindheit« auf: eine auf einem seelischen Konflikt beruhende, teilweise oder vollständige Aufhebung des Sehvermögens. Heute spricht man nicht mehr von hysterisch, sondern von psychogen, psychosomatisch oder konversionsbedingt. Stets geht es um das Gleiche: Eine Instanz unseres

Organismus hält die notwendigen Informationen für das normale Sehen vom Bewusstsein fern. Hitler, der im Ersten Weltkrieg als Soldat und dann als Gefreiter dabei war, erkrankte an einer solchen seelisch bedingten Blindheit. Fachleute berichten, »der Gefreite Adolf Hitler wird 1918 im Lazarett Pasewalk vom Psychiater Prof. Edmund Forster durch Hypnose von seiner Kriegsneurose (hysterische Blindheit) geheilt«. Dies ist deshalb interessant, weil die Veränderung des Wahrnehmungsspektrums allgemein durch Hypnose möglich ist. Manche mögen sich an den 1999 herausgekommenen Film »Stir of Echoes« erinnern. Ein junger Mann wurde auf einer Party quasi als Jux hypnotisiert und hatte in der Folge ein erweitertes Wahrnehmungsvermögen. Er kam dadurch in Kontakt mit einer Verstorbenen; er erhielt Infos von ihrer Ermordung als junges Mädchen, und so konnte man den Täter überführen.

Der Arzt, Wissenschaftler und romantische Dichter Justinus Kerner (1786–1862) hat mit seiner Patientin Friederike Hauffe (1801–1829) viele Experimente mit Hellsichtigkeit durchgeführt und in »Die Seherin von Prevorst« beschrieben. Friederike Hauffe war auch im Wachzustand oft hellsichtig. In tiefer hypnotischer Trance war ihr erweitertes Wahrnehmungsvermögen von noch höherer Qualität. Man hat in der Zeit der Romantik viel mit Hellsichtigkeit (einst Somnambulismus genannt) experimentiert. Besonders junge Frauen waren gute Studienobjekte. Solchen Menschen konnte man, wenn sie in Tieftrance waren, allerlei Gegenstände, die sie vorher nicht gesehen hatten, auf das Sonnengeflecht (Plexus Solaris) legen und sie konnten eine klare Beschreibung davon geben, obwohl sie nach unserer Wahrnehmung tief geschlafen und die Augen geschlossen hatten. Legte man ihnen eine Taschenuhr auf die entsprechende Stelle am Bauch, konnten sie die Zeit angeben. Wie erwähnt, Kerners Patientin und Versuchsperson war in dieser Hinsicht besonders begabt. Sie konnte Ratsuchende, die zu ihr für Heilung kamen, bereits genau beschreiben, wenn diese noch kilometerweit entfernt waren. Nicht nur das Äußere der Patienten hat sie gesehen. Auch die Krankheiten, an denen diese litten, und gleich das passende Heilmittel konnte sie angeben. Diese Art Hellsichtigkeit ließ sich leicht überprüfen, wenn die Patienten am Ort eintrafen. Wenn Friederike Hauffe aus der Trance aufgewacht war, wusste sie von alledem nichts mehr. Sie erkannte auch die Leute, die sie in Trance genau beschrieben hatte, nicht mehr und schon gar nicht deren Krankheiten. Die Beispiele von Hitler und Friederike Hauffe illustrieren, wie unser bewusstes Wahrnehmungsspektrum sich verengen kann bis zur Blindheit oder eben sich erweitern bis zu großer Hellsichtigkeit. In Trance hatte Friederike Hauffe auch Kontakt zu Verstorbenen, wie Tausende vor und nach ihr. Tauchten in der Wahrnehmung von solchen Menschen in Trance Tote auf, so nahm man an, sie kämen aus dem Jenseits, weil die Jenseitsvorstellung von alters her in den meisten Kulturen überliefert wurde. Für heutige Menschen wäre es adäquater, von einer anderen Bewusstseinsebene oder einem anderen Frequenzspektrum zu sprechen.

Wie wir heute wissen, haben auch Gedanken elektromagnetische Wirkung. Zwar verstehen wir im Detail das Geschehen noch nicht. Aber wie erwähnt, sehen wir im EEG, wie beim aktiven, wachen Denken andere Frequenzen auftreten als in tiefer Entspannung oder im Schlaf. Es ist darum zeitgemäß, eine Sprache zu entwickeln, die unserem heutigen Wissen angepasst ist. Deshalb würden wir sagen, die Verstorbenen verfügen nicht mehr über einen normalen Körper mit den entsprechenden Frequenzen von lebenden Zellen, den wir mit unseren leiblichen Augen wahrnehmen können. Ihr Bewusstsein aber schwingt in einer anderen Frequenz, mit der besonders Begabte, die wir medial oder hellsichtig nennen, in Resonanz treten können. Wir wissen aus unserem täglichen Leben, dass die verschiedensten Frequenzen gleichzeitig am gleichen Ort im Raum vorhanden sind, ähnlich wie im Glasfaserkabel. Wir können beispielsweise in unserer Wohnung Ultraviolett, sichtbares Licht, Infrarot, Mikrowellen für den Handyempfang, Fernsehen, Radio mit UKW, Kurz-, Mittel- und Langwellen empfangen. Was von den Informationen, welche die verschiedenen Frequenzen übermitteln, bis in unser Bewusstsein kommt, hängt nur davon ab, für welche Kanäle, das heißt Frequenzen das

Empfangsgerät eingerichtet ist. Es ist gebaut, um die empfangenen Frequenzen in für uns wahrnehmbare Bilder, Töne oder geschriebene Sätze umzuwandeln. Eine ähnliche, nur viel leistungsfähigere Apparatur ist unser Gehirn; unter anderem ist es dazu geschaffen, um sich mit Informationsfeldern zu verlinken. Auch die Frequenzen, die unser Organismus aus dem Spektrum des sichtbaren Lichtes aufnimmt, muss das Gehirn unter Zuhilfenahme der Sinnesorgane zu Bildern aufbauen, vergleichbar einem Fernseher. Durchschnittlich haben wir nur ein ganz schmales Band von den zur Verfügung stehenden Frequenzen zur Wahrnehmung und Gestaltung unserer Welt zur Verfügung. Jedoch demonstrieren uns hellsichtige Menschen die Empfangsmöglichkeit eines viel breiteren Wellenspektrums.

Alle hellsichtigen Heilerpersonen und Medien, die ich kennengelernt habe, sagten, die Verstorbenen seien unter uns; sie sähen meistens einige davon. In Wohnungen, im Freien, in der Eisenbahn, ja überall, wo wir auch sind. Die Verstorbenen haben offenbar verschiedene Frequenzbereiche zur Verfügung und können deshalb leichter oder weniger leicht wahrgenommen werden. Der philippinische Heiler William Nonog spazierte, wenn er in der Schweiz war, am Sonntag, seinem freien Tag, gerne in die Stadt. Besonders zog es ihn an den Bahnhof. Wenn er zurückkam, erzählte er manchmal von den Verstorbenen, die er auf den Gehsteigen gesehen habe. William kann nicht nur heilen, sondern auch mehr Frequenzen wahrnehmen als die meisten Menschen. Diese Fähigkeit haben viele besonders heilbegabte Menschen, allerdings in sehr unterschiedlicher Qualität. Wissenschaftlich interessant ist die Frage, wie der Übergang von raumloser zu räumlicher Existenz vor sich geht. Die meisten Medien sprechen in einer räumlichen Terminologie. Auf den Philippinen wird sechs Monate nach einem Todesfall mit vielen Verwandten und Nachbarn eine Art Verabschiedung von dem Verstorbenen gefeiert. Natürlich gibt es ein Festessen. Ein wichtiger Teil dieser Verabschiedung geschieht, indem man in den Kleidern der verstorbenen Person zu bestimmten Rhythmen im Kreis tanzt. William schilderte mir an einem solchen Fest, wie er den Verstorbenen mit zwei weiteren Wesen von oben herab habe kommen sehen. In seiner Wahrnehmung war plötzlich eine räumliche Vorstellung mit Bewegung von oben zu uns herab. Ganz ähnlich verhält es sich auch bei Anouk Claes.

Die Schilderungen der unsichtbaren Bereiche durch verschiedene Medien sind außerordentlich variationsreich. Für Skeptiker Grund genug, diese Wahrnehmungen für Unsinn und Einbildung zu halten, zumal nicht viel Übereinstimmung herrscht. Würden allerdings von einem anderen Planeten Kundschafter auf die Erde gesandt mit nur beschränkten Forschungsmitteln und der eine würde am Nordpol eintreffen, der zweite bei uns und der dritte in der Sahara, so könnten ihre Reiseberichte unterschiedlicher nicht ausfallen. Selbst Forscher an der gleichen Stelle verfassten vermutlich, wenn sie menschenähnlich reagierten, sehr verschiedene Berichte. Nehmen wir an, eine Frau käme mit besonderer Beziehung zur Pflanzenwelt; ein Mann interessierte sich vor allem für die Frauen dieses Planeten und ein weiterer Mann für die technischen Errungenschaften. Auch diese drei Berichte würden sich enorm unterscheiden. Hätte die eine Person eine rosarote Brille, die zweite ein Nachtsichtgerät vor Augen und die dritte ein Ultraschallgerät an den Ohren, würden sich die Wahrnehmungen nochmals enorm unterscheiden. So etwa kann man sich das vorstellen, wenn Medien sich auf andere Frequenzen und damit andere Bewusstseinsebenen mit den entsprechend differierenden Realitäten einschwingen können.

Es ist sehr wichtig, sich stets zu vergegenwärtigen:

Erstens: Medien sind sehr unterschiedlich begabt. Die einen können mit mehr, die anderen mit weniger Bewusstseinsebenen in Resonanz treten, entsprechend unterschiedlich ist die Wahrnehmung.

Zweitens: Was hellsichtige Menschen wahrnehmen, ist sehr stark von ihrem eigenen Glaubenssystem abhängig. Jemand, der fest im traditionellen katholischen Glauben verankert ist, wird kaum Informationen erhalten über wiederholte Erdenleben; er wird Selbstmörder eher in ungünstigen Verhältnissen und mit Reuegefühlen antreffen. Hingegen wird ein Hindu in der Regel Beweise für Reinkarnation und Karma wahrnehmen.

Drittens: Die erhaltenen Informationen werden von dem Hellsichtigen in unterschiedliche Bilder gegossen. Es werden unterschiedliche Realitäten konstruiert, die viel mit Vorerfahrungen, individuellen Überzeugungen und persönlichen Vorlieben zu tun haben. Wir wissen vom Computer, dass verschiedenste Symbole und Bilder die genau gleichen Informationen darstellen. Manche Menschen glauben, sie erfahren von einem Medium, wie es im »Jenseits« ist. Gerade die Berichte über das Sterben und die Verstorbenen scheinen oft den Anspruch zu haben, einen für alle Menschen gültigen Vorgang zu schildern. Machen wir uns klar: Es gibt unzählige Frequenzspektren und entsprechende Bewusstseinsebenen. Es gibt unzählige Galaxien, Sonnen, Sterne und Planeten, und die Anzahl von Bewusstseinselementen ist noch größer und wächst vermutlich so stark und so schnell wie das Weltall. Besser verzichten wir auf die naive Annahme, jemand könnte das sogenannte Jenseits, das in Wirklichkeit im Diesseits existiert, derart schlicht und einfach schildern wie jemand, der uns den Eiffelturm beschreibt.

Von Emanuel Swedenborg (1688–1772), dem wissenschaftlich anerkanntesten Naturforscher seiner Zeit, gibt es gut belegte Beispiele einer soliden, auf unsere irdische Realität bezogenen Hellsichtigkeit. Im Jahre 1759 soll er in Gotenburg einen großen Brand im 50 Kilometer entfernten Stockholm bis in Details beschrieben haben, die sich nachher bestätigten. Die schwedische Königin soll ihn wiederholt konsultiert haben, und aus dem schwedischen Königshaus sind ähnliche Berichte wie beim Brand bestätigt. Swedenborg war einer der seltenen sensitiv Begabten, der für die Kommunikation mit Wesen aus anderen Ebenen wach bleiben konnte und nicht in Trance gehen musste. Verschiedene Geistwesen hätten ihn belehrt und unterrichtet. Seine Schilderung des »Jenseits« ist sehr reichhaltig. Ich kann ihm gut folgen, wenn er berichtet, die Welt, welche die Verstorbenen nach ihrem Tode antreffen, entspreche weitgehend ihren irdischen Neigungen und Überzeugungen. Viele seiner Schilderungen scheinen sehr von seinen persönlichen Urteilen und Ansichten durchdrungen zu sein, die er selbst als quasi objektiv empfindet. Man kann Kant verstehen, der von Swedenborg offenbar fasziniert war, schlussendlich aber doch dessen Visionen mehr als Träume denn als objektive Jenseitsschilderung beurteilte.

Meine Mutter hatte von einer Vorfahrin ein 1870 in der 26. Auflage gedrucktes Büchlein erhalten: »Geschichte einer Somnambüle, Reisen in den Mond, in mehrere Sterne und die Sonne«. Darin werden mit großer Eindringlichkeit die Erfahrungen eines Mädchens mit Namen Philippine Demuth Bäurle, geboren 1816, geschildert; sie geriet immer wieder spontan in tiefe Trance, damals als somnambuler Zustand benannt. In diesem Trancezustand bereiste sie meist mit zwei geistigen Begleitern die Bereiche der Unseligen, dann Mond und diverse Sterne mit Verstorbenen verschiedenster »Seligkeitsgrade«, bis zur Sonne und dem neuen Jerusalem, wie sie es nannte. Ich war als Bub zutiefst beeindruckt durch diese Schilderungen, besonders weil sie immer reichlich mit christlichen Ermahnungen, ja nicht zu sündigen, verbunden waren. Mein Wunsch nach Frömmigkeit wurde durch diese Schilderungen weiter intensiviert. Natürlich hatte ich damals die Vorstellung, das »Jenseits« sei zwar eine geistige Welt, sonst aber so gebaut wie die unsere. Als ich später von diesen Vorstellungen abweichende Schilderungen las, war ich zunächst ziemlich verwirrt. Was ich oben geschrieben habe über die unterschiedlichen Wahrnehmungen der Medien, wurde mir erst sehr viel später klar.

Möchte jemand den Rat eines Mediums einholen, ist es empfehlenswert, sich einige Dinge immer vor Augen zu halten:

1. Der eigene kritische Verstand und die eigene Intuition sollte die letzte Instanz und oberste Autorität bleiben. Alle Informationen sollten kritisch geprüft werden, ob sich durch die Aussagen nicht Widersprüche und Konflikte mit dem eigenen Leben ergeben.

2. Vor Aussagen über die Zukunft würde ich mich hüten. Ich persönlich ließe mir nie die Zukunft voraussagen. Denn: Sie ist wahrscheinlich grundsätzlich nicht einfach festgelegt. Ich habe schon zahlreiche Voraussagen von anderen Menschen mitbekommen, wo vieles eintraf; manches aber nicht – und das gerade für

den betreffenden Menschen große Bedeutung hatte. Man kann fast nicht vermeiden, dass sich solche Prophezeiungen im Kopf oder in der Seele festsetzen und dann wirken im Sinne einer sich selbst erfüllenden Prophezeiung. Das ist bei ermutigenden Aussagen des Mediums soweit in Ordnung, aber tragisch, wenn es sich um sogenannt negative Ereignisse handelt. Solche Voraussagen werden immer wieder in unbedachter Weise gemacht.

3. Ein Medium hat einerseits Informationen von den besonderen Kanälen. Andererseits hat es Informationen aus Büchern und Zeitschriften wie jeder andere Mensch auch. Nach meiner Erfahrung nehmen manche Menschen Aussagen von Medien relativ unkritisch als Wahrheit aus höheren Wahrnehmungen entgegen. Wüssten sie, dass dieses Medium so manche Aussage Büchern entlehnt, wären sie einiges kritischer. Ich erwarte deshalb immer von einem Medium, dass es die Quelle der Informationen angibt, wie wir dies auch sonst bei wichtigen Nachrichten handhaben.

4. Ebenso empfiehlt es sich, das Glaubenssystem eines Mediums einigermaßen zu erfragen. Beispielsweise sind die Ansichten bezüglich sogenannter Besetzungen außerordentlich unterschiedlich. Die einen halten Besetzungen durch Dämonen für ein häufiges Ereignis. Andere nehmen gar keine Dämonen wahr, weil sie nicht daran glauben. Die einen sehen häufig Besetzungen durch verstorbene Menschen oder andere Wesen, andere sehen das als abgespaltene Persönlichkeitteile der Betroffenen im Sinne einer multiplen Persönlichkeit, wie das in der Psychiatrie genannt wird. Die einen fokussieren sehr stark auf vergangene Leben (beispielsweise bei der Begründung von gesundheitlichen Störungen oder Lebensereignissen), andere ignorieren diesen Bereich fast völlig, weil er für sie nicht relevant ist.

Die Angst vor Scharlatanerie ist groß. Gewisse Vorsicht ist angebracht, allerdings sind die Scharlatane längst nicht so häufig, wie manchmal postuliert wird. Viel häufiger sind Medien mit ehrlichen Absichten, die jedoch ihre Fähigkeiten überschätzen und gleichzeitig darauf brennen, ihr Potenzial unter Beweis zu stellen.

Ein großer Mangel ist das Fehlen von inhaltlichen Abstimmungen und von gegenseitigem Wissens- und Erfahrungsaustausch, wie er sonst in fast allen Berufssparten üblich ist, ob es sich nun um Medizin oder das Bäckereigewerbe handelt. Der Dachverband Geistiges Heilen in Deutschland und der Schweizerische Verband für natürliches Heilen haben gewisse Standards eingeführt und versuchen, diesen breitere Anerkennung zu verschafften. Es ist insgesamt aber erst ein bescheidener Anfang.

Für manche Menschen mag der Gedanke schockierend sein, dass es kein Jenseits geben soll, wie es schockierend sein mag, dass es keinen Gott geben soll, der außerhalb von uns ist und alles lenkt und überwacht. Die These, es gebe nichts außer der Welt, die wir mit den Sinnen und den Apparaten wahrnehmen, ist wirklich schockierend. Umso tröstlicher ist die Erkenntnis, nach der wir in einem alles umfassenden Bewusstseinsfeld leben, in dem alles aufgehoben ist und niemand verloren geht. In diesem Bewusstseinsfeld gibt es unzählige Bewusstseinsstufen, die auf eine Art voneinander verschieden sind und auf die andere Art doch mit allem verbunden. Es kann hilfreich sein, sich immer wieder die Verbundenheit schon von Lichtpartikeln oder von Elektronen vorzustellen, wie sie von der Physik bewiesen wurde. Ein Photon kann Lichtjahre vom anderen entfernt sein und reagiert doch ohne Zeitverlust auf das andere, wenn dieses beispielsweise eine menschliche Einwirkung erfährt. Die Verbundenheit von Teilchen wird bereits technisch angewendet und soll in der Datensicherung eine große Zukunft haben. Ich kann eine Botschaft nach Australien schicken und die Entschlüsselung bei mir vornehmen. Ich steuere die Teilchen hier, und die damit zusammenhängenden anderen Teilchen in Australien machen einfach mit, ohne dass ein Weg von hier nach Australien zurückgelegt werden muss. Die Botschaft kann deshalb auch nicht auf dem Weg abgefangen werden.

Ich kann nach wie vor nicht verstehen, weshalb Leute wie Dawkins nicht sehen können, wie viele Menschen diese wunderbare

Verbundenheit von allem durch ihr Herz erspüren. Ob sie dazu nun Gott sagen oder nicht, ist nicht relevant. Dieser Zusammenhang ist göttlich, ein Wunder. Infolge dieser umfassenden Verbundenheit ist auf einer höheren Ebene immer alles bewusst. Jede Geburt und jeder Tod wird überall wahrgenommen. Und da reagieren auch viele der komplexeren Bewusstsein oder Informationseinheiten sehr sinnvoll, beispielsweise jene, die manche Menschen Engel nennen. Nach ähnlichem Prinzip funktionieren die Computer. Wir können Informationsbündel installieren, die Bilder bremsen, Texte korrigieren, automatisch Updates herunterladen und vieles mehr. Die Informationstechnologie ist so nahe der nicht sichtbaren Bewusstseinswelt und kann ungemein viel zum Verständnis dieser diesseitigen, aber Jenseits genannten Welt beitragen. Wir können langsam begreifen, wie wir alle in den weiteren Aufbau dieses Bewusstseinsfeldes miteinbezogen sind. Es ist ein bisschen wie bei YouTube oder bei anderen Internetanwendungen. Wo ist das in YouTube gestellte Bild oder Video? Ich kann es hier, in Russland, Afrika, Australien anschauen. Es ist überall. Wo ist es aber, wenn es niemand darstellt und anschaut?

Im Jahre 1997 verbrachte ich zum zweiten Mal einige Wochen in Brasilien. Ich besuchte Kliniken in Belo Horizonte und Curitiba, wo mit medialen beziehungsweise hellsichtigen Methoden auch in der Psychiatrie gearbeitet wird. Die Bevölkerung in Brasilien ist vertraut mit den Phänomenen, die wir unter dem Namen Spiritismus zusammenfassen. Allein die auf den Pestalozzischüler Allan Kardec (mit bürgerlichem Namen Léon-Hippolyte-Dénizard Rivail, 1804–1869) zurückgehenden Vereinigungen des *Espiritismo brasileiro* sollen mehr als zehn Millionen Gläubige haben. Dazu kommen die sich mehr an die afrikanischen Traditionen anlehnenden spiritistischen Bewegungen von Candomblé, Macumba und Umbanda, die nach den mir gegebenen Auskünften zufolge noch sehr viel mehr Anhänger haben sollen. Oft sind die Menschen, die offiziell einer institutionellen Religion wie dem Katholizismus angehören, zudem mit einer oder mehreren spiritistischen Gruppierungen assoziiert. Deshalb lässt sich die Zahl der Anhänger nie genau beziffern. Man hat den Eindruck, die ganz große Mehrheit der brasilianischen Menschen hätte mindestens für eine gewisse Zeit mit dem Spiritismus Kontakt. Von daher rufen auch die zahlreichen Kliniken kein Erstaunen hervor, die spiritistische Elemente als Fundament oder Erweiterung der Medizin einsetzen.

Die Federacôa Espirita Brasileira und vor allem die Associacôa Medico Espirita do Brasil (AME) bemühen sich um eine systematische Erforschung übersinnlicher Phänomene und halten regelmäßig nationale und internationale Kongresse ab. Immer wieder habe ich bei brasilianischen Kolleginnen und Kollegen die Enttäuschung gespürt, dass sie als Drittweltland, wie sie selbst sagten, in ihren Erkenntnissen von der europäisch-amerikanischen Wissenschaftskultur nicht ernst genommen werden. Dabei wären ihre Erfahrungen, die sie aufgrund des andersartigen Umgangs mit sogenannten Psychosekranken machen, es durchaus wert, auch bei uns zur Kenntnis genommen zu werden.

Ich nahm in Sâo Paulo an einem Wochenkurs teil zur Schulung der Sensitivität bei Professor Eudes Alves und seiner jungen, sensitiven Frau Maria de Lourdes Souza dos Santos; dort hatte ich eine Art Schlüsselerlebnis. Es war das erste Mal, dass ich die eindeutige Erfahrung machen konnte, wie nahe wir an der Möglichkeit sind, unsere Wahrnehmungen über den üblichen, durchschnittlichen Bereich hinaus zu erweitern. Die ganze Woche wurde geübt, die Gedanken, Bilder, Vergangenheit, Familie und Wohnsituation, aber auch Krankheiten, Einstellungen, psychische Probleme und anderes geistig, das heißt ohne Informationen auf dem normalen Weg, bei den Übungspartnern zu erkennen. Ich halte diese Art der Ausbildung als Grundlage für äußerst wichtig. Es besteht hier immer eine Kontrollmöglichkeit, indem die Menschen, auf die mit bestimmten Fragestellungen fokussiert wurde, ein Feedback geben: ob man mit seiner Wahrnehmung richtig liegt, oder eben nicht. Natürlich gibt es auch in den meisten europäischen Ländern, mit besonders langer Tradition in England, entsprechende Ausbildungsmöglichkeiten. Menschen, die ausschließlich spontan und allein ihre Hellsichtigkeit entwickeln und sich ausschließlich als Medium für Jesus, Engel oder andere sogenannt höhere Bewusstsein betätigen, sind in Gefahr, die irdische Realität und vor allem den Zuverlässigkeitsgrad ihrer Hellsichtigkeit, Hellhörigkeit oder Hellfühligkeit aus den Augen zu verlieren, weil sie keine Überprüfungsmöglichkeiten haben.

Silvia Wallimann schreibt treffend:
»Wir sind Bewusstsein und als solches existieren wir im ganzen Kosmos und gleichzeitig auf allen Ebenen. Der Teil unseres Bewusstseins, der unsere Wahrnehmung auf unsere äußere Welt der Erscheinungen begrenzt, ist auf diese Begrenzungen programmiert. Es gilt, sich immer und immer wieder bewusst zu machen, dass wir eigentlich unbegrenzt sind und hauptsächlich durch unser Denken uns selbst begrenzen. Die unsichtbaren Welten waren immer bei uns, sind bei uns und werden immer bei uns sein. Je mehr Vertrauen in die ständige Verbundenheit mit den unsichtbaren Welten wir in unseren Herzen entwickeln, desto leichter können sich Intuition und Hellfühlen entwickeln. Unser kleines ängstliches Ich jedoch widersetzt sich der Auflösung der Bewusstseinsgrenzen. Für die Entwicklung einer bewussten und kontrollierten Intuition und Hellsichtigkeit ist regelmäßiges Üben unverzichtbar, am besten unter der Anleitung einer erfahrenen, hellsichtigen Person.«

Versöhnen und heilen

Es sind immer wieder Menschen in meine Beratung gekommen, weil sie in einem Vortrag hörten, ich hätte früher neurotische Angstzustände und Depressionen gehabt. Das habe ihnen Hoffnung gegeben, von ihren eigenen Leiden auch frei werden zu können. Tatsächlich beschlich mich als junger Erwachsener das Gefühl, ich hätte keinerlei Chancen, ein gutes Leben zu finden aufgrund meiner Kindheit, meiner erblichen Belastung und meiner Ängste und Depressionen. Aber es gibt nicht nur Vererbung, sondern mindestens so sehr eine »Enterbung« in Bezug auf belastende biologische und psychologische Faktoren des Lebens. Der Spruch »Es ist nie zu spät, eine glückliche Kindheit gehabt zu haben« ist in der Familientherapie gebräuchlich. Aber schon Jahrzehnte vor dem Aufkommen dieser Therapieart wussten die tiefenpsychologisch arbeitenden Psychotherapeuten, dass sich die Sicht auf die eigene Kindheit im Laufe einer Therapie grundlegend verändern kann. Einige Fragen sind bis heute auf wissenschaftlicher Ebene nicht geklärt: Wie weit kann man sich aussuchen, ob man sich später als Opfer einer unglücklichen Kindheit fühlt oder nicht? Wie weit werden in der Kindheit die Weichen gestellt für den Erfolg oder Misserfolg im späteren Leben? Welche Faktoren entscheiden, ob und wie weit man sich mit seinem Leben und mit sich selbst versöhnen kann? Die vielen Biografien, die ich gelesen habe, waren wertvoll für mich und haben mir Mut und Orientierung gegeben. Aus spiritueller Sicht sind für mich die

Fragen weitgehend beantwortet. Unsere Freiheit ist in der Regel viel größer, als wir annehmen.

Es war Weltkrieg und Aktivdienst, als meine Mutter mit mir schwanger war. Als ich geboren wurde, entdeckte der Vater unter meiner Achselhöhle eine kleine, typisch geformte Warze. »Der Junge hat genau die gleiche Warze, die ich selbst auch habe«, sagte er überrascht zu meiner Mutter. Seine Unsicherheit, ob er der Vater sei, war schlagartig weg. Diese Warze sei nachher innerhalb von ein paar Tagen vertrocknet und abgefallen. Meine Mutter war überzeugt, ich hätte diese Warze nur mitgebracht, um dem Vater Sicherheit zu geben. So hat mein Leben mit einer kleinen Versöhnungsszene begonnen.

Zwei früheste Erinnerungen habe ich aus der Zeit als Dreijähriger. Die erste war mit Todesangst verbunden. Es muss in den letzten Wochen des Zweiten Weltkrieges gewesen sein. Ich spielte mit meinem Bruder im Freien. Er hatte mich als Rösslein an einen kleinen Wagen gebunden. Des Öfteren überflogen damals verirrte alliierte Flugzeuge unsere Gegend und wurden manchmal von der in unmittelbarer Nähe stationierten Schweizer Flugabwehr beschossen. Vielleicht waren es nur Gefechtsübungen. Ich erinnere mich, dass wir eines Morgens ferne Detonationen hörten. Die Erwachsenen redeten über Bombardierungen. Ich begriff, dass dieses Wort etwas Schlimmes bedeuten musste. Während des Rösslispiels donnerte plötzlich ein Flugzeug, zum Berühren tief, über unser Haus hinweg, und ganz in der Nähe ging ein fürchterliches Krachen von Flabkanonen los. Mein Bruder rannte ins Haus zur Mutter, ich konnte nicht von meinem Wagen weg und schrie in Todesangst. Ich erinnere mich an die Angst, in dem Aufruhr sterben zu müssen. Das Gefühl von Not und Verlassenheit erschien mir unendlich lang, bis meine Mutter mich holen kam. Sie stieg mit uns Kindern in den Keller und betete mit uns um Schutz. Ich muss das Erlebnis bald darauf »vergessen« haben. Ich konnte nie verstehen, warum ich bis weit in die Grundschulzeit hinein bei jedem Flugzeug, das ich nur von Weitem hörte, zu meiner Mutter rannte, obwohl mir das selbst lächerlich erschien und ich ausgelacht wurde. Wenn im Winter nachts die gefrorenen Telefondrähte zu brummen anfingen, schrie ich angstvoll aus dem Schlaf auf. Ich weiß nicht mehr, wann die Bilder jenes Ereignisses wieder ins Bewusstsein zurückkehrten.

Eine der intensivsten Erfahrungen meines Lebens machte ich wenige Monate später, wie im ersten Kapitel geschildert. Das Gefühl, kein Mensch und kein Wesen im Kosmos könne verloren gehen, diese intensive und doch unspektakuläre Liebes- und Lichterfahrung ist wohl das, was wir mit Geborgenheit bezeichnen. Es ist Liebe schlechthin. Kann man ohne diese Geborgenheit, ohne das Wissen um die innere Verbundenheit von allem was ist, Versöhnung erfahren? Versöhnung ist vermutlich nichts anderes als das Wiedererkennen, dass alles mit allem verbunden ist.

Mein Vater hatte ein Alkoholproblem. Noch schlimmer als die selbst erlittenen Misshandlungen war die Angst um die Eltern, häufiger um die Mutter, wenn sie plötzlich für Tage verschwunden war und ich nicht wusste, ob sie noch lebte. Es war das Gefühl seelischen Erstickens. Auch mein Vater wollte manchmal seiner Verzweiflung ein Ende bereiten. Als kleiner Bub klammerte ich mich an seinen Oberschenkel, um ihn zurückzuhalten.

Die definitive Geborgenheit gab es in meiner Vorstellung im Himmel. Einmal ließ eine Angina (Tonsillitis) mit sieben oder acht Jahren mich kaum mehr sprechen, schlucken und atmen. Ich ging mit hohem Fieber zu Bett. Ich war unendlich glücklich, weil ich die Gewissheit hatte, ich würde in der Nacht sterben und gleich im Himmel erwachen. Die Enttäuschung war unfasslich, als ich beim Aufwachen immer noch in meinem Bett lag. Mehrmals musste ich Wände und Decke mit den mir vertrauten Astlöchern im Holz prüfen, bis ich glauben und akzeptieren konnte, ich würde mein Leben auf der Erde weiterführen. Lange dachte ich darüber nach, warum der liebe Gott mir das angetan hatte.

Heute noch frage ich mich, woher der starke Wunsch nach Frömmigkeit und nach einem reinen Herzen kam. Ich hatte schon als

Kind eine Art immerwährendes Herzensgebet entwickelt – ohne die Praxis von den Mönchen der Orthodoxen Kirche zu kennen. Ich betete in meinem Herzen während der Arbeit, auf dem Schulweg, bei allen möglichen Gelegenheiten. Ich hatte aber auch sehr früh heftigsten Jähzorn entwickelt; dann betete ich nicht, sondern fluchte intensiv innerlich und meinte, gar an der Wut ersticken zu müssen. Der Wut folgten Schuldgefühle und unermessliche Sehnsucht. So kroch ich auch mitten in den kältesten Nächten leise, um meine Brüder nicht zu stören, aus meinem Bett, um auf dem eisigen Boden um ein reines Herz zu flehen Wenn ich an regnerischen Sonntagen ganze Nachmittage in einer Jugendbibel oder in frommen Büchern meiner Mutter las, geriet ich oft in eine Art Trance. Mein Herz ging weit auf, ich war bereit für jede Form von Hingabe.

Als ich etwa zehn war, stürzte mein kleiner Bruder vom Heustock auf den Steinboden. Blut floss aus Nase und Ohren. Laut schreiend rief ich den Vater herbei. Dann musste ich auf das blutüberströmte, bewusstlose Kind aufpassen, bis die Mutter bereit war, es in die Klinik zu bringen. Tausendmal wiederholte ich Gott gegenüber ein Gelübde, ich wolle immer fromm sein und ein reines Herz haben, ihm dienen, wenn er nur meinen Bruder wieder gesund mache. Das ging mehr oder weniger eine Woche lang: Gebet, Gelübde, Gebet, Gelübde. Ich wusste, dass die Ärzte uns nicht viel Hoffnung machten wegen der schweren Schädelfraktur meines Bruders. An das Glücksgefühl erinnere ich mich gut, als wir den Bruder nach einer Woche besuchen durften. Er war wach, zwar dick blutunterlaufen im Gesicht, aber wach. Wir konnten mit ihm reden. War das eine Gebetsheilung? Vermutlich hat die ganze Familie gebetet. War das Gebet für mich oder für den Bruder? Was geschieht mit diesen Bitten im großen Bewusstseinsfeld?

Meine Mutter hatte viel Liebe für mich. Gegenüber dem Vater war mein Herz durch Angst verschlossen. Erst später realisierte ich seine Einsamkeit; doch ich konnte meine Wand von Angst und Ablehnung nicht durchstoßen. Die Erlebnisse tiefer Geborgenheit hatte ich beim Kühehüten, überhaupt oft mit den Tieren.

Weihnachten 1955 erhielt ich eine Biografie des Missionars und Forsches David Livingstone. Ich war inzwischen fast 14 Jahre alt und bereits in der 7. Klasse der Oberschule. Das war die Weiterführung der Halbtagesschule für die Bauern bis zum Ende des Schulobligatoriums. Der Januar 1956 war sehr kalt und schneereich. Ich erkrankte an Hepatitis und lag wochenlang in meinem Bett in der eiskalten Schlafkammer – aus dem normalen Leben völlig herausgenommen. Während dieser fünf Wochen Bettruhe war das Buch über Livingstone die wichtigste Lektüre. Ich war der Alltagsrealität enthoben. Der Wunsch, ein frommer Mensch zu werden und für die Menschen in Afrika Gutes zu tun und die Botschaft von Jesus zu verbreiten, wuchs von Tag zu Tag. Ebenso stark war der Drang, mich in Gefahren zu bewähren, mutig zu sein und Tapferkeit zu beweisen, so wie ich es von Livingstone, Old Shatterhand und all den anderen Helden kannte. Trotzdem war ich noch nicht so weit, meine innere Veränderung auch im Außen zeigen und vertreten zu können. Ich ging wieder zur Schule – aber nur zwei Tage. Am dritten Tag brach ich mir mit den Skiern auf dem Schulweg den Fuß. Ich war wieder ruhiggestellt. Der Traum in meiner Seele ging weiter und gewann an Kraft. Eines Tages, ich befand mich wieder in einem Ausnahmezustand, sagte ich, ich wolle Missionar werden und nicht Bauer. Der Schulpräsident hielt sich nicht lange mit den »komischen« Ideen eines 14-Jährigen auf, sondern setzte sich umgehend mit dem Rektorat der Sekundarschule in der Nachbargemeinde in Verbindung. Erst Jahrzehnte später wurde mir bewusst, wie kunstvoll die ganze Szenerie angelegt war. Ich war ja Halbtagesschüler und hätte die Aufnahmeprüfung in die Sekundarschule niemals bestanden. Meine Wende kam genau zu dem Zeitpunkt, als die Aufnahmeprüfungen schon vorbei waren, die Schule aber – damals noch nach alter Ordnung mit Frühjahrsbeginn – erst in einigen Wochen ins neue Schuljahr startete. Ich durfte ohne Aufnahmeprüfung eintreten, lediglich die normale Probezeit stand mir bevor.

Innerhalb Wochen veränderte sich mein ganzes Leben komplett. Der Beginn der Sekundarschule war ein schwerer Schock. Ich war plötzlich in einer fremden Welt, kannte niemanden und fiel durch alte Kleider und Schuhe mit Stallgeruch auf. Ich versuchte den Spagat zwischen den zwei Kulturen mit mäßigem Erfolg. Zuhause erregte ich Ärger, auch bei den Geschwistern, weil meine Mitarbeit nicht mehr effizient war. Schulaufgaben konnte ich trotzdem nicht konzentriert erledigen; ich hielt mich mit Durchschnittsnoten. Trotzdem geschah in der Sekundarschule ein Wunder. Da für mich ein Theologiestudium geplant war, besuchte ich die Lateinklasse. Da waren die Kinder der gebildeten und wohlhabenden Herisauer Familien. Die meisten waren tief anständig. Sie akzeptierten mich trotz meiner Handicaps und halfen mir. Ich durfte in den Schulferien sogar beim Vater eines Klassenkameraden, dem Bauunternehmer Hans Longoni, arbeiten. Er hatte oft Mühe, in seiner Baufirma eine geeignete Arbeit für mich zu finden, aber er hat mich nie abgewiesen. Zum Glück war der Jugendschutz noch nicht so stark ausgebaut. Ich hätte heute kaum mehr solche Chancen. Was der Schulpräsident und Unternehmer Robert Waldburger und der Unternehmer Hans Longoni für mich taten, mag für viele banal sein. Für einen nach Orientierung und Vorbildern suchenden Jugendlichen waren es Leuchtfiguren.

Ich erinnere mich an die erstaunten Gesichter der Lehrer, als die Ergebnisse der Aufnahmeprüfung fürs Gymnasium eintrafen. Ich hatte bestanden, manch andere Favoriten nicht! Zum Glück war der Schulbesuch in St. Gallen mit öffentlichem Verkehr nicht machbar. Und als St. Galler Kantonsbürger erhielt ich einen subventionierten Platz im Schülerhaus. Ich war gerettet. Ich konnte ausschließlich für die Schule arbeiten, konnte das Riesenangebot an Sport- und Freizeitmöglichkeiten nutzen, Musikunterricht nehmen und die ganze große Bibliothek war zur freien Verfügung. Im Schülerhaus gab es Toiletten mit Wasserspülung, Waschräume und Duschen. Es war ein bisschen wie im Paradies.

Der gebotene Stoff zu Beginn des Medizinstudiums in den naturwissenschaftlichen Grundlagenfächern faszinierte mich einmal mehr. Die Enttäuschung kam im zweiten Jahr. Ich fand nichts von dem, was ich mir erhofft hatte. Kaum ein Wort über das Zusammenwirken von Leib und Seele. Depressionen und Ängste wechselten mit sehr aktiven guten Zeiten. Insgesamt war ich mehr Tage suizidal als nicht. Alle meine männlichen Vorfahren, von denen ich wusste, hatten Alkoholprobleme – mit einer Ausnahme. Ich sah keine wirkliche Chance für mein Leben. Die inneren Schmerzen waren oft so unerträglich, dass einzig der Gedanke mich über Wasser hielt: Wenn du es nicht mehr aushältst, kannst du dich immer noch umbringen. Diese Gewissheit lässt einen vieles ertragen. Diesen letzten möglichen Ausweg sollte man daher jedem leidenden Menschen als Lichtblick offen lassen. Wurde es zu schlimm, zog ich mich zurück. In meinem Herzen fand ich immer wieder Geborgenheit und Kraft. Das alte Vertrauen kam kurzzeitig zurück. Ich litt unglaublich: Der Vietnamkrieg, der Gifteinsatz zur Entlaubung der Bäume machten mir zu schaffen. Meldungen und Bilder über brennende Dörfer, fliehende Kinder und Massaker in der Bevölkerung durchfluteten regelmäßig die Medien.

Am Ende des Studiums bildeten die Vertretungen in der Praxis unseres Hausarztes im Appenzellerland Inseln der Geborgenheit. Intensive Einsätze mit abenteuerlichen Erfahrungen, wie man sie vermutlich heute in der Medizin nicht mehr kennt, begeisterten mich. Meine früheren Schulkameraden und Freunde kamen zu mir in Behandlung. Sie berichteten davon meinem Vater. Er konnte die Enttäuschung, dass ich nicht Bauer geworden war, ablegen. Ich überlegte ernsthaft, ob ich Hausarzt werden sollte.

Aber schon lange war klar: Ich wollte in der Hirnforschung tätig sein oder im Bereich Psychiatrie. Die Fragen des Zusammenwirkens von Geist und Körper ließen mich nicht los. Als ich ein Stipendium erhielt, entschied ich mich für die Hirnforschung. Die ständigen Tierversuche belasteten mich sehr. Auch fehlten mir die Patienten. Meine starke Depression führte mir klar vor Augen, dass jetzt eine gründliche Therapie angesagt war. Ich hatte bereits die Freud'sche Psychoanalyse, die Jung'sche Analytische Therapie und die Schicksalsanalyse von Szondi gut kennengelernt. Als ich Medard Boss an einem Vortrag hörte, wusste ich, dass ich meinen Therapeuten gefunden hatte. Es war nicht leicht, einen Termin für ein Abklärungsgespräch zu erhalten. Ich breitete meine ganze Not vor ihm aus und natürlich bekräftigte er die Indikation für eine Therapie. Er selbst könne niemanden nehmen, er hätte jedoch verschiedene Schüler, zu denen ich gehen könne. Ich winkte sofort ab: »Die Therapie mache ich nur bei Ihnen.« Da er meine Entschlossenheit sah, musste ich nicht allzu lange warten. Boss war für damalige Verhältnisse extrem teuer. Tatsächlich musste ich mich sehr einschränken, um drei Wochenstunden bezahlen zu können. »Zum Glück verlangt er derart viel«, antwortete ich den Kritikern immer. Wäre er billiger, hätte ich vermutlich wegen des Andrangs keine Chancen.

Die Therapie bei Boss rettete mich. Er war in der Therapie äußerst karg. Ich lag in klassisch freudschem Setting auf der Couch. Er saß hinter mir und sagte oft nur etwa ein oder zwei Sätze in einer Stunde. Aber ich war total geborgen bei ihm. Er lehrte mich, wieder ganz meinem Herzen zu vertrauen. Diese Einzeltherapie reicherte ich mit Gestalttherapie bei Ruth Cohn und im Esalen Institut in Kalifornien an. Kernstück aber war die Therapie bei Boss. In seinem Unterricht zitierte Boss immer wieder Freud, wonach jeder therapeutische, wissenschaftliche oder pädagogische Ehrgeiz der Therapie schaden würde. Ich bin überzeugt, dass er Recht hat. Die volle, frei schwebende Aufmerksamkeit auf die Persönlichkeit und das Wesen der Klienten hilft mehr als alles andere.

Für mich gilt der bekannte Satz: »Ein gänzlich egoloser Therapeut könnte die Welt heilen. Ohne ein Wort zu sagen. Nur durch sein Dasein.« Das ist kein Widerspruch zu dem, was ich über die Kraft im Ego geschrieben habe. Die therapeutische Situation ist ein Spezialfall, wo es möglich ist, den Klienten als vollkommen zu sehen, wie er sich selbst als vollkommen sehen könnte. Diese therapeutische Haltung kann man insbesondere dann einnehmen, wenn man selbst ein gesundes, starkes Ego hat. Boss war selbst ein spiritueller Sucher. In seinem Buch »Indienfahrt eines Psychiaters« hat er indische Meister beschrieben, die soviel Frieden ausgestrahlt hätten, dass bei seinen Schülern und in der Umgebung nie Streit entstanden wäre. Boss als Therapeut war so. Er strömte unglaublichen Frieden aus; diese nie endende Geborgenheit, die der Kosmos uns gibt. Vielleicht hat er auch manchmal geschlafen in der Therapie. Das konnte ich nicht überprüfen, das war auch nicht wesentlich. Ganz anders war er als Verfechter und Lehrer der Daseinsanalyse. Da war er streitbar, oft stur und schuf sich viele Feinde. Er hatte wie gesagt ein gesundes, starkes Ego.

In der Therapie oder durch sie geschah ein Wunder. Die Versöhnung mit meinem Vater. Ich akzeptierte den Schmerz und die Angst! Und erlebte eine unglaubliche Befreiung. Es geschah in sehr kurzer Zeit. Eine riesige Bürde fiel von mir ab. Ich fühlte mich hundert Kilogramm leichter. Ich erinnere mich, wie ich vor Freude und Erleichterung herumhüpfte und ständig rannte. Die Welt war in ein neues Licht getaucht. Sie hatte wieder den Glanz meiner frühesten Kindheit. Die Liebe zu meinem Vater war aufgebrochen. Ich konnte ihn berühren, sogar umarmen. Ich begann wieder zu *zauren*, die besondere appenzellische Form des Jodelns, wie ich es in meiner Kindheit getan hatte. Mein Vater war für sein Zauren und seine Lebenslust weit bekannt. Mit seinem Witz vermochte er ganze Säle von Menschen zu unterhalten. Diese Seite von ihm konnte ich als Kind im Elend zuhause nur negativ sehen. Ebenfalls brach die Liebe zum Appenzellerland wieder auf. Die alte Geborgenheit. Unzählige Male stieg ich auf die Hundwiler Höhe, wo keine Bahn hinauffährt. Wo man das Land überblicken kann und ihm doch ganz nahe ist. Auf halbem Weg war ein Psalmvers am Fels befestigt, etwa: »Alles Land betet dich an und lobsingt dir.«

Der Spruch drückte die Stimmung meines Herzens aus. Auf meinen Wunsch hin kaufte mir mein Vater Senntumschellen[1] und Talerbecken[2]. Ich hatte meine Wurzeln wieder gefunden und den Anschluss an meine Kindheit und mich damit versöhnt. Das war es, was den Glanz und das Licht in der Welt nicht mehr nur für Momente zurückbrachte. Es bewahrheitete sich der ironische Spruch der hellsichtigen Caroline Myss, Versöhnung sei etwas Egoistisches, da es hauptsächlich einem selbst gut tue.

1 Glocken, typisch für das Appenzeller Land
2 Urspr. »Rahmbecken«; findet heute als Musikinstrument Verwendung.

Es war der erste und hauptsächliche Versöhnungsschritt. Erst etwa zwanzig Jahre später geschah der zweite Schritt. Ich begann die Zusammenhänge meines Lebens besser zu verstehen, oder jedenfalls interpretierte ich sie in neuer, für mich adäquaterer Weise. Ich begann mein ganzes Leben als sinnvoll zu sehen und zu akzeptieren. Das Elend meiner Kindheit bekam einen Sinn durch die Gegenwart. Ich realisierte erneut die Naivität der Vorstellung, wir könnten »das Böse« aus unserer Welt verschwinden lassen, ohne es in uns selbst zu erkennen. Die gegenseitige Bedingtheit von Gut und Böse wurde klarer. Wir können uns als gut profilieren, wenn jemand bereit ist, das Böse als Kontrast zu verkörpern; oder indem wir durch unser Urteil uns das Böse als Projektionsfläche erschaffen. An dieser Stelle ist es unumgänglich, nochmals an Erkenntnisse der Quantenphysik zu erinnern, wie sie von Anton Zeilinger formuliert wurden. Je nach Standpunkt erkenne ich A als die Ursache von B, mit gleicher Berechtigung kann ich aber auch B als Ursache von A erkennen. Ich empfehle, diese Erkenntnis immer auf die zwischenmenschlichen Beziehungen anzuwenden. Natürlich wehrt sich unser Alltagsverstand wieder gegen solche Einsichten! Nur von einem naturwissenschaftlichen, sprich quantenphysikalischen oder von einem mystischen Standpunkt aus kann ich diese eventuell befremdliche Behauptung akzeptieren. Ich erkannte klarer, wie die Position meines Vaters und die meine sich gegenseitig bedingten. Nur in der sehr vordergründigen Sicht unseres Alltagsverstandes gibt es die Unterscheidung von Opfer und Täter.

Wenn wir akzeptieren, dass es aus übergeordneter Sicht keine Zeit gibt und die Abfolge oder Richtung von Ursache und Wirkung von unserem Urteil und Standpunkt abhängt, bekommt alles ein anderes Gesicht. Die innere Freiheit beginnt aufzuleuchten. Aus dieser Sicht tat mein Vater mir einen besonderen Liebesdienst, indem er bereit war, die »böse Ursache« zu sein, während ich mich in der Rolle des Opfers erleben durfte. Gut und geliebt zu sein, ist nicht besonders schwierig. Das möchten wir alle gern sein in unserem Leben. Als nicht geliebter »Bösewicht« sein Leben auszuhalten und gehasst oder verachtet zu werden, ist weitaus beschwerlicher. Gerade innerhalb einer Familie könnte man es als den ultimativen Liebesdienst sehen, diese Rolle auszuhalten. Ich entwickelte mehr und mehr Dankbarkeit für meinen Vater, der es aushielt, in der Familie einsam, psychisch ausgestoßen, verurteilt und gehasst zu sein. Das war mein zweiter Schritt in der Versöhnung. Es war für mich tatsächlich nicht zu spät, eine glückliche Kindheit gehabt zu haben. Um Missverständnissen vorzubeugen: Ich meine nicht, mit dieser Sichtweise müssten oder könnten die Alltagsvernunft und die auf ihr beruhenden Gesetze ausgehebelt werden. Man kann sagen: »Gebt dem Kaiser, was des Kaisers ist oder gebt dem Staat, was des Staates ist.« Ich beschreibe hier einen Weg innerer Befreiung, die nur jeder individuell für sich wählen oder gleichwertig auch ablehnen kann. Neil Douglas-Klotz hat das Gebot vom Vergeben der Schuld in treffender Weise übersetzt: »Löse die Stränge der Fehler, die uns binden, wie wir loslassen, was uns bindet an die Schuld anderer.«

Der Glaube meiner Kindheit war auf die Figur von Jesus zentriert. Wie weit er eine historische Figur ist, hat für mich nicht so viel Bedeutung. Wenn er selbst die Überzeugung hatte, er müsse gekreuzigt werden, um seinen Auftrag zu erfüllen, war er selbst auch auf einen Menschen angewiesen, der bereit war, die Rolle des Bösewichts zu spielen. In der biblischen Überlieferung scheint man sich nicht viel Gedanken gemacht zu haben über die gegenseitige Bedingtheit von Gut und Böse. Dass wir in dem Moment, wo wir »gut« sagen, darauf angewiesen sind, dass das Böse existiert und dass Ursache und Wirkung sich vertauschen lassen. Wenn Jesus seinen Weg als unbedingten Auftrag angesehen hat, muss er wohl dem Judas gegenüber auch dankbar gewesen sein, dass dieser sich zur Verfügung stellte als Bösewicht schlechthin. Das ganze Drama hätte sonst nicht die notwendige Dynamik und Spannung erreicht. Rein sachlich bestand wahrscheinlich für diesen Verrat keine dringende Notwendigkeit. Da Jesus sich nicht versteckt hielt, wäre er früher oder später auch ohne Judas von den römischen Soldaten gefunden worden. Abgesehen davon, dass er eine Woche zuvor, als er in Jerusalem einzog, auch hätte verhaftet werden können. Ich denke, für Jesus oder die Geschichtsschreiber war klar, dass das Gute nur auf dem Hintergrund des Bösen Profil bekommen kann. Auch das herrschende Establishment, also Priesterkaste und Amtsinhaber, waren in ihrer Rolle als »böse Agierende« notwendig, um Jesus in seiner Opferrolle entsprechend Profil zu geben. Das Erkennen der Verbundenheit mit unseren sogenannten Feinden und das Erkennen ihrer Notwendigkeit ist für mich ein integraler Teil von Versöhnung. Mit diesem Schritt erkennen und anerkennen wir in uns den eigenen Teil des sogenannten Bösen. Diese zentralen Sätze lassen sich beliebig wiederholen. Das Böse ist die Vorbedingung des Guten. Sie bedingen einander und sind gleichwertig. Beide haben keine Grundlage außerhalb von Zeit und Raum. Das sogenannte Böse kann uns nur im Außen begegnen, wenn wir es im Inneren verleugnen und bekämpfen. Diesen Zusammenhang versuchte ich in diesem Buch aufzuzeigen. Ich glaube nicht, dass wir je im Außen Erfolg haben mit unseren Kämpfen, ohne unsere Verflechtung im Inneren zu erkennen. Haben wir die Verwicklungen im Inneren erkannt, lösen sie sich im Außen meistens von selbst auf. Das Erkennen und Annehmen ist nichts anderes als die Versöhnung mit sich selbst – und das ist identisch mit der Versöhnung allem und allen anderen gegenüber.

Literatur

Arntz, William u. a.: Bleep, VAK 2006

Bauer, Joachim: Das Gedächtnis des Körpers, Piper 2004

Bösch, Jakob: Spirituelles Heilen und Schulmedizin, AT Verlag 2007

Boss, Medard: Sinn und Gehalt der sexuellen Perversionen, Kindler 1966

Braden, Gregg: Im Einklang mit der göttlichen Matrix, Koha 2007

Byrne, Rhonda: The Secret – Das Geheimnis, Goldmann 2007

Carson, Rachel: Der stumme Frühling, Biederstein 1988

Chesi, Gert: Geistheiler auf den Philippinen, Perlinger 1981

Dawkins, Richard: Das egoistische Gen, Akad. Verlag 2006

Dawkins, Richard: Der Gotteswahn, Ullstein 2007

Dossey, Larry: Reinventing Medicine, New York 1999

Douglas-Klok, Neil: Das Vaterunser, Droemer/Knaur 2007

Fox, Matthew und Sheldrake, Rupert: Engel – die kosmische Intelligenz, Kösel 2005

Goldsmith, Joel S.: Die Kunst der geistigen Heilung, Schwab 2006

Hayek, Nicolas: Nicolas G. Hayek im Gespräch mit Friedemann Bartu, Verlag Neue Zürcher Zeitung 2005

Hummler, Krapf: Controlling oder individuelle Verantwortung, Schweiz. Ärztezeitung 86 (22) 2005

Ingerman, Sandra: Conversations, Alternative Therapies, 9(6)2003

Jahn, R.G: Information, consciousness and health, Alternative Therapies, 2(3)1996

Lepp, Ignace: Die neue Moral, Arena 1964

Levin, Jeff: God, Faith and Health, New York 2001

Lipton, Bruce: Intelligente Zellen. Wie Erfahrungen unsere Gene steuern, Koha 2007

Lunin, I. u. a.: Adolescent sexuality in Saint Petersburg, Russia, San Francisco 1995

Orloff, Judith: Die Kraft in mir, Ullstein 2004

Ramtha: Das weiße Buch, Michaels 2003

Schäfer, Lothar: Versteckte Wirklichkeit – Wie uns die Quantenphysik zur Transzendenz führt, Hirzel 2004

Schrödinger, Erwin: Geist und Materie, Diogenes 1994

Schucman, Helen: Ein Kurs in Wundern, Greuthof 1999

Spektrum der Wissenschaft: 100 Jahre Quantentheorie, Nr. 4 2001

Stiglitz, Joseph: Die Schatten der Globalisierung, Siedler 2002

Swami Rama: Unter den Meistern im Himalaya, Goldmann 2000

Tiller, William, in: William Arntz u. a.: Bleep, VAK 2006

Tolle, Eckhart: Jetzt, Kamphausen 2001

Wallimann, Silvia: Erwache in Gott, Bauer 1991

Wallimann, Silvia: Die Umpolung, Bauer 1987

Zum Autor

PD Dr. med. Jakob Bösch
arbeitete nach dem Medizinstudium
am Institut für Hirnforschung der
Universität Zürich, danach 10 Jahre
an der Psychiatrischen Poliklinik am
Universitätsspital Zürich, zuletzt als
leitender Arzt und Privatdozent. 1991
bis Ende 2005 Chefarzt der Externen
Psychiatrischen Dienste Baselland
und Privatdozent für Psychiatrie und
Psychosoziale Medizin an der Universität Basel.
Jakob Bösch beschäftigt sich seit Jahrzehnten mit geistigem Heilen und
untersucht in Forschungsprojekten
die Arbeit von geistig Heilenden in
der Schulmedizin.

www.jakobboesch.ch

293

Von Jakob Bösch bereits erschienen

Jakob Bösch
Spirituelles Heilen und Schulmedizin
Eine Wissenschaft am Neuanfang

Immer mehr Menschen wenden sich von der einseitigen Behandlung der Schulmedizin ab, weil ihnen andere Methoden oft besser helfen. Nach der Naturheilkunde setzt sich heute auch das Spirituelle Heilen mehr und mehr durch.

Jakob Bösch beschäftigt sich seit vielen Jahren mit dem geistigen Heilen und seiner Integration in die Schulmedizin und arbeitet in seiner Praxis selbst seit Jahren mit Heilerinnen zusammen. Die dabei erzielten Resultate sind wegweisend. In diesem Buch berichtet er von Erfahrungen aus der Praxis, stellt die neusten wissenschaftlichen Forschungsresultate vor und liefert wichtige Argumente für die Verbindung von Spirituellem Heilen und Schulmedizin.

»Dies ist sicherlich eines der besten und seriösesten Bücher zum Thema Spirituelle Heilkunst. (…) Es kann jedem zur Lektüre empfohlen werden, und sei es nur, um über die Inhalte zu diskutieren und zu streiten. Den Horizont wird es auf jeden Fall erweitern.« Medical Tribune, Dr. Simon Feldhaus

»Ich habe es in einem Zug durchgelesen und halte es für einen Quantensprung, nicht nur zum Thema Medizin, sondern auch zum Verhältnis zwischen Theologie und Medizin. « Prof. Dr. Walter Hollenweger

»Der Autor hat mit seiner Heilweise, seinem Mut, seinem Durchhaltewillen und diesem Buch eine Neuausrichtung der Schulmedizin eingeleitet.« Net-Journal

Bücher aus dem AT Verlag

John E. Sarno
Frei von Schmerz
Psychosomatische Beschwerden verstehen
und ganzheitlich behandeln

Manuel Schoch
Dein wahres Potenzial
Frei von Angst in die Zukunft

Manuel Schoch
Das Tao des Glücks
Aschtavakra – Meditationen zu Texten
altindischer Weisheit
(als Buch und als CD erhältlich)

Carol K. Anthony, Hanna Moog
Heile dich selbst im Einklang mit dem Kosmos

Richard Fiereder
Lohan Gong
Qi Gong für Körper, Geist und Seele

Reto Wyss
Stress überwinden mit EFT
Sich durch Klopfakupressur selbst befreien

Marco Bischof
Tachyonen, Orgonenergie, Skalarwellen
Feinstoffliche Felder zwischen Mythos
und Wissenschaft

Rippe, Madejsky, Amann, Ochsner, Rätsch
Paracelsusmedizin
Altes Wissen in der Heilkunst von heute

Olaf Rippe, Margret Madejsky
Die Kräuterkunde des Paracelsus
Therapie mit Heilpflanzen nach
abendländischer Tradition